KENDA • TRANSVERSALE

JAKOB J. KENDA
Transversale

Reiseroman

*Aus dem Slowenischen
von
Lars Felgner*

*Umschlag, Karten und Vignetten
von
Nina Čelhar*

DRAVA

Die Übersetzung dieses Werkes wurde gefördert durch die
Slowenische Buchagentur JAK.

Titel der Originalausgabe: *Transverzala, potopisni roman*

Drava

DRAVA VERLAG • ZALOŽBA DRAVA GMBH
9020 Klagenfurt/Celovec, 8.-Mai-Straße 12
Telefon +43(0)463 50 10 99
office@drava.at
www.drava.at

Copyright © dieser Ausgabe 2023 bei Drava Verlag
Klagenfurt/Celovec
Alle Rechte dieser Ausgabe vorbehalten

Lektorat: Gundula Wagenbrenner

ISBN 978-3-99138-037-5

*Dem Wandernachwuchs,
zukünftigen Gämsen und Steinböcken, gewidmet*

Slowenien, dein Dichter flicht dir neu den Kranz ...
(France Prešeren, *Sonettenkranz*)

Höhe, Höhe in der Nacht

Mit den beiden Kindern bist du auf diesem langen Weg schon einige Wochen unterwegs und auch am heutigen Tag sind erneut mindestens zwölf Stunden Wandern hinzugekommen. Und selbst als es noch eine gute halbe Stunde lang auf einem Pfad weitergeht, der sich vom eigentlichen Wanderweg wegbewegt, gibt es keine Beschwerden. Am Ende des Pfades wartet nämlich eine kleine, vom seitlich einfallenden Licht der untergehenden Sommersonne in Abendrot getauchte Lichtung. An ihrem Rand ein hervorragender Platz für zwei Zelte, unweit davon eine von fein säuberlich gestapelten Steinen umgebene Feuerstelle. Über der Lichtung erheben sich zerklüftete Felsen, die jeden deutlich ausgeprägten Laut mit einem eigenartigen Widerhall zurückwerfen. Zwischen den Felsnadeln verdunkeln sich die abgelegenen Abhänge eines Urwalds, der angeblich schon seit der letzten Eiszeit von Menschenhand unberührt geblieben ist.

Deshalb ist es auch nicht weiter verwunderlich, dass die Kinder das, was sie getrennt von dir verrichten müssen, schnell hinter sich bringen, um dir möglichst bald am Lagerfeuer Gesellschaft zu leisten. Nicht nur, um sich an dich schmiegen zu können, wenn von allen Seiten die immer länger werdenden Schatten beunruhigend näher rücken, bis schlussendlich alles in tiefe Dunkelheit gehüllt ist und von der ganzen Welt nur noch euer Kreis fröhlichen Lichts und behaglicher Wärme übrig ist. Auch weil sich in diesem Kreis ein kleiner Kocher befindet und darauf ein Topf, dessen freundlich vor sich hin brodelnder Inhalt verführerisch duftet. Und dann gibt es ja auch noch diese Tüten mit Knabberzeug und Süßigkeiten, die schwersten Tüten von allen, die unbedingt zu leeren sind. Vor allem, wenn du noch wächst und dein Leben regelrecht von Knabberzeug und Süßigkeiten abhängt. Obwohl du schon eine doppelte Portion Abendessen vertilgt hast, musst du dir einfach so viel wie möglich davon in den Mund stopfen, als stünde der Weltuntergang unmittelbar bevor.

Die beiden Nachspeisen, die du am leckersten findest, sind selbstverständlich nicht in Tüten verpackt. Sie sind an deiner Seite, quetschen sich buchstäblich an dich, so dass du gar nicht anders kannst, als sie ein wenig anzuknabbern und abzuschlecken. Und in diesem Glücksüberschwang denkst du dann darüber nach, wie du ihnen eine noch größere Freude bereiten kannst.

»Wie wäre es mit einer Geschichte?«, fragst du sie.

*

»Damals, irgendwann im sechsten Jahrhundert, sind sie in diese Gegend gekommen«, beginnst du und schweigst anschließend.

Die Augen erwartungsvoll auf dich geheftet setzen sich die Kinder ein wenig um. Dann geht ihnen auf, dass eine Reaktion von ihnen erwartet wird.

»Im sechsten Jahrhundert? In diese Gegend?«, wiederholt die Tochter, und als du nickst: »Oh! Du meinst die Slawen, die aus dem Norden und Osten kamen, von hinter … von hinter was nochmal?«

»Von hinter den Karpaten, natürlich«, antwortest du lächelnd. »Dort lebten sie in weiten Ebenen an breiten Flüssen, beispielsweise am Prypjat, von dem habt ihr schon gehört, oder? Das ist der Fluss, an dem andere Slawen vierzehn Jahrhunderte später das Atomkraftwerk Tschernobyl gebaut haben.«

»Oh.«
»Aha. Und so wie im 20. Jahrhundert Tschernobyl in die Luft geflogen ist, kam es auch schon in jener fernen Vergangenheit zu einer wahren Kettenreaktion.«
»Nein!«
»Doch. Die im Osten längs der breiten Flüsse liegenden Ebenen glichen in gewisser Weise dem explodierenden Reaktorkessel. Was die Reaktion auslöste, darüber wird noch gerätselt. Vielleicht waren klimatische Veränderungen dafür verantwortlich oder die Menschen dort im Osten haben sich zu stark vermehrt. Möglicherweise sind sie alle vor irgendeinem Khaghanat-Reich geflohen, das sich vom Fernen Osten ausbreitete. Vielleicht war all dies und noch Weiteres der Auslöser. Auf jeden Fall ist der Kessel explodiert und die verschiedensten Völker ergriffen nun die Flucht, vor allem Richtung Westen, in das auseinander bröckelnde Römische Imperium. In diesen Kettenreaktionen verschmolzen einige Völker, andere verschwanden ganz. Die unermesslichen Kräfte der Völkerwanderungen löschten das Reitervolk der Awaren, die langbärtigen Langobarden, die Gepiden, die Vandalen, die Kutriguren und noch manch andere Völker aus, obgleich sie in jener Zeit zu den mächtigsten gehörten und das Schicksal vieler kleinerer Volksgruppen bestimmten.

Zu diesen kleineren Gruppen gehörten auch die Slawen, die nach langem Marsch von Norden und Osten im Gebiet der Ostalpen eintrafen. Das Fleckchen Erde, auf dem sie sich ansiedelten, war natürlich nicht menschenleer. Trotz der Horden, die schon vor ihnen durch diese Gegend gezogen waren, standen hier nach wie vor einige zerfallende Städte des einst mächtigen Imperiums, und es lebten hier noch immer Ureinwohner, jedoch nicht viele, so wie es auch nicht viele slawische Ankömmlinge gab, alle zusammengenommen um die zwanzigtausend. Und so kam es, dass sich die Neuankömmlinge im Laufe der Zeit mit den Menschen, die hier schon seit jeher lebten, vermischten. Wechselseitig übernahm man einiges voneinander, und auch in den folgenden Jahrhunderten nahm man noch manch andere Teile fremder Identitäten an, die verschiedene Magnaten und Händler und Flüchtlinge und Krieger und zahlreiche andere mit sich gebracht hatten.

Die gemeinsame Identität der Menschen in diesen schönen Ostalpentälern hat sich in der Folge noch über einen langen Zeitraum verändert. Alle möglichen Elemente dessen, was sie als »wir« bezeichneten, verschmolzen und verschmolzen miteinander, solang, bis wir etliche Jahrhunderte später auf diesem Fleckchen Erde damit anfingen, von uns als Slowenen zu sprechen. Und es ist eigentlich unglaublich, dass die ganze Zeit über, trotz aller Veränderungen und dem stetigen Verschmelzen, der Einfluss der Slawen, die sich hier im sechsten Jahrhundert ansiedelten, für unsere Identitätsbildung das entscheidende Element geblieben ist.

Eine Hauptrolle dabei spielte auf jeden Fall die Sprache, die schon seit Urzeiten das offensichtlichste Bindeglied zwischen den Bewohnern dieser Gefilde war. Ein hochgeschätztes Bindeglied. Obwohl wir seit jeher wenige waren, auch heutzutage gibt es nur zwei Millionen von uns, entstand die erste noch erhaltene Aufzeichnung in altem Slowenisch schon Ende des zehnten Jahrhunderts und ist damit die älteste in einer slawischen Sprache verfasste Lateinschrift. Auch später hielten wir unsere Sprache in Ehren. Knapp vor dem Ende des sechzehnten Jahrhunderts gehörte Slowenisch zum kleinen Kreis der Sprachen, in die man die gesamte Bibel übersetzt hatte. Und die Sprache hat ihre herausragende Bedeutung für unsere Identität bis zum heutigen Tag behalten. Nach wie vor herrscht sogar die Überzeugung vor, dass wir nur mit aus fremden Sprachen entlehnten Kraftausdrücken richtig fluchen, weil unsere einfach keine richtigen hat, außer irgendwelche dämlichen wie: *Dreihundert zottelige Bären*!«

Diesen zugespielten Ball nehmen die Kinder selbstverständlich vergnügt auf.

»Oder: *Da soll mich doch die Bruthenne treten*!«, entgegnet die Tochter lachend.

Auch der ein paar Jahre jüngere Sohn bekommt nun die Gelegenheit, sich zu Wort zu melden: »Und: *Möge dein Wirsingkohl verrotten*!«

»So ist es«, bestätigst du ihnen, »unsere Sprache soll für schönere Dinge reserviert sein. Was nicht vollkommen stimmt, aber ein wenig doch. Schließlich haben wir sie auch, um zu zeigen, was für unverbesserliche Romantiker wir sind: Ohne Zweifel hat Slowenisch aus diesem Grund neben dem Singular und Plural noch den Dual!

Aber natürlich haben die slawischen Ankömmlinge in unserer gemeinsamen Identität außer der Sprache noch andere Spuren hinterlassen. Ihr Marsch war lang und hart und daher hatten sie, als sie in diesen Tälern anlangten, den Eindruck, sie sich redlich verdient zu haben. Gleichzeitig beschlich sie sicher des Öfteren das Gefühl, dass ihnen diese Täler vorbestimmt waren, dass sie auf niemand anderen als sie gewartet hatten. Das waren nämlich keine ungepflügten Brachflächen, sondern hier in diesen herrlichen und durchweg menschenleeren Tälern gab es Felder und Straßen und Steinbrüche und vieles mehr. Ist es da verwunderlich, dass sie ihnen ans Herz gewachsen waren? Erst recht, nachdem sie hier einige interessante neue Dinge entdeckt hatten.

Etwa die Weinreben, die ihnen wahnsinnig gut gefielen, einigen etwas zu sehr.

Auch mit den weiten, tiefen, schwer zugänglichen Wäldern fühlten sie sich verbunden. Klar, denn sie gaben ihnen ja auch sehr viel. Und zugleich waren sie so wild, geheimnisvoll und vielerorts noch unberührt. In sie konnten sie sich aus den Tälern zurückziehen, wenn mal wieder irgendeine Horde mit Ungestüm eindrang. Gerade aufgrund dieser Wälder wurden ihre Spuren auch durch die zahllosen Überfälle verschiedener Eroberer nicht verwischt.

Doch mehr noch als in die Täler und Wälder verliebten sie sich in etwas Drittes. Sie waren nun mal einfache Leute aus den Ebenen an breiten Flüssen und derartige Berge hatten sie zuvor noch nirgendwo gesehen. Und so wurden diese Berge für sie zum Abbild dieses Landes, Zeichen ihrer Stammeszugehörigkeit. Doch sie entwickelten sich für sie auch zu etwas ziemlich Verzwicktem. Der Weg hierher war lang und schwer gewesen. Dann versank die Welt im Mittelalter und die Berge waren ein noch zuverlässigerer Zufluchtsort als die Wälder. Sie waren so etwas wie Gottheiten, die das unter ihnen befindliche Geröll vor den Mahlströmen der Geschichte beschützten. Zugleich war das Leben zu ihren Füßen hart. Diese Gottheiten waren sowohl kalt auch gnadenlos. Und vor allem waren sie schön, so unglaublich schön.

Wie konnte es anders sein, als dass bei ihrem Anblick im Inneren dieser einfachen Leute etwas in Bewegung geriet. Eines späten Abends, als sie zum Fuße eines Berges kamen, blieben sie stehen. Verblüfft in die Höhe gaffend wird aus ihnen eine dicht verwobene Masse, aus der im Gleichklang eines Chors dieselben Worte wie in Gregor Strnišas Gedicht *Gebet des Barbaren* hervortraten: *Höhe, Höhe in der Nacht!*«

Diese Worte rufst du direkt in Richtung dieser widerhallenden Felsen, unter denen ihr euer Nachtlager aufgeschlagen habt, damit sich dein Ruf in dieses eigenartige Echo verwandelt, als ob eine eng zusammengepresste Menschenmenge sie wiederholen würde: *Höhe, Höhe in der Nacht!*

Als du dich wieder zu den Kindern umdrehst, starren sie dich aus weit geöffneten Augen an. Du lächelst ihnen zu.

»*Ursprung kalten Wassers!*«, fügst du im Flüsterton hinzu. »*Haus des schwarzen Neumonds! Erhebe dich in unserer Brust, komm schon, damit wir so werden wie du! Höhe, Höhe in der Nacht, größte Höhe in der Nacht!*«

Versöhnung, Glück und Eintracht

Für diese Wege haben wir so viele Bezeichnungen. Die Amerikaner nennen sie *long trails*, lange Wege, und die Franzosen *grandes randonnées*, große Wandertouren. Ein typisches Produkt deutscher Wortschmiede ist *Fernwanderwege*, und wie nach diesem Vorbild hat man für die europäischen den Begriff *long-distance paths*, also Langdistanzwege, geprägt. Bei uns sagen wir Transversale dazu.

Jede dieser Transversalen ist etwas ganz Besonderes. Eine ist ein Pilgerweg, eine andere eine alte Handelsroute, eine dritte ein Bergwanderweg. Auf den populärsten geht es sehr gesellig zu, auf einigen weniger bekannten triffst du tagelang keine Menschenseele. Manche sind von Anfang bis Ende markiert, auf anderen wiederum musst du dir in einigen Abschnitten selbst den Weg frei machen. Doch bei allen Unterschieden zeichnen sich diese langen Wege durch ein paar grundlegende gemeinsame Eigenschaften aus. Die naheliegendste ist natürlich, dass sie allesamt echt lang sind. Alle Wanderer, die schon einen langen Weg absolviert haben, stimmen darin überein, dass genau darin ihr Sinn liegt. Eine echte Transversale erfordert mindestens mehr als einen Monat Fußmarsch, lieber zwei. Nur so kann sie dem Wanderer das geben, was für ihn am wichtigsten ist. Ihm beispielsweise das tatsächliche, hinter den Stereotypen verborgene Bild des Landes enthüllen, durch das sich die Transversale windet. Vielleicht hilft sie ihm sogar dabei, wieder auf die Beine zu kommen, nachdem irgendetwas schiefgelaufen ist. Oder sie führen dazu, dass man die gewöhnliche Schlichtheit des Wandererlebens wahrhaftig zu genießen beginnt. Solche und noch viele andere große Dinge kann dir eine echte Transversale geben.

Unter den weniger augenfälligen gemeinsamen Eigenschaften der Transversalen sticht als eine der wichtigsten hervor, dass sie zusammenbringen und das geht im Allgemeinen bei allen auf dieselbe Weise vonstatten: Sie verschmelzen den Wanderer mit dem Land, durch das der Weg führt, und mit seinen Menschen. Aber sie haben durchaus auch ihre Eigenheiten, was das Zusammenbringen betrifft. Der 3500 Kilometer lange Appalachian Trail verbindet den amerikanischen Süden und Norden, die ihre Unterschiede noch immer nicht überwunden haben. Der von Canterbury bis nach Rom, und umgekehrt, verlaufende Pilgerweg Via Francigena verbindet die Flussufer, an denen seit Jahrhunderten zwei Kirchen stehen. Unerfreulich ist, dass die Wegführung dieser »Langdistanzwege« in einigen europäischen Ländern nicht geglückt ist. Unerfreulich ist auch, dass sie sogar in den etablierten Streckenabschnitten an etlichen Stellen verwahrlosen, was darauf hindeutet, dass die europäischen Verbindungen vielerorts gar nicht erst zustande gekommen sind oder schwächer werden.

Auf dem ohnehin schon kleinen europäischen Kontinent liegt unser winziger Flecken Erde, Slowenien. Und hier sind wir hinsichtlich solcher Verbindungen besonders emsig. Im Unterschied zu vielen anderen Ländern Europas, in dessen größtem gerade einmal ein Prozent der Weltbevölkerung lebt, sind wir uns nämlich unserer Kleinheit wesentlich stärker bewusst. Daher rührt auch, dass wir mürrisch aufseufzen, wenn sich einer der anderen europäischen Erdflecken mal wieder damit aufspielt, zu den Großen gehören zu wollen. Ein kleiner Flecken, denken wir uns, kann nur auf Kosten anderer erneut groß werden, so wie ein einst großer das schon einmal auf unsere Kosten getan hat. Diese Zeiten sind, was uns betrifft, aber sowas von vorbei.

Und da wir aus einem so bewegten Winkel der Welt stammen, sind wir seit jeher begeistert von allen möglichen Formen der Bewegung, und zwar dermaßen, dass wir es unserer geringen Anzahl zum Trotz häufig bis ganz an die Spitze diverser körperkultureller Disziplinen schaffen. Darauf sind wir selbstverständlich furchtbar stolz und außerdem machen wir mit solchen Leistungen in der großen weiten Welt auch noch ein wenig Reklame für uns. Doch bei all unserer Begeisterung für Bewegung ist das mit Abstand Wertvollste, dass eine der beliebtesten Disziplinen in diesem Winkel der Erde eine ist, bei der du mit niemandem konkurrierst, außer vielleicht mit dir selbst.

Deshalb ist es auch nicht weiter verwunderlich, dass wir uns mit Freude an jeder internationalen Initiative zur Schaffung einer Transversale beteiligen. Schon in den Jahrzehnten bevor wir offiziell Mitglied der Europäischen Union wurden, wirkten wir an den europäischen »Langdistanzwegen« mit. Nach der Unabhängigkeitserklärung im Jahr 1991, als es in Slowenien keine gegen das Pilgern und alle damit verbundenen Dinge eingestellte Obrigkeit mehr gab, haben wir bei uns wieder verschiedene Varianten des Jakobswegs eingerichtet, die in einem der vorangegangenen Jahrhunderte Teil des europäischen Netzes dieses weit verzweigten Pilgerwegs waren. In der letzten Zeit haben wir uns auch einigen eher alpin ausgerichteten internationalen Projekten angeschlossen, wie zum Beispiel der Via Alpina, deren längste Route über eine Strecke von ungefähr 2400 Kilometern entlang des Alpenhauptkamms von Monaco bis nach Triest verläuft. Auch an der Trasse der Via Dinarica, die über die wichtigsten Kämme und Gipfel des Dinarischen Gebirges von Slowenien bis nach Albanien führen soll, aber nicht recht zum Leben erwachen will, haben wir mitgearbeitet.

Im Hinblick auf den Verbindungsgedanken kann man über uns also nichts anderes sagen, als dass wir wahrhaft prima und super sind. Schließlich haben wir als Text für unsere Nationalhymne sogar den Teil des von unserem großen Dichter France Prešeren verfassten Gedichts *Zdravljica* (*Trinkspruch*) ausgewählt, der von internationalem Einvernehmen handelt: *Ein Lebehoch den Völkern, die sehnend nach dem Tage schau'n, an welchem aus dem Weltall verjaget wird der Zwietracht Grau'n ...* Weniger prima und super gehen uns allerdings einige andere Dinge von Hand, von denen dasselbe Gedicht einige Verse davor spricht: *Versöhnung, Glück und Eintracht, kommt, wendet euch zu uns aufs Neu'.* Anscheinend sind schon zwei Jahrhunderte vergangen, seit diese Ideale unser Land verlassen haben, denn Prešeren vermisste sie schon in der ersten Hälfte des 19. Jahrhunderts. Und auch in der Gegenwart tun wir uns äußerst schwer damit, sie zu erreichen.

Zur Eintracht, selbst in verblüffendem Maße, sind wir zwar gelegentlich fähig, wie bei der Volksabstimmung 1990, als fast neunzig Prozent von uns für die Loslösung von den brudermordenden jugoslawischen Republiken und damit für die Demokratisierung und für Europa stimmten. Zu einer langfristigen Einheit sind wir jedoch nicht in der Lage und mit Versöhnung und Glück haben wir ohnehin unsere Schwierigkeiten. Bezüglich Letzterem kommen wir in heimischen Umfragen auf einer Skala von 1 bis 10 lediglich auf eine lauwarme Sieben, und wenn dieser Wert in einem Jahr mal um 0,1 oder 0,2 wächst, wird das in den Medien schon freudig als Glücksanstieg verkündet. Zu ähnlichen Resultaten kommen internationale Umfragen, wo wir uns unter 150 Ländern im trüben Mittelfeld, zwischen den Plätzen 40 und 60, einreihen, in unmittelbarer

Nachbarschaft von Usbekistan und Kosovo, Nikaragua und Thailand, sowie Weißrussland und Lybien. Da die Probleme dieser Länder wesentlich größer als die unsrigen sind, verdeutlicht diese Platzierung, dass wir selbst beträchtlich an der Verbannung des Glücks mitwirken, indem wir den tatsächlichen Zustand in unserem Land geflissentlich unterbewerten. Ähnlich verhält es sich mit der Versöhnung. Unser Zerwürfnis ist mittlerweile ja schon dermaßen alt, dass das Kriegsbeil längst begraben sein müsste. Nicht wenige von uns pflegen daher gern die Vorstellung, dass wir an »Geräte« angeschlossen sind, die sich in äußerst unangenehmen Tiefen unserer kollektiven Psyche verbergen, von wo aus die Entzweiung befeuert wird. Ob dieser uralte Zwist in uns noch lebendig ist oder künstlich am Leben erhalten wird, ist eine andere Frage. Er fügt uns jedenfalls großen Schaden zu.

Man könnte also sagen, dass uns ein heimischer Weg, der sich als wahre Transversale entpuppt, sehr gelegen käme. Denn während zwei Monaten des persönlichen und physischen Kontakts verbindet sich der Wanderer bestimmt mit seinem Land und seinen Leuten. Darüber hinaus kann es erfahrungsgemäß gar nicht anders kommen, als dass ihn ein solcher Weg mit Glück erfüllt, das auch nach dessen Ende weiter anhält. Und zu guter Letzt vertreibt er aus dem Transversalisten auch seine etwaige Neigung zu unnötiger Streiterei.

Daher ist es keine Überraschung, dass ein solcher über unsere heimische Scholle führender Weg schon im Jahr 1951 vorgeschlagen wurde. Aus dem zwar sehr skizzenhaften Entwurf seiner Trasse geht hervor, dass ein Normalsterblicher für die Gesamtstrecke ungefähr zwei Monate brauchen würde. Des Weiteren empfahl man für die slowenische

Transversale eine vornehmlich alpine Ausrichtung, folglich könnte sie aus der womöglich bedeutsamsten Wandertradition in diesen Gegenden schöpfen. Mit ihrer kreisförmigen Streckenführung wäre sie wahrlich etwas Besonderes, da es keinen anderen langen Weg gibt, der so angelegt ist. Damit würde sich der verbindende Gedanke schon in ihrer Form widerspiegeln und außerdem wäre sie ein Weg ohne richtigen Anfangs- und Endpunkt, was einige nahezu metaphysische Implikationen mit sich bringt, die untrennbar mit nicht minder inspirierenden diesseitigen Nebenwirkungen einhergehen, etwa, dass man eine derart große Tour an jedem beliebigen Punkt beginnen kann und man am Ende, unabhängig von der gewählten Richtung, wieder am Ausgangspunkt ankommt. Man könnte sogar vom eigenen Zuhause aus aufbrechen und liefe diesem dann die ganze Zeit über entgegen.

Dieser tolle Vorschlag stieß in der Nachkriegszeit auf positive Resonanz, so dass die Transversale zunächst unter sehr guten Vorzeichen stand. In den folgenden zwei Jahren, bis 1953, wand sich ihre Trasse schon über das Pohorje-Mittelgebirge und das Bergland in der Region Koroška, die Kamniker Alpen und die Karawanken, sowie durch die Julischen Alpen. Doch weiter südlich geriet das Vorhaben ins Stocken. Den Abschnitt zwischen den Bergen Porezen und dem Bergzug Nanos hat man bis in die sechziger Jahre hinein noch fertiggestellt, wenngleich keinesfalls zufriedenstellend. Ab dem Nanos, also kaum im ersten Drittel der gesamten Runde, kam der Schwung jedoch zum Stillstand.

Schon vor Jahren, als die Idee einer wahren, als Rundtour angelegten und verbindenden Transversale mein Interesse weckte, habe ich mir natürlich die Frage gestellt, warum man sie damals nicht zu Ende geführt hat. Schließlich ist die Idee so großartig, ja sogar bedeutend, dass man sie unbedingt in die Tat umsetzen müsste. Wurde das Vorhaben durch irgendwelche Fehler in der Ausführung gestoppt? Und wenn man wüsste durch welche, ließen sie sich dann vermeiden? Oder stand man damals in den Fünfzigern irgendwelchen unüberwindbaren Hindernissen gegenüber? Möglicherweise könnte man sie heutzutage umgehen. Falls sie überhaupt noch existieren.

Als ich noch als Student zu untersuchen begann, was damals die kreisförmige Transversale vereitelt hat, lernte ich jemanden kennen, der an ihrer ersten Hälfte mitgewirkt hatte, Herrn X. Ihm zufolge war die Obrigkeit, die wir vom Ende des Zweiten Weltkriegs bis zur Unabhängigkeit hatten, das Hauptproblem. Diese Leute, berichtete er, hätten es partout nicht erlaubt, dass der Weg vom Nanos in Richtung der Waldgebiete der Region Kočevsko weiterführe. Unter anderem deshalb, weil Kočevsko zum Symbol jener tiefen Höhlen geworden sei, in welche die Partisanen nach Kriegsende die Leichen derjenigen geworfen hatten, die den von ihnen verübten Massakern zum Opfer gefallen waren. Aus diesem Grund habe die damalige Regierung den Planern der Transversale nahegelegt, dass es besser wäre, die Trasse vom Nanos in Richtung Meer verlaufen und dort auch enden zu lassen. Damit würde die große slowenische Tour gleichzeitig feiern, dass genau zu jener Zeit auch der Verlauf des letzten noch fehlenden, problematischen Teilstücks der Grenze zu Italien endgültig bestimmt worden war. Und so kam es, dass ihr letzter Abschnitt vollkommen unlogisch trassiert wurde. Er verläuft exakt entlang jenes im Jahr 1954 festgelegten Teils der Grenze, durch ausgesprochen nicht-alpines Gelände, und endet im Meer.

Mit der Zeit kristallisierte sich heraus, dass es eine ganze Reihe miteinander verwobener Faktoren gibt, die das

Projekt zum Stillstand gebracht haben und die man besser kennen sollte. Nicht nur, um Fehlern und Hindernissen aus dem Weg zu gehen, sondern auch, weil sie einige sehr interessante Eigenschaften dieses Landes und seiner Leute zum Ausdruck bringen. Aber bei all den Umständen, die verhindert haben, dass die Transversale jemals eine wirkliche Transversale werden konnte, wurde mir erst gegen Ende der Vorbereitungsarbeiten klar, wie dringend notwendig es war, sie so schnell wie möglich als solche zu etablieren. Um die schlechte Hälfte, die wir haben, ist es nämlich nicht gut bestellt. Beliebte Transversalen, seien es Pilger-, Bergwander- oder gewöhnliche Wanderwege, verzeichnen seit den sechziger Jahren stetig steigende Besucherzahlen; in jedem Jahrzehnt hat sich die Zahl derjenigen, die sie durchwandert haben, im Vergleich zur vorigen Dekade verdoppelt. Für unsere Halb-Transversale gilt das mit Abstrichen lediglich für die siebziger Jahre: In den Sechzigern zählte man rund 900 Wanderer, die sie von Anfang bis Ende absolvierten, und in den Siebzigern 1600. Doch in den 1980er und 1990er Jahren stieg dieser wichtige Indikator für die Lebendigkeit des Wegs nicht weiter an, im ersten Jahrzehnt dieses Jahrhunderts begann der Wert zu sinken, und im zweiten Jahrzehnt war sein Rückgang dramatisch. Das Interesse für unsere große Tour ist im letzten Jahrzehnt sogar unter das Niveau der Siebziger gefallen. Es wäre also klug gewesen, etwas zu unternehmen. Gestern.

Mittlerweile gibt es wirklich kein unüberwindbares Hindernis mehr, das dem im Weg steht. So sind beispielsweise schon mehr als zwanzig Jahre vergangen, seit man in der Region Kočevsko und anderswo die zuvor gesperrten Gebiete zugänglich gemacht hat. Im Übrigen sind seitdem in diesen Gegenden einige markierte Wanderwege entstanden.

Vorbereitungen

Es braucht seine Zeit, bis sie auf die Beine kommen und zu laufen anfangen. Aber danach dauert es noch wesentlich länger, bis sie wirklich zu laufen lernen, denn Laufen ist nur auf den ersten Blick eine einfache Sache. Nur gut, dass sie so gemacht sind, dass du gar nicht anders kannst, als ihnen zu helfen. Diese weit aufgesperrten Augen, diese winzige Handfläche, die sich zaghaft nach deiner ausstreckt und sich dann an dich klammert. Und wenn du ihnen dann hilfst, ihre ersten Schritte zu machen, ist es um dich geschehen. Diese weit aufgesperrten Augen hast du damit so glücklich gemacht, dass sie dich jetzt mit bedingungsloser Liebe anschauen.

Aber manche Lehren über das Laufen sind mühselig, daher brauchen diese Augen manchmal eine starke Ermutigung. Beispielsweise so eine, wie sie unserem Buben auf unserer ersten mehrtägigen Wanderung entlang des Hauptkamms des freundlichen Pohorje-Mittelgebirges zuteilwurde. Wenn ein siebenjähriges Kind während einer solchen Tour genug Energie dafür findet, sich auf dem Boden zu wälzen und zu jammern, dass es nicht mehr weiterkönne, musst du ihm fest in die Augen blicken und ihm mit aufrichtigem Gesichtsausdruck sagen:

»Verstehe. Wenn es nicht geht, dann geht es halt nicht. Lučka und ich gehen weiter zur Hütte, wo sie diese superguten mit Sahne und Früchten gefüllten Omeletts haben. Du kannst dich hier ja einfach auf einen Baumstumpf setzen und auf den Bären warten. Du wirst sehen, der ist so groß, dass er solche Winzlinge wie dich ratzfatz verputzt hat. Es tut fast gar nicht weh.«

Klar, anschließend sitzt ihr drei viel früher als erwartet

in der zuvor erwähnten Hütte, jeder hinter seinem mit leckerem Glück gefüllten Teller. Noch schöner ist, dass aus dieser Sache später ein ganzes Bären-Parallel-Universum erwächst. Die Zottelpelztiere schleichen von nun an ständig um euch herum, egal, wohin ihr geht und welche Schwierigkeiten ihr auch habt. Wie an jenem Tag auf der Transversale, als bei Lučka einfach alles schiefging. Den ganzen Tag lang stolperte sie in einem fort, ihre Beine schleiften mindestens einen Kilometer hinter ihr her und zu allem Überfluss bekam sie auch noch einen Vogelschiss ab. Als wir eine Jausenpause einlegten, flossen dicke Tränen der Verzweiflung auf den geschmolzenen Käse.

In diesem Augenblick fragte Aljaž: »Papa, kennst du die Geschichte, wo der Bär durch den Wald flitzt?«

»Nein«, entgegnete ich interessiert den Blick hebend. »Warum flitzt er denn?«

»Er ist so aufgeregt! Er muss ganz dringend jemandem etwas erzählen. Und dann sieht er den Fuchs.

›Ey, Fuchs! Fuchs! Hast du sie gesehen?!‹, schreit der Bär völlig außer sich.

›Wen? Ach, du meinst sie?‹, sagt der Fuchs.

›Ja! Hast du sie gesehen?!‹

›Ne! Hab ich nicht! Diese Lučka muss echt verflixt schnell sein, nicht wahr?‹«

Ein Moment des Schweigens, zwei. Dann, du weißt nicht, ob sie weint oder lacht, stürzt sie sich in die Arme ihres Bruders. Danach marschiert sie in sehr aufrechter Haltung weiter.

Die Bären waren auch nicht weit, als die beiden vor Jahren darüber nörgelten, warum wir in einem fort Fisch essen müssten. Gestern Lachs, heute diese Makrelen und in den Essenstüten sei noch Thunfisch!

Zu guter Letzt verkündete ich aufseufzend: »In Ordnung, ich füttere euch absichtlich mit Fischen, vor allem mit Lachs und Thunfisch. Schließlich sind das teure Fische, bestimmt habe ich die nicht gekauft, um euch eine Freude zu machen, sondern weil ich was im Schilde führe.«

Einen oder zwei Augenblicke beäugten sie mich misstrauisch; dieser Papa führt tatsächlich häufig etwas im Schilde.

»Also«, setzte ich fort, »wenn zum Beispiel nachts ein Bär in unser Lager kommt, sich vor meinem Zelt aufbaut und losbrüllt: ›Hungrig!‹ Was werde ich ihm wohl zurufen, na? ›Ich bin wie ein sehniger alter Gaul.‹ Und dann zeige ich zu eurem Zelt und frage ihn: ›Willst du nicht lieber zartes Sushi?‹«

Aber noch schöner als das Bären-Parallel-Universum ist, zu was diese weit aufgesperrten Augen herangewachsen sind. Als sich abzeichnete, dass sich im Jahr 2019 alles so fügen würde, dass wir drei die Transversale machen können, packte ich die Gelegenheit rasch beim Schopfe. Wir beschleunigten die Vorbereitungen und versuchten uns an diesem oder jenem Weg, um die beste Variante für die Trasse zu finden. Dabei ließ ich es mehrmals zu, dass uns die Dunkelheit einholte. Es ist äußerst hilfreich, wenn man tagsüber schon 40 Kilometer zurückgelegt hat, denn dann ist es umso einfacher, noch weitere 20 im Dunkeln dranzuhängen. Und diese Dunkelheit kann dir unheimlich viel beibringen. Wie auf dem Roška-Rundwanderweg in der Region Kočevsko, auf den wir uns trotz seiner 63 Kilometer Länge und 1700 Meter Gesamtaufstieg erst um elf Uhr vormittags begaben. Gegen Ende dieser Wanderung, als wir uns schon fast durch den Wald gekämpft hatten, durch den waschechte Bären und auch andere fabelhafte und furchterregende Tiere streunen, um elf Uhr nachts, im Stockfinsteren, zwei Stunden bevor wir wieder am Ausgangspunkt dieser langen Runde ankamen, ergriff mich schlagartig eine Einsicht, so dass ich anhielt und mich zum Schein ihrer Stirnlampen umdrehte.

»Hey, habt ihr eigentlich Angst?«, rief ich.

»Warum?«, wunderte sich Aljaž, als er neben mir zum Stehen kam.

»Natürlich nicht!«, sagte Lučka hinter ihm. »Wir sind doch mit dir unterwegs, Papa.«

Verständlicherweise bin ich daraufhin bis zum Ende der Tour eher geschwebt als gelaufen. Noch begeisterter war ich aber darüber, welche Wegstrecken die beiden schon ohne größere Schwierigkeiten bewältigen konnten und was sie durch die ganze Lauferei alles gelernt hatten. Etwa, wie man für sich selbst einsteht.

*

Über den mit Landkarten übersäten Tisch gebeugt, auf dem diverse elektronische Geräte mit Wanderprogrammen und sonstigen Apps vor sich hin schnurren, sind wir fast schon vor Ort: Wir haben eine Arbeitsversion der kreisförmigen Trasse der gesamten Transversale festgelegt. Einige praktische und technische Dinge müssen zwar noch erledigt werden, auch der eine oder andere widerspenstige Teil der Wegführung ist noch immer offen. Doch im Großen und Ganzen ist es das und nun lässt sich auch schon mithilfe verzwickter Umrechnungsverfahren genau genug bestimmen, wie lang der gesamte Kreis sein wird. Um die 1200 Kilometer, berechnet Aljaž, und das, jetzt passt auf, fügt er hinzu, bei einem Gesamtanstieg von 70 Kilometern! Seine Zahlen sprechen eine deutliche Sprache: Diese Transversale ist eine der dynamischsten. Auf der gleichen Distanz kommen berühmtere Fernwanderwege, wie der Pacific Crest Trail, kaum auf die Hälfte dieses Anstiegs. Und der bekannteste Zweig des Jakobswegs, vom französischen Städtchen Saint-Jean-Pied-de-Port bis zum Kap Fisterra in Galicien, hat, auf den Kilometer gerechnet, nur knapp ein Drittel des durchschnittlichen Anstiegs von unserem langen Weg.

Schließlich zaubert Aljaž noch eine Berechnung aus dem Ärmel: »Na sowas, ratet mal, wie oft man den Everest besteigen müsste, um genauso viel Gesamtaufstieg zu bewältigen wie auf der Transversale. Achtmal! Achtmal müsste man auf den Everest, und das nicht vom Basislager, sondern schön von Meereshöhe aus!«

Selbstverständlich sind auch die Kinder begeistert von diesen gewaltigen Zahlen. Gleichzeitig werden die beiden angesichts ihrer schieren Größe aber auch immer skeptischer. Besonders Lučka beobachtet mich mit forschendem Blick.

»Kannst du noch ausrechnen, wieviel Zeit man demnach für die gesamte Transversale braucht?«, sagt sie zu Aljaž, wobei sie mich mit ihren Augen fixiert.

»Nach welchen Maßstäben?«

»Bei den Entfernungen? Mit zwölf Kilos auf dem Rücken, Papa sogar mit fünfzehn? Nach Maßstäben für Invaliden!«

»Also nach deutschen …«, nickt der Bursche ernst.

»Hey«, erwidere ich stirnrunzelnd, »die deutschen Wanderer sind also Invaliden, oder was?« Doch von Aljaž ist gerade auf meinen Einwand keine Reaktion zu erwarten. In seinen Augen tanzen schon die Zahlen, sie stürzen sich in eine wahre Quadrille.

»Die deutschen Maßstäbe sind die moderatesten«, sagt er dann endlich nickend. »Und demnach dauert der ganze Weg 670 Stunden, was bei zwölf Stunden pro Tag … fast zwei Monate ergibt. Mit dem üblichen Pausentag pro Woche *bestimmt* zwei Monate, eher eine Woche mehr.«

Die Kinder schauen mich eine Weile an.

»Aber Papa«, meldet sich schließlich Lučka zu Wort, »wie hast du dir das denn vorgestellt? Dass Aljaž und ich die ganzen Ferien nur wandern, oder was?«

»Uff«, entgegne ich in einem Tonfall, der vortäuschen soll, dass mir diese Frage Sorgen bereitet, »dann müsste man verdammt schnell laufen. Nun ja, ihr zwei habt für so ein Tempo gewiss genug Kondition, bei mir bin ich mir da nicht so sicher. Wir werden unterwegs einfach auch viel Arbeit mit der Routenführung haben, wie ihr seht. Und hie und da wird es auch erforderlich sein, verschiedene Varianten des Wegs auszuprobieren, damit wir wissen, welche am besten funktioniert. Und so weiter. Ich werde es voraussichtlich nicht wesentlich schneller als in drei Monaten schaffen können.«

Den Kindern ist es freilich vollkommen egal, was ich schaffe oder nicht. Schon die Sache mit zwei Monaten ist für die beiden absolut inakzeptabel, doch drei halten sie im wahrsten Sinne für verrückt!

»Aha«, gibt daraufhin Lučka mit einer Stimme von sich, der anzumerken ist, wie sie die Krallen ausfährt. »Und wo sollen wir beiden die Zeit hernehmen, dass wir mit dir drei Monate lang durch die Berge laufen können?«

»Och, ihr wisst doch«, zucke ich lässig mit den Schultern, »ihr habt noch zwei volle Monate Ferien, danach würdet ihr noch einen Monat ein wenig die Schule schwänzen.«

Diese Aussage erscheint meinen Kindern dermaßen absurd, dass sich die elektrisierte Atmosphäre augenblicklich entlädt. Verständlich, denn das ist das Gleiche, als ob man Harry Potter sagen würde, dass er Hogwarts einfach vergessen könne. Nein, es ist noch viel verrückter: als ob man das zu Hermine sagen würde.

»Du weißt, dass wir beiden gern mit dir gehen«, versichert mir Lučka, nachdem sie zu lachen aufgehört hat und sich die Augen wischt. »Wir würden zwei Transversalen-Runden mit dir machen, auch drei! Aber wir können es uns nicht erlauben, dass wir die ganzen Ferien dafür vergeuden. Es sind nur zwei Monate und wir beiden haben im Sommer so viele *Verpflichtungen*.«

»Wie bitte?«

»Ja. Eine Woche mit den Cousins auf Rogla, eine Woche mit der einen Omi in Loška dolina und dann *mindestens* noch eine Woche bei der anderen. Und Mama haben wir versprochen, dass wir mit ihr mal durchs matschige Feuchtland vor den Toren Ljubljanas marschieren. Und ja, ich weiß, dass es dir schwerfällt das zu verstehen, weil du von morgens bis abends allein vor dem Computer hockst. Aber einige haben eben auch ein Sozialleben und das muss man pflegen, sonst ist es ganz schnell vorbei damit. Deshalb muss ich im Sommer unbedingt mit den Freundinnen ins Stadtzentrum, mindestens zweimal, und durch die Geschäfte bummeln …«

»Ja, ich habe auch ein Sozialleben, ich muss auf jeden Fall mit meinen Freunden ins Kino! Mit meinen Freunden und mit Popcorn!«, unterstützt Aljaž die Petition seiner Schwester.

Natürlich fügen die beiden der Liste der Notwendigkeiten noch einiges hinzu. Und natürlich kommt mir das völlig gelegen. Keine Frage, meine beiden Kinder geben eine großartige Gesellschaft ab, gleichzeitig bedeuten sie aber auch zusätzliche Sorgen, vor allem in einer Umgebung, in der wesentlich mehr Herausforderungen auf sie warten als in unserer geordneten Wohnsiedlung am Rande des etwas außerhalb von Ljubljana gelegenen Feucht- und Naturschutzgebiets Ljubljansko barje. Und obwohl die beiden eine großartige Gesellschaft abgeben, ist es halt auch so, dass sich der Mensch manchmal nach etwas Einsamkeit sehnt. Dass man zwei Monate in den Bergen verbringt, die ideal für ein bisschen Ruhe sind, und keinen einzigen Tag allein ist, wäre nun echt dumm. Und überhaupt ist die Transversale ein Projekt, sagte ich mir, dem es guttun würde, wenn mich dabei wenigstens für eine gewisse Zeit Leute begleiten, denen unser Fleckchen Erde fremd ist. Denn wie schon die gute alte komparativistische Methode besagt, kannst du das Deinige erst im Vergleich mit dem Fremden richtig verstehen.

Aber all das erklärst du deinen zwölf beziehungsweise fünfzehn Jahre alten Kindern freilich nicht, selbst wenn sie echt prima und super sind. Auch deshalb nicht, damit sie lernen, für sich selbst einzustehen. Und so trafen wir schlussendlich eine Vereinbarung, die für alle die beste war: Vier Wochen lang würden wir gemeinsam wandern. Und selbstverständlich haben wir dann noch ein wenig rumgerechnet, weil wir das halt gern tun. In vier Wochen, alles Mögliche einberechnet, einschließlich der unterwegs noch zu erledigenden praktischen und technischen Dinge, kämen wir wahrscheinlich über die Regionen Primorska, Notranjska und Dolenjska bis in die Gegend von Krško.

Erst nach dieser Vereinbarung gesellte sich Mateja zu uns. Es war echt lustig, wie es ihr bis dahin jedes Mal gelungen war, mit dem Hintergrund zu verschmelzen, wenn das Wort Transversale auch nur erwähnt wurde. Dass bloß ja niemand auf die Idee käme, sie würde uns bei diesem mühseligen Die-Berge-Hochkriechen Gesellschaft leisten, dazu noch in der Sommerhitze und mit so einem Gewicht auf den Schultern! Dennoch tauchte in unseren Rucksäcken, immer wenn ich mit den Kindern auf einer Vorbereitungstour war, wie von Wunderhand irgendeine besondere Leckerei, eine zusätzliche Binde oder ein Pflaster, ja sogar ein Geldschein auf. So und noch auf manch andere Weise gab sie uns nämlich zu verstehen, dass solche Leibesübungen für Kinder sozusagen lebenswichtig und daher unterstützenswert sind. Auch jetzt bot sie uns wieder ihre Unterstützung an.

»Ihr werdet eine so hervorragende Wandermama haben, dass ihr euch eine bessere gar nicht wünschen könnt, eine Wandermama wie sie im Buche steht«, versprach sie. »Ihr wisst doch, was eine Wandermama ist, oder?«

Selbstverständlich wussten die beiden das und Aljaž wollte das unbedingt als Erster zeigen:

»Eine Wandermama kommt dich unterwegs manchmal besuchen, um nach dem Rechten zu sehen und bringt dir das mit, was man in kleineren Orten nicht bekommen kann. Sie weiß immer, wo du gerade bist, damit sie dir zu Hilfe eilen kann, wenn etwas schiefgeht, oder wenigstens den zuständigen Behörden mitteilen kann, wo deine Überreste zu finden sind.«

Mateja lächelte ihn an, dann wandte sie sich mir zu.

»Was ist mit dem Rest, läufst du den ganz allein?«

»Das eine oder andere Stück bestimmt«, erwiderte ich.

»Wenigstens eins … Du weißt doch, dass ich meinen amerikanischen Freunden schon letztes Jahr versprochen hab, sie durch unsere Berge zu führen.«

Von zuhause

Vor jedem längeren Wegabschnitt haben die Kinder und ich noch einmal seinen Verlauf und Dutzende andere mit dem Abschnitt verbundene Aspekte durchdiskutiert. Als wir uns nach langen Vorbereitungen von zuhause aufmachten, war uns jedoch weder danach zumute, erneut über den Zugangsweg zu debattieren, den wir von Ljubljana zur Transversale geplant hatten, noch über die südlich von den Julischen Alpen verlaufende Trasse der alten Hälfte, die wir unbedingt verbessern mussten. Das würden wir uns für später aufheben, beschlossen wir. Zunächst mussten wir den Blick darauf richten, ob der von uns erdachte Auftakt wirklich so einen großartigen dramatischen Spannungsbogen hat. Ist es tatsächlich so super an der heimischen Türschwelle zu starten und dann am Ende des von Ljubljana kommenden Zugangswegs, unter dem Gipfel des Tošč, dem höchsten Berg im Mittelgebirge um Polhov Gradec, links auf den Kreis der Transversale abzubiegen, der anschließend über die Städte Žiri und Idrija weiter Richtung Süden führt?

Der Anfang hatte auf jeden Fall etwas richtiggehend Festliches für uns. Vielleicht deshalb, weil wir so einwandfrei ausgerüstet waren und manches Kleidungsstück der Kinder brandneu war. Oder waren es unsere Rucksäcke, die der Ouvertüre solch ein Gewicht verliehen? Vielleicht kam das Festliche auch daher, dass wir Ljubljana zu Fuß verließen und uns so sehr persönlich von der geliebten Stadt verabschieden konnten. Von den Wegen, auf denen die Kinder zum Kindergarten, zur Grundschule und zur Musikschule gegangen waren. Von den bekannten Straßen, in denen ihre Freunde leben, die zu dieser frühen Stunde noch schliefen. Vom Botanischen Garten, der vor Kurzem einen zweiten Eingang bekam, so dass man nun durch ihn hindurchlaufen kann, was den Weg ins Zentrum von Ljubljana, in Kombination mit der neuen Fußgängerbrücke im Stadtteil Prule, wesentlich angenehmer und kürzer macht. Von der Altstadt, die wie ein Museum im Freien ist, aber eines, das schon ganz früh am Morgen erwacht und damit einen weiteren lebendigen Tag der touristischen Hauptsaison einläutet. Dass es uns so vorkam, als ob wir zu einer Feierlichkeit unterwegs wären, lag sicherlich auch daran, dass unser erstes Ziel das mitten in Ljubljana stehende Prešeren-Denkmal war. Der Zugangsweg aus Ljubljana muss einfach zu Füßen unseres größten Dichters beginnen, denn Prešeren steht am Anfang so mancher Dinge, die diesen Flecken Erde und seine Menschen definieren.

Zugleich schwankt dieser einleitende Teil des Wegs, wenn du ihn in Ljubljana beginnst und dann unter dem Tošč links auf den Kreis der Transversale abbiegst, angenehm sanft zwischen urbaner und natürlicher Umgebung. Unsere Hauptstadt ist klein und von allen Seiten reichen die Ausläufer des ländlichen und bergigen Umlands nah an sie heran. Von Osten das Bergland der Region Dolenjsko, das in den langgestreckten Höhenzug Golovec und schlussendlich in den Burghügel übergeht, unter dem der Altstadtkern Ljubljanas mit dem Prešeren-Denkmal liegt. Von dort erreicht man über zwei kurze Straßen den weiter östlich gelegenen Tivoli-Park. Einige Schritte später befindest du dich schon auf einem der vielen Wege, die über die abgerundeten Hügel des städtischen Naherholungsgebiets Rožnik führen. Anschließend, in Dravlje, folgt wieder etwas urbanes Gebiet, doch auch dieser Stadtbezirk ist sehr grün, es gibt dort zahlreiche Fußwege und sogar einen großen

Teich. Dann das von vielen Straßen durchzogene Vorstadtgebiet Podutik, der unangenehmste Teil, doch hier musst du nur ein paar Mal die Füße voreinander setzen und schon bist du auf den ersten Hängen des Mittelgebirges, das im Volksmund »Dolomiten von Polhov Gradec« genannt wird.

Hier schaukelt der Weg weiter voran. In diesem Bergland hast du nämlich manchmal das Gefühl, dich in einem Landschaftsschutzpark zu befinden, was die »Dolomiten« von Polhov Gradec eigentlich sein sollen. An anderer Stelle ist es ihnen jedoch leider nicht gelungen, sich gegen die Bebauung zu wehren, und es kommt dir so vor, als wärst du wieder zurück zwischen die Stadtvillen geraten, nur dass manch eine hier noch protziger daherkommt als in Ljubljana. Entlang des Wegs stößt du auch auf eine richtige kleine Ferienhaussiedlung. Aus einem der Häuser dringen schon in den Vormittagsstunden volkstümliche Nachahmungen von Turbofolk-Musik und sich gegenseitig gezwungen fröhlich zuprostende voluminöse Stimmen an dein Ohr. Doch mehr und mehr gewinnen nun Weiden, Wiesen und Wälder die Oberhand. Auf den steilen Kämmen wanderst du durch kleine, dicht zusammengedrängte Dörflein, weiter oben krallen sich dann nur noch einsame Bergbauernhöfe an den Steilhängen fest. In dieser Gegend befinden sich auch die ersten Gipfelchen der Voralpenwelt, wie zum Beispiel der bereits erwähnte Tošč, die einigen Menschen so sehr ans Herz gewachsen sind, dass sie ihre eigenen Fanclubs haben.

Die Überbleibsel des Städtischen verlieren sich dann langsam im weiteren Verlauf des Berglands von Polhov Gradec, doch erst in der Gegend von Žiri bist du dann richtig auf dem Land angekommen. Die Steilhänge und Gipfelzonen sind hier in einem geradezu bezaubernd ursprünglichen Zustand erhalten. In Žiri selbst neigt sich der Weg dann natürlich wieder dem Urbanen zu und auch auf den Hochebenen vor Idrija häufen sich Häuser, die eigentlich unten im Tal stehen müssten, wo ihre Besitzer zur Arbeit gehen. Nach Idrija wird es dann recht flott sehr einsam und die menschlichen Spuren beginnen dahinzuschwinden. Noch ein paar Relikte des Industrieerbes, dann nur noch hier und dort ein einsamer Bauernhof oder ein Dörflein. Hinter dem Weiler Mrzla Rupa, was man etwas abschätzig mit Kaltes Loch übersetzen könnte, siehst du einen Tagesmarsch lang keine menschlichen Behausungen mehr. Nun bist du im Trnovski gozd angekommen, dem ersten richtigen tiefen Wald auf dem Weg, so tief, dass in manch abgelegenen Winkel bisher noch kein Mensch seinen Fuß gesetzt hat, eine waldige Hochebene voller trockener Schratten, enger Schluchten und Karsttrichter, ungeselliger Gipfel und so einsamer steiler Felsen, dass auf ihnen gern Steinadler nisten.

Der Zugangsweg aus Ljubljana und anschließend der gegen den Uhrzeigersinn verlaufende Kreis der Transversale schaukeln einen also aus dem Urbanen in die absolute Wildnis. Eine ausgezeichnete Ouvertüre. Dass der Weg von Anfang an vor landschaftlichen, geschichtlichen und kulturellen Schmuckstücken nur so strotzt, macht ihn noch interessanter. Zu letztgenannten gehören auch zahlreiche sakrale. Kurz bevor der Abstieg vom Tošč ins Flache übergeht und du aus dem Wald auf diese slowenientypischen Bergwiesen kommst, siehst du zum Beispiel vor dir die Kirche der Heiligen Gertruda, Sveta Jedrt. Wie sie da bissig am Hang hockt, erinnert sie einen sofort an den gleichnamigen Charakter aus dem beliebten slowenischen Kinderbuch *Pekarna Mišmaš*, das übrigens unter dem Titel *Bäckerei Mausaus* auch ins Deutsche übersetzt ist. Viele der kleinen

Landschaftsperlen am Wegesrand haben wie die Menschen dieser Gegend etwas Ungezwungenes und dem Vorbeikommenden Wohlgesinntes an sich. Wie diese Stelle auf dem grasbewachsenen Kamm mit der einsamen Bank, über die sich schützend eine Birke beugt und von der aus man mitten ins Herz des Berglands Škofjeloško hribovje blickt, das bei jedem Tageslicht und Wetter anders ausschaut, aber stets so, dass man sich eine ganze Weile bewundernd davorsetzen muss. Und wie viele Geschichtsdenkmäler es gibt. In diese Kategorie fällt letztendlich auch der Berg Pasja ravan, der einst mit einer Höhe von 1029 Metern der höchste in diesem Landstrich war, bevor er vom 1021 Meter hohen Tošč abgelöst wurde. Die Jugoslawische Volksarmee hatte seinen Gipfel nämlich einfach planiert, um dort eine Raketenbasis zu errichten, und seine Höhe damit um neun Meter verringert. Die heutigen Zeiten sind anscheinend friedfertiger, denn mittlerweile kauert ein Wetterradar teilnahmslos auf dem kahlen Gipfel vor sich hin. Historisch ähnlich interessant geht es in der Umgebung von Žiri zu, wo man etlichen Überbleibseln der Festungsanlagen der Rupnikova linija (Rupnik-Linie) begegnet. So kannst du deine Brotzeit beispielsweise bei einem gut erhaltenen und bedeutsam wirkenden Bunker einlegen, Teil der vor dem Zweiten Weltkrieg nach dem Vorbild der französischen Maginot-Linie errichteten jugoslawischen Verteidigungsstellungen. Trotz der gewaltigen in sie getätigten Investitionen erwiesen sich beide Linien als vollkommen wirkungsloses Hindernis für die Armeen des Feindes und daher sind die Anlagen vielerorts noch in gutem Zustand.

Dieser vom Urbanen ins Wilde umschlagende und mit unzähligen geschichtlichen, kulturellen und landschaftlichen Kostbarkeiten übersäte Anfangsabschnitt dauert einige Tage. Unser erster Tag auf dem Weg nahm noch eine sehr dramatische Wendung, denn die Wetterprognose, die ein besonders spektakuläres Aufeinanderprallen zweier Gewitterzellen mit sehr hoher Wahrscheinlichkeit von Starkregen und Gewittern vorhersagte, erwies sich als zutreffend.

»Vorzüglich«, verkündete ich vor dem Prešeren-Denkmal, wobei ich händereibend in den über dem Kopf des Dichters brodelnden Himmel starrte. »Schon gleich zu Beginn werden wir eine der wichtigsten Tugenden des wahren Transversalisten unter Beweis stellen können: Er ist süß, aber nicht aus Zucker!«

Und tatsächlich hatten wir schon am Nachmittag die Gelegenheit zu zeigen, dass wir nicht aus Zucker sind. Auf dem Rožnik waren wir noch trocken, doch bereits im Stadtteil Dravlje fing es an zu nieseln und bald darauf schüttete und donnerte es. Doch all das machte keinerlei Eindruck auf uns und auch der lange Anstieg von Ljubljana auf die ersten richtigen Kammhöhen setzte uns nicht zu. Deshalb schlug ich am frühen Nachmittag vor, diesen Beleg unserer Charakterstärke durch den Besuch eines Gasthauses gebührend zu feiern.

»Hier geht das noch, später werden wir durch wesentlich verlassenere Gebiete kommen«, verteidigte ich meinen Vorschlag, was gar nicht nötig gewesen wäre, denn die beiden Racker waren natürlich sofort dafür.

Die von uns ausgewählte Gaststätte war in vielerlei Hinsicht typisch slowenisch, zweifelsohne auch was die Größe der Portionen betraf. Sie waren geradezu mörderisch, was uns freilich sehr entgegenkam. Und so zitierte ich nach dem Essen wieder einmal Nietzsche, wie es meine Gewohnheit ist, wenn mich das Leben vor solche Mordsanstrengungen stellt.

»Vieles Schwere gibt es dem Geiste, dem starken tragsamen Geiste, dem Ehrfurcht innewohnt«, philosophierte ich in ernstem Tonfall, während ich mir über den Bauch streichelte. *»Nach dem Schweren und Schwersten verlangt seine Stärke.«*

Für die Kinder war dieser Zwischenstopp ohnehin großartig, weil er noch durch etwas ganz Anderes versüßt wurde. Wir hatten nämlich ihre Mama angerufen und gefragt, ob sie vielleicht mit uns zu Mittag essen wolle, und da sie sich wegen der Wetterverhältnisse Sorgen um uns machte, eilte sie flugs herbei. Dann ließ sie sich von den beiden überzeugen, dass der ganze bisherige Tagesmarsch für sie trotz des Regens *total easy* gewesen sei. Und obwohl sie mit völlig durchnässten Klamotten am Tisch saßen, sei ihnen kein bisschen kalt. »Nein, Mama, das ist doch Merino. Verstehst du, das wärmt dich, selbst wenn es nass ist. Und am besten trocknet es direkt auf deiner Haut, denn eigentlich bist du ja ein genau auf 36 Grad eingestellter Ofen.« Aber klar doch würden sie mit Papa weitergehen! Und als die beiden sie überzeugt hatten, sagte sie, dass sie nicht glauben könne, wie mutig sie seien, und wie stolz sie sei, so super Kinder zu haben. Und das teilte sie derart laut mit, dass man es auch an den Nachbartischen hören konnte, von wo man die Kinder dann mit anerkennenden Blicken bedachte. Die beiden taten so, als ob ihnen das unangenehm wäre, aber innerlich grinsten sie wie zwei Honigkuchenpferde.

Überdies sorgte dann auch noch das Wetter für einen ausgezeichneten Ausklang des Tages. Gegen Abend hatte der Regen soweit abgeebbt, dass wir in aller Ruhe die Zelte aufschlagen konnten, dazu noch an einer Stelle, von wo wir die erste vieler noch folgender fabelhafter Aussichten hatten: Über den steilen, in gedämpfte Farben getauchten

Hängen stoben Nebelschwaden zusammen, und über den Gipfeln wirbelten bedrohlich die Wolken. Kaum waren wir mit unseren Vorbereitungen für die Nacht fertig, tobte sich das Wetter richtig aus. Im Zelt hast du dann natürlich dieses höchst aufregende Gefühl, dass dich rein gar nichts von diesen wagnerianischen Gewittertrommelwirbeln und dem brausenden Wind trennt. Der Krach des auf die gestraffte Polyesterhülle niederprasselnden Regens hört sich drinnen noch lauter an und auch jeden Blitz erlebst du wesentlich eindringlicher. Trotz alledem liegst du im Trockenen, sogar in warme Daunen eingemummelt, was dir ein zufriedenes Lächeln ins Gesicht zaubert. Und ungeachtet des wilden Getöses um dich herum gleitest du schon bald in das stärkende Nichts.

Gegend um Žiri und Idrija

Eine der lobenswerten Qualitäten der alten Hälfte der Transversale ist, dass sie im Gegensatz zu manch anderem übereifrig durch die Wildnis verlaufenden Weg die kleineren Orte, an denen sie vorbeiführt, nicht meidet. Selbstverständlich behält auch die kreisförmige Transversale diesen Charakter bei und geniert sich nicht im Geringsten dafür, auf ihrem Weg von einem Berggipfel zum anderen direkt durch die im Tal liegenden kleinen Städte und Dörfer zu verlaufen. Damit spiegelt sie die angenehme Seite der Menschen dieser Gegend wider, die schnell anfangen, mit den Augen zu rollen, wenn Prinzipien allzu überspitzt und lebensfern sind. Aber noch wichtiger ist, dass mit diesen Ausflügen aus der Bergwelt zwei Dinge verstärkt werden. Die Orte im Tal sorgen für einen Kontrast, durch den die bewundernswerten Merkmale der Bergwelt noch deutlicher hervortreten, und gleichzeitig verstärken sie auch den Einblick, den jede derart lange Wanderung in Land und Leute gibt.

Da sich ein Transversalist nur selten lang irgendwo aufhält, baut sich ein solcher Einblick langsam auf, aus vielen kleinen Eindrücken, etwa dem, den wir in der Stadt Žiri gewannen und der uns in Erinnerung rief, dass sich über viele der Vorstellungen, die die Bewohner dieses Fleckens Erde von sich selbst haben, durchaus debattieren lässt. Nehmen wir zum Beispiel die bereits erwähnte, dass das Slowenische als nationale Monstranz über keine echten Schimpfwörter verfügt. Denn als wir mitten in Žiri in einem erfreulich gut besuchten Café anhielten, in dem einige Gäste sehr verlockende Eisbecher vor sich hatten, rollte eine der Eiskugeln in den Schoß von jemandem am Nachbartisch. Was folgte, war eine regelrechte Kanonade kühner Schimpfwörter, die auf faszinierende Weise zu einer so langen Reihe aneinandergefügt wurden, dass man getrost von einem regelrechten Fluch-Chromosom sprechen kann. Andererseits ist Žiri ein ausgezeichnetes Beispiel dafür, dass die eine oder andere stereotype Vorstellung von Slowenen mancherorts bis auf das letzte i-Tüpfelchen zutrifft. In dieser Gegend sind nämlich ganz ohne jeden Zweifel geschäftstüchtige und fleißige Menschen zuhause.

Ein Paradebeispiel für diesen Fleiß ist das grauhaarige Paar, das wir auf den Hängen oberhalb von Žiri getroffen haben. Sie harkte und er schob seinen alten selbstfahrenden Rasenmäher eine sehr steile Böschung hinauf. Es war also harte Arbeit, sogar ein wenig gefährlich, aber vor allem war es Sonntag und die Sonne näherte sich bereits dem Horizont. Während eines kurzen Wortwechsels stellte sich heraus, dass sie »das Wetter schon eine ganze Weile verarscht hatte«, es aber morgen, am Feiertag, den ganzen Tag sonnig sein sollte. Das gemähte Gras würde also trocknen können. Deshalb hatten sie sich auf den Weg zu ihrer Wiese gemacht und morgen würden sie es zu Ende bringen, wie noch manch andere Fleißige in diesen Gegenden, in denen trotz des verregneten Sommeranfangs alles bis in den letzten Winkel sorgfältig gepflegt oder wie ein englischer Rasen gemäht wurde, damit am Feiertag alles schön ordentlich ist.

Nach ihrer Geschäftstüchtigkeit fragt man die Einwohner von Žiri am besten selbst. Mit großem Genuss zählen sie einem all die Unternehmen auf, auf die sie so stolz sind. Aber auch von der Transversale aus kann man einige sehen, denen es offenbar gut geht, und mindestens drei sind einfach nicht zu übersehen, denn der Weg führt direkt an ihnen vorbei. Wichtiger als diese Firmen aufzuzählen, ist hervorzuheben, dass der Stolz der Ortsansässigen in keiner Weise mit irgendeinem berühmten alten Paradepferd dieser Gegend verbunden ist. Wenn man sie nach einer dieser ehemaligen Vorzeigefirmen fragt, antworten sie mit säuerlichem Gesichtsausdruck: Dass diese Paradepferde den Übergang von der Zeit, als »alles uns gehörte«, nicht gut überstanden hätten. Dass sie nach wie vor durch die Beteiligung des Staates belastet würden, die dieser nicht aufgeben wolle. Dass private Interessen der Grund dafür seien, dass manch eines dieser einstigen Paradepferde schon geraume Zeit allmählich vor die Hunde gehe. Wenn in dieser Verleumdung ehrenwerter Politiker und nicht minder lobenswerter alter Unternehmen ein Körnchen Wahrheit steckt, dann zeigt sich die Gegend um Žiri in einem noch besseren Licht. Nicht nur, dass man die sich bietenden Möglichkeiten des Fortschritts in den Jahrzehnten nach dem Zweiten Weltkrieg gut genutzt hat, man ruhte sich auch nach der Unabhängigkeit nicht auf seinen Lorbeeren aus. Vielmehr hat man hier aus den Fehlern dieser Art der Paradepferdezucht in der Vergangenheit gelernt und sich mit sicherlich nicht geringerem Aufwand als damals eine neue Herde herangezüchtet; möge sie möglichst gut gedeihen und möglichst wenig neue Makel aufweisen!

Ähnlich wie Žiri hat uns auch Idrija in gute Laune versetzt. Wir waren in hervorragender Verfassung, bis zur allerkleinsten Schlaufe bestens ausgerüstet und hatten alle neuen Ausrüstungsgegenstände getestet. Damit wir bloß nicht ins Stolpern gerieten und Probleme bekämen, wie es mir bei einem meiner früheren Abenteuer ergangen war. Aber anscheinend geht es bei uns am Anfang einfach nicht ohne etwas zusätzlichen Spaß. Aljažs Schuhe wollten ihm unbedingt Blasen verpassen, obwohl er sie vor der Tour eingelaufen hatte, und seine Fersen brauchten daher eine kleine Pause. Ich wiederum war dumm ausgerutscht und dabei hatte es heftig im Knie geknackt. So hässlich, dass ich ohne die Bandage, die ich erst am Ende des durch Kočevsko führenden Abschnitts wieder abgenommen habe, nicht weiter konnte.

Bereits in der Apotheke, in die wir direkt vom Hang oberhalb von Idrija gekrochen sind, wurde uns eine freundliche Therapie zuteil. Die Dame mit ihrem mitfühlenden Herzen – typisch für die Menschen der Region Primorska – nahm sich trotz unseres strengen Körpergeruchs so viel Zeit für uns, wie wir wollten, erst recht »für einen so fleißigen und tapferen und auch noch so hübschen Jungen!«. Am Ende war Aljaž rot wie ein gekochter Flusskrebs, aber natürlich genoss er die mütterliche Aufmerksamkeit. Die Kinder waren fast wie neu, als wir ein paar hundert Meter weiter die erste Runde einer speziellen Idrija-Therapie für angeschlagene Bergwanderer serviert bekamen: Žlikrofi, leckere gefüllte Maultaschen, eine in ganz Slowenien geschätzte Spezialität der Küche aus Idrija. Im Ernst, immer wenn ich meinen Nachwuchs nach der Wanderung fragte, was ihnen am besten in Erinnerung geblieben sei, lag jedes Mal ein Hauch von Glück in ihren Augen und mit einem Garfield-würdigen Tonfall schnurrten die beiden unisono: »Žlikrofiiii!« Bevor wir weiterzogen, mussten wir dieses Restaurant noch einmal besuchen, und allem Anschein nach waren die Žlikrofi beim zweiten Mal noch besser. Und meine Idrija-Forelle, die ich mir bei dieser zweiten Gelegenheit vorsetzen ließ, war so sündhaft köstlich, dass sie sich die letzte Ölung wahrlich verdient hatte.

Wie schon im Restaurant gab es auch bei der Besichtigung der Minenstollen jede Menge einheimische und ausländische Gäste; es hatte sich offenbar herumgesprochen, dass dies die Höhepunkte eines Besuchs in Idrija sind. Und eine Besichtigung des Bergwerks ist wirklich ein Muss. Bei einer Führung durch dieses industrielle Erbe erhält man eine hervorragende Mischung aus Informationen aus den verschiedensten Bereichen, von Bergbautechniken und Folkloretraditionen bis hin zu Medizingeschichte und Geopolitik. Alles andere in Idrija dümpelt jedoch mehr oder weniger einsam vor sich hin oder geht sogar still und leise zugrunde. Schade, denn eigentlich ist es interessant. Gut, die Sammlung im Museum könnte wohl ein wenig aufregender präsentiert werden, außerdem fehlt der Stadt etwas Kultur und Abendleben, und auch weniger Verkehr würde ihr gut bekommen. Aber das Schloss, das das Museum beherbergt, wurde fantastisch restauriert. Auch das älteste slowenische Gymnasium ist schön anzusehen, sowie das Magazin, das ehemalige Getreidelager für die Bergleute, in dem heute die Bibliothek untergebracht ist, und natürlich das Bergmannshaus. Es gibt so viel zu bestaunen. Einschließlich des Hostels oberhalb der Innenstadt, mit dem es während unseres Aufenthalts nicht gerade zum Besten stand, aber genau deshalb hatten wir dort so eine super Zeit. Trotz des Feiertags war dort außer uns nämlich nur eine Studentin, in der Rolle der Empfangsdame, und selbst

die war nachmittags nur für ein paar Stunden da, so dass wir dann ab dem frühen Abend ganz unter uns waren. Wer würde es sich nicht wünschen, einen monströs-monumentalen Betonkoloss, kennzeichnend für die Zeit zwischen den beiden Kriegen, als Primorska von den italienischen Faschisten regiert wurde, die ganze Nacht für sich allein zu haben?

Korrekturen

Dass die Route der alten Hälfte der Transversale nach dem Aufstieg zum Berg Porezen in einer weitestgehend geraden Linie nach Idrija führt, ist zumindest ungewöhnlich. Denn so werden zwei wichtige Fixpunkte der slowenischen Bergwelt, die Mittelgebirge bei Škofja Loka und Polhov Gradec, komplett übersprungen. Und sie auszulassen ist, als würde man das Kapitel über den berühmten Schriftsteller Ivan Tavčar aus dem Standardwerk *Überblick über die slowenische Literatur* herausreißen. Ohne diese beiden Gebirgslandschaften fehlt der slowenischen Bergtransversale nämlich etwas Wesentliches, ebenso wie die slowenische Literatur und das slowenische Bewusstsein ohne die Prosa von Tavčar, der sie genau in diesen Gegenden ansiedelte, um einiges ärmer wären.

Herr X bestätigte mir, dass dies geschah, weil die Macher der Transversale in den 1950er Jahren befürchteten, dass sie sonst zu lang werden würde. Aber das hat mich nur noch mehr verwundert, erzählte er mir doch fast im gleichen Atemzug, dass sie bei der Festlegung unseres Langdistanzwegs von älteren langen Routen und großen Touren inspiriert wurden.

Die erste derartige Initiative keimte in Amerika auf, was nicht verwunderlich ist, da es dort eine entsprechende geistige Grundlage gab: die amerikanischen romantischen Denker, die Transzendentalisten, von denen sich sowohl die Naturschützer als auch die Bergwanderer anregen ließen. So wurde in den USA bereits 1921 der Vorschlag für einen wirklich modernen Fernwanderweg unterbreitet, und 1937 wurde der Appalachian Trail eingeweiht, der über 3000 Kilometer durch die mittleren Appalachen an der Atlantikküste führt. Die Nachricht über diesen und andere geplante Fernwanderwege wurde wahrscheinlich von den Amerikanern nach der Landung in der Normandie nach Europa gebracht. Unmittelbar nach dem Zweiten Weltkrieg, 1947, kündigten die Franzosen den Plan für ein nationales Netzwerk ihrer großen Touren an und realisierten einige davon bis Ende der 1940er Jahre. Ihre Planung sah beispielsweise vor, bis dahin die wohl berühmteste europäische Alpenquerung fertigzustellen, die damals knapp 700 Kilometer lange »Fünf«, gemeint ist die vom Genfersee bis zur Cote d'Azur verlaufende GR 5. Und wie es für solche Wege charakteristisch ist, wurden auch die erwähnten amerikanischen und französischen später immer weiter vervollkommnet und vor allem ausgebaut. Der Appalachian Trail wurde bis heute so stark verbessert, dass zu seiner aktuellen Route nur noch wenige Prozent der ursprünglichen gehören und er nun 3500 Kilometer lang ist. Und die französische Fünf hat man mit einem zusätzlichen Abschnitt von der niederländischen Küste bis nach Genf auf 2200 Kilometer verlängert, was sie zu einer echten großen Tour macht, die allerdings eher der allgemeinen Wandertradition gerecht wird.

»Warum sollte es dann irgendjemandem hier bei uns Kopfzerbrechen bereiten, dass die Transversale zu lang sein könnte?«, wunderte ich mich. »Die bereits bestehenden und geplanten Routen, von denen man sich inspirieren ließ, waren ja um ein Vielfaches länger.«

Hinsichtlich dieser Bedenken gab mir Herr X eine sehr überzeugende Antwort: In der relativ geschlossenen Nachkriegsgesellschaft konnten manche Nachrichten nicht ohne Weiteres nationale Grenzen überschreiten. Die meisten Menschen wussten damals also weder von amerikanischen Fernwanderwegen noch von französischen großen Touren.

Diejenigen, die sie kannten, so wie Herr X, sprachen lieber nicht öffentlich darüber, und auch der Grund dafür schien mir plausibel. Wäre den Nachkriegsbehörden zu Ohr gekommen, dass sich die Initiatoren der slowenischen Transversale bei deren Planung von den Errungenschaften westlicher Länder inspirieren ließen, könnten sie beschuldigt werden, unter den Einfluss der »imperialistischen Supermacht« und ihrer »europäischen, kapitalistischen Lakaien« geraten zu sein. Genau aus diesem Grund haben sich die Macher der slowenischen großen Tour so verhalten, als ob die Transversale eine völlig neue Idee wäre.

Andererseits begann der Griff der Nachkriegsregierung mit der Zeit lockerer zu werden, und zumindest in den 1980er Jahren wäre es sicherlich möglich gewesen, den gesamten Rundweg zu realisieren und einige fehlende Eckpfeiler darin einzubauen. Damals hätte das sogar perfekt mit den Vorbereitungen für die slowenische Unabhängigkeit harmoniert. Und Tatsache ist, dass die bereits erwähnten Eckpfeiler, die Mittelgebirge bei Škofja Loka und Polhov Gradec, noch aus einem weiteren Grund in die Transversale integriert werden müssen, der wiederum aus der Geschichte der Langdistanzwege hervorgeht. Selbst die ersten wurden nämlich so nah wie möglich an die urbanen Zentren herangeführt. Denn gerade den dort lebenden Menschen fehlte die natürliche Umgebung, bestenfalls bewegten sie sich in einem traurigen Ersatz für echte Berge und Wälder. Um diese Stadtmenschen anzulocken, wurden sogar Zufahrtswege eingerichtet, die von den Stadtzentren zu verschiedenen großen Touren führen. Auch deshalb ist es also zwingend erforderlich, dass die korrigierte Transversale vom Porezen ganz bis nach Škofja Loka führt, wo sie die Wanderer aufnimmt, die in der Stadt Kranj losmarschiert sind. Erst dann geht es in Richtung Idrija weiter, und zwar über die »Dolomiten« von Polhov Gradec, wo die in Ljubljana Gestarteten ihre Runde beginnen können. Damit ist der größte Fehler der alten Hälfte südlich der Julischen Alpen beseitigt, und gleichzeitig stellt unser langer Weg Verbindungen zu denjenigen her, die sie am dringendsten benötigen.

Natürlich ist keinesfalls zu erwarten, dass der korrigierte Weg überall makellos ist. Zum Beispiel auf dem kurzen Abschnitt zwischen den Siedlungen Breznica pri Žireh und Ledinsko Razpotje, die unser Trio absichtlich ganz im Stil der alten Hälfte zwischen Porezen und Idrija, also viel zu sehr auf Straßen, kartiert hat. Eine Aufforderung an die geschäftstüchtigen und stolzen Bewohner dieser Gegend: Wenn sie mit der Transversale mehr Wanderer ködern wollen, die am Ende etwas Geld zurücklassen, werden sie sicher eine Verbesserung vorschlagen, damit der Weg diesen Orten mehr zur Ehre gereicht.

*

Zusätzlich zu der oben beschriebenen Korrektur haben wir noch einige weitere vorgenommen, vor allem, wenn sie sich uns wie von selbst aufdrängten. Auch der nächste Abschnitt, von Idrija nach Mrzla Rupa, brauchte etwas Feinschliff. Die alte Route führte aus Idrija direkt hinauf zum Gipfel Hleviška planina. Dieser Aufstieg ist in der Hitze der Hauptwandersaison ein wenig unangenehm und lässt außerdem das Beste des technischen Erbes und der Natur rund um Idrija links liegen. Die meisten dieser Perlen sind schön entlang des fast parallel von Idrija Richtung Cerkno verlaufenden Wegs aufgereiht, der gleichzeitig von Anfang an wohltuende Kühle bietet, weil man die ganze Zeit im

Schatten an einem mehr als vier Jahrhunderte alten Wasserkanal läuft, durch den ein Teil des kalten Flusses Idrijca plätschert. Folgt man diesem Kanal, gibt es noch etwas Interessantes zu sehen, denn er wurde gebaut, um das größte hölzerne Wasserrad Europas anzutreiben, das Wasser aus den Tiefen des Bergwerks gepumpt hat.

Wenn der Weg den Kanal verlässt, sind die Attraktionen noch lang nicht vorbei. Nun kommt man zu unserem kürzesten Fluss, der lediglich 55 Meter langen Jezernica, die aus dem berühmt-berüchtigten See Divje jezero (Wilder See) in die Idrijca fließt. Berüchtigt ist der See deshalb, weil sich darunter ein unheimlich langer und tiefer Siphon mit vielen mysteriösen Verzweigungen und tückischen Strömungen befindet, in dem bereits mehrere erfahrene Taucher ihr Leben verloren haben. Manch einen haben sie sogar nie gefunden. Und auch die Umgebung des kleinen Sees ist atemberaubend. Er ist an drei Seiten von keilförmig zusammenlaufenden hohen und steilen Felswänden umgeben, so dass ein ziemlich unheimlicher Schatten auf ihm liegt. Das wiederum wirkt sich auf die Flora rund um den See aus, die so vielfältig und voller besonderer Pflanzen ist, dass sie Botaniker seit Jahrhunderten fasziniert. Und das mit Kalksteinsedimenten durchsetzte Wasser hat diese charakteristische, hypnotisierende türkise Farbe und von der in der Regel spiegelglatten Oberfläche des Sees geht eine eigentümliche Ruhe aus. Als es den Jungen packt, und er sich nach einem flachen Stein beugt, um ihn übers Wasser hüpfen zu lassen, hält ihn seine Schwester am Arm fest.

»Erinnerst du dich an den Seiteneingang in die Minen von Moria?«, fragt sie ihn, nicht ohne liebevolle Ironie gegenüber der Faszination des Bruders für alles, was mit Superhelden und epischer Fantasy zu tun hat.

Doch er ist taub für solch feine Ironie und legt den Stein, den er aufgehoben hat, sehr vorsichtig wieder ab. Die Szene wirkt jedoch tatsächlich wie aus einer Fantasiewelt und mit seiner ungewöhnlichen Ruhe erinnert der Wilde See fürwahr an jenen am felsigen Eingang des Zwergenreichs Moria aus Herr der Ringe, dessen Oberfläche bloß nicht in Bewegung versetzt werden darf. Auch in diesen unergründlichen Tiefen könnte also etwas Gigantisches mit langen, blassgrünen, schleimigen Tentakeln lauern, etwas, was erzürnt werden könnte, weshalb aus dem See bis zu sechzig Kubikmeter Wasser pro Sekunde sprudeln, und nicht wegen der starken Regenfälle.

Doch das war es noch immer nicht mit den Wundern. Nachdem die Transversale den Gipfel Hleviška planina erklommen hat, macht ihre alte Hälfte nach langen Kilometern auf sonnenexponiertem Asphalt einen Abstecher zur Streusiedlung Vojsko, von wo aus es noch eine ziemlich unangenehme Straße nach Mrzla Rupa gibt, dem letzten Weiler vor dem waldigen Hochplateau Trnovski gozd. Die neue Route hingegen führt vom Berg Hleviška planina langsam und größtenteils auf angenehm schattigen Pfaden zur Idrijca-Schlucht hinab, zurück zur Kühle des Flusses. Und wenn der Weg den Fluss erreicht, hast du eine weitere grandiose Hinterlassenschaft der alten Zeit vor dir, die sogenannte *klavže*, zu Deutsch Klause oder Kluse. Dabei handelt es sich um einen massiven Staudamm mit einer extrem dicken Mauer, die von einer Dachkonstruktion bedeckt war, vor der sich riesige Stapel aus abgeholzten Baumstämmen auftürmten, die man in den zwanzig Kilometer flussabwärts gelegenen Bergwerksschächten brauchte. Nachdem sich vor der Sperre bis zu 13.000 Kubikmeter Holz angesammelt hatten und das Staubecken ganz mit Wasser gefüllt war, wurden große Schleusen geöffnet, woraufhin die starke Welle das Holz bis nach Idrija trug. Die ab dem Jahr 1767 erbauten Klausen von Idrija gehören zu den ältesten noch erhaltenen, und mit ihren fast elf Meter dicken Staumauern sind sie auch die gewaltigsten.

Wenn die Transversale schließlich die Idrijca überquert und in den Südhang ihrer Schlucht einbiegt, hat man die Höhenmeter, die durch den sanften Abstieg vom Berg Hleviška planina verlorengegangen sind, vollständig wieder wettgemacht. Der Aufstieg nach Mrzla Rupa fällt so kaum auf. In diesem Weiler muss man dann aber unbedingt anhalten, denn, wie bereits erwähnt, folgt darauf das Waldgebiet Trnovski gozd, in dem man nicht damit rechnen kann, Wasser zu finden.

Trnovski Gozd

Herr X und ich fanden oft Gelegenheit, ein wenig über die Transversale und ihre Geschichte zu debattieren. Wir waren uns irgendwie sympathisch. Als ich zum Beispiel einmal äußerte, wie viel ein solcher Weg und seine Geschichte über die Menschen aussagt, fragte er mich, wie ich das meine, und schaute mich mit fast kindlicher Erwartung an.

»Tja«, zuckte ich mit den Schultern, »bei uns schneidet man eben gern das Band durch, auch wenn die Sache noch lang nicht erledigt ist.«

Er lachte, so treuherzig, wie nur er es konnte. »Stimmt«, nickte er, »und die Transversale ist ein sehr gutes Beispiel für diese Gewohnheit.«

So war es nun einmal. Der Vorschlag für die Transversale stammt aus dem Jahr 1951, und die Planer beschlossen, sie zwei Jahre später offiziell einzuweihen, anlässlich des 60. Jahrestags der Gründung des Slowenischen Alpenvereins, die als Geburtsstunde des Bergsteigens in Slowenien gilt. Doch dann stellten sie fest, dass sie viel mehr Probleme mit der Routenführung hatten als erwartet und sie nicht viel weiter als bis zum Bergzug Nanos kommen würden. Also beschloss man einfach, die Strecke 1953 für eröffnet zu erklären, obwohl bis zur Einweihung laut Planung nur weniger als die Hälfte des Rundwegs fertiggestellt sein würde.

Auch dieser Plan scheiterte dann, da erst im August 1953 bekannt gegeben wurde, wo die Transversale überhaupt verlaufen sollte. Und auch bis Ende des Jahres gelang es ihnen nicht, die endgültige Route durch die slowenischen Berge festzulegen. In der Region Primorska war sie, gelinde gesagt, nicht ausgereift, da die Bergwanderer nach dem letzten Kamm der Julischen Alpen in den Zug nach Nova

Gorica steigen, etwa eine Stunde fahren und dann wieder ein Stück wandern sollten. So ist es nicht weiter verwunderlich, dass die Macher unserer großen Tour im Februar 1954 mitteilten, dass es bei der Ankündigung zu einem »unliebsamen Irrtum« gekommen sei. Sie gaben eine Korrektur bekannt, die in Wahrheit einen ganz anderen Verlauf der Route südlich der Julischen Alpen bedeutete. Auch dieser war alles andere als ideal, dennoch haben sie darauf bestanden, was bis zu einem gewissen Grad verständlich ist. Es wäre wohl sehr schwer gewesen zuzugeben, dass ihnen in so kurzer Zeit bereits ein weiterer »unliebsamer Irrtum« unterlaufen ist.

Doch die Komplikationen mit dem durch Primorska verlaufenden Abschnitt waren damit nicht beendet. Der neue Leiter der Wegwarte des Alpenvereins, Živojin Prosenc, machte im Oktober 1955 publik, dass die »Slowenische Bergtransversale endgültig fertiggestellt und markiert« sei, aber auch das stimmte offensichtlich nicht ganz. Knapp einen Monat später griff er nämlich seine Kollegen aus Primorska hart an und schloss seine Kritik wie folgt: »Die Mängel sind sofort zu beheben … sonst muss der Primorska-Teil der Transversale aus der Route ausgeschlossen werden.« Die Wanderer, die als erste die gesamte bis dahin fertiggestellte Hälfte der Transversale absolviert hatten, schrieben in den 1950er und frühen 1960er Jahren oft recht verdrossen über die vielen dringend notwendigen Korrekturen und äußerten ihr Missfallen über den Zustand der Wege und Hütten. Nach 1963 finden sich jedoch nur noch vereinzelte Spuren größerer Unzufriedenheit. Was wieder recht typisch für unser Fleckchen Erde ist. Derartige Druckausübungen, Aufregungen, Ironisierungen und Neckereien sind bei uns ohnehin fester und unerlässlicher

Bestandteil der Folklore und daher eine charakteristische Begleiterscheinung der zehn Jahre nach der übereilten Eröffnung, in denen man sich darum bemühte, alles in einen einigermaßen akzeptablen Zustand zu bringen. Natürlich fehlte selbst nach diesem langen Prozess noch immer die Hälfte der Strecke und die damalige Transversale wies keine jener sinnstiftenden und schönsten Eigenschaften auf, die eine echte, große Rundtour haben sollte. Doch ausgerechnet in den am meisten kritisierten Abschnitten der alten Hälfte hatte man es am Ende dieses zehnjährigen Prozesses geschafft, den Weg geradezu brillant zu trassieren.

Bestes Beispiel dafür ist die Passage über das waldige Hochplateau Trnovski gozd, die damals die galligsten Reaktionen hervorrief. Dieser Wegabschnitt ist schon deshalb einer der begeisterndsten, weil er mittlerweile zu den am besten und auch am unterhaltsamsten markierten der gesamten Strecke gehört. Beim Anblick der riesigen Wegweiser muss man nämlich unwillkürlich daran denken, wie viel Kritik an den Wegwarten dieser Gegend geübt wurde. Denn diese mit kühnem Pinselstrich gezeichneten Markierungen haben nicht nur unübersehbare Dimensionen, sondern bringen gleichzeitig auch die Verstimmtheit ihrer Schöpfer zum Ausdruck. Offenbar hatte der Wald erneut einen an seine Tiefe nicht gewöhnten Wanderer in eine völlig falsche Richtung gelenkt, und anschließend mussten sich die Wegwarte mal wieder, wie schon seit jeher, das Gezeter anhören!

Das meiste Vergnügen bereitet in diesem Abschnitt aber die großartige Wegführung. Auf der gesamten Strecke vom Golaki-Bergmassiv bis zur Siedlung Col gibt es kaum einen Meter Asphalt oder Schotter. Sogar Traktorspuren tauchen, als wollten sie ein wenig Abwechslung bieten, nur gelegentlich auf; trotz der jüngsten groben Abholzungen sind die Wege noch immer in ausgezeichnetem Zustand und führen durch wirklich wunderschönes Gelände, von einem kleinen Wunder zum nächsten. Hier ein tiefer, tiefer Karsttrichter, das Licht darin ganz moosig. Seit Jahrhunderten schon wächst in seinem Schatten ein Baum, ein wahrer Riese mit hohlem Stamm, durch den man auf die andere Seite schauen kann und zu dessen Füßen die beiden Kinder noch kleiner als Ameisen wirken. Dort ein weiter, junger, heller Buchenwald in einer sanften Senke, deren Boden überall von einem Teppich aus trockenem Laub bedeckt ist, denn Buchen haben es gern ordentlich, und aus diesem hellbraunen Teppich wachsen silbergraue, schlanke Stämme, hunderte von silbergrauen, schlanken Stämmen, schlanken Stämmen dieser Breiten, auf allen Seiten. Und da ist der Felsentempel, in dem Aljaž vor einigen Jahren, bei unserer letzten Wanderung durch diese Gegend, stehengeblieben ist, zum ersten Mal in seinem Leben wirklich stillstand.

»Das … das kenne ich. Das habe ich schon einmal gesehen«, sagte er diesmal.

»Ich weiß«, nickte ich ihm freundlich zu. »Aber was hast du eigentlich vor Jahren gesehen, an das du dich jetzt erinnerst? Woran erinnerst du dich?«

»Ich erinnere mich … im Grunde genommen daran, wie ich es damals gesehen hab. Wirklich gesehen. Wie schön diese Felsen angeordnet sind. Als ob sie in irgendeiner Ordnung wären, einer menschlichen. Aber alles ist völlig natürlich und daher nur annähernd in einer bestimmten Ordnung und daher noch umso mehr … Sie sind so schön arrangiert, das habe ich gesehen.«

Nach diesem Abschnitt macht der Weg mit Absicht eine große Kurve vom Golaki-Massiv zum Berg Modrasovec und zurück zur Siedlung Predmeja; vom Massiv aus wäre es auf den ersten Blick logischer, dass er direkt nach Predmeja geht und dem Wanderer so etwa drei Stunden Fußmarsch erspart. Aber nur durch diese Verlängerung kann man zumindest ein wenig all dem Wunderbaren in diesen tiefen Wäldern Tribut zollen. Schon auf einer vergangenen, wesentlich einsameren und wilderen Wanderung in dieser Gegend sagte ich mir, dass der Weg hier ohne Weiteres einen noch viel längeren Schwenk machen könnte. Neben den bereits erwähnten großen Vögeln und scharfkantigen Schratten gibt es noch viel anderes Interessantes zu bestaunen, zum Beispiel die eine oder andere Höhle, aber vor allem noch etliche Wipfel herrlicher Bäume. Dies ist also definitiv eines der Gebiete, in denen die Transversale in Zukunft noch ein wenig ausgebaut werden könnte. Und irgendwo hier soll sie mit dem Zugangsweg aus der Region Goriška zusammentreffen.

Doch mit all dem konnten wir uns nicht befassen, so eilig hatten es die beiden Kinder mit dem Weiterkommen. Von jener Wanderung vor ein paar Jahren hatte sich ihnen nämlich etwas noch intensiver ins Gedächtnis eingebrannt als die waldige Hälfte des Abschnitts durch den Trnovski gozd: seine zweite Hälfte, die kurz nach Predmeja beginnt. Dort trifft die Transversale auf den sogenannten *Pot po robu* (*Weg entlang des Randes*), der tatsächlich am Rand dieses Hochplateaus, an seinem südlichen, aber auch am Waldrand entlangführt. Dieser Weg ist mit Sicherheit einer der begeisterndsten bei uns und weckt bei den Menschen geradezu religiöse Gefühle: Die einen nennen ihn *Angelska* (*Engelsweg*), andere behaupten, er führe direkt nach Eden.

Kein Wunder also, dass wir uns auch diesmal wieder an ihm erfreut haben. Nach dieser Wanderung sollte uns die Passage aber auch wegen der Folgen der Wetterextreme in Erinnerung bleiben, die seit Mrzla Rupa unsere größte Sorge waren.

Das Plateau Trnovski gozd über seinen steilen nordwestlichen Rand zu erreichen, ist ohnehin bereits eine solide Herausforderung. Die Transversale führt dort über die Golaki, mit fast 1500 Metern die höchsten Gipfel zwischen dem Mittelgebirge bei Škofja Loka und dem Berg Snežnik. Diesmal war der Aufstieg zum Golaki-Massiv jedoch noch anstrengender als gewöhnlich, und das lag am Eisbruch, der 2014 mehr als die Hälfte der slowenischen Wälder beschädigt und die Nordhänge dieser Berge besonders arg in Mitleidenschaft gezogen hat: Damals waren die Regentropfen nach ihrem Aufprall auf die Bäume umgehend gefroren und hatten sie mit einem dicken Eispanzer umgeben, unter dessen Gewicht die Äste und Stämme abbrachen. Anstatt uns also in der morgendlichen Kühle eines schattigen Waldes die steilen Hänge hinauf zu quälen, mussten wir dies nun in baumlosem Gelände tun, in das die aufgehende Sonne direkt hineinschien. Noch unangenehmer wurde das Ganze durch das viele Ungeziefer, das in den zahllosen verrottenden Baumstämmen, die infolge der Naturkatastrophe umgestürzt waren, prächtig gedieh. Und durch eine Kombination von ungünstigen Umständen plagte uns an diesem Tag noch ein weiteres Wetterextrem, das wir in diesen Gefilden aufgrund der globalen Erwärmung immer häufiger erleben, eine Hitzewelle, wegen der die Temperatur selbst auf den Gipfeln der Golaki-Berge auf fast dreißig Grad kletterte.

Auch auf der Südseite dieser Gipfel hörte der Weg nicht auf, uns zu erschöpfen. In den dortigen Waldkesseln war es natürlich noch heißer, und das ganze Plateau besteht aus wasserlöslichem Kalkstein, durch den sich die Niederschläge schon vor langer Zeit ihren Weg in den Untergrund gebahnt haben. Und auf langen Touren kann man halt nicht alles so kalkulieren, dass man nur am Wochenende, wenn die Hütten dort offen sind, auf den trockenen Streckenabschnitten unterwegs ist. Wir hatten jeweils fünf Liter Wasser dabei, und da ich auch einen Teil der Last der Kinder übernommen hatte, weil es sonst zu anstrengend für sie gewesen wäre, muss mein Rucksack weit über zwanzig Kilogramm gewogen haben. Aber es ging nicht anders. Fünf Liter Wasser reichten kaum aus, und von Mrzla Rupa nach Predmeja, zur ersten permanenten Wasserquelle, sind es mit so viel Gewicht sieben sehr harte Stunden.

Den zweiten Teil des Wegs über die Hochebene erreichten wir also voller Waldglück, aber müde und zumindest ein wenig dehydriert. Auf den Höhepunkt der Hitzewelle folgte jedoch keine Abkühlung in Form von Regen, sondern dort erwartete uns der für die Region Primorska charakteristische Küstenwind, die Bora. Dieser Nordostwind, der in Böen sogar weit über zweihundert Stundenkilometer erreichen kann, hatte noch einen weiteren Effekt, der durch die Verkettung der damaligen Wetterumstände umso ausgeprägter war. Bereits die Unwetter zu Beginn unserer Tour hatten die Schmutzpartikel, die ansonsten zumindest teilweise die Wirkung der ausgedünnten Ozonschicht ersetzen, gründlich vom Himmel gespült, und was dem Regen an kleinen Partikeln in der Luft entgangen war, wurde nun vom Wind weggetragen. Obwohl es sich also spürbar abkühlte, konnte die Sonne gleichzeitig absolut ungehindert auf uns niederbrennen, ihre starken Strahlen wirkten im Zusammenspiel mit der brausenden Bora wie eine Doppelbürste, sie rieben und rieben an uns, bis man schlussendlich fast durch uns hindurchsehen konnte.

Wir haben das lange Zeit gar nicht bemerkt, so sehr waren wir durch den Randweg abgelenkt. Die Strecke vom Anstieg auf die Golaki-Gipfel bis nach Predmeja war ganz von der monolithischen Singularität des tiefen Waldes geprägt gewesen. Nun kam uns alles so winzig vor und außerdem veränderte sich andauernd die Umgebung. In dem von Hügeln und Senken übersäten Gelände windet sich der Weg in einem fort leicht auf und ab. Überdies schlängelt er ständig ein bisschen nach rechts und ein bisschen nach links, mal um einen Felsvorsprung herum, mal mitten durch ein urzeitliches Einsturztal, dann wieder quer über ein Feld. Zusätzliche Zerstreuung wird einem auch durch die sich fortwährend verändernden und stets interessanten Ausblicke geboten. An einer Stelle entfaltet sich für kurze Zeit zu deiner Rechten, tief unter den Felsen, das Vipava-Tal mit der Stadt Ajdovščina und dem Karst im Hintergrund. Dann siehst du links ein kleines Feld und dahinter eines der Dörfer der Hochebene. Andernorts schaust du durch ein natürliches Felsenfenster. Anschließend gehst du an einer Trockenmauer vorbei, die fleißige Hände aus den herumliegenden Steinen, die es in diesem Karstgebiet wie Sand am Meer gibt, zu einer Spirale angeordnet haben. Darüber hinaus vermittelt dir der Weg die ganze Zeit über das Gefühl, dass er dich beschützt. Hin und wieder biegt er von einer Lichtung in eines der Wäldchen ein, in denen niedrige, kräftige und miteinander verflochtene Bäumchen stehen, die der stürmischen Bora und der intensiven Sonne zu trotzen wissen: Wind gibt es dort keinen, besonders nicht in den tiefen Karsttrichtern, und anstelle der Sonnenstrahlen umhüllen dich die Kühle des tiefen Schattens und die Feuchtigkeit, die sich unter den eng verschlungenen, festen Wurzeln hält.

Aber schlussendlich, nachdem der Weg wieder aus einem dieser Wäldchen herausgekommen und durch verwehtes Gras über den Rücken eines dieser sonnenbeschienenen Hügel angestiegen war und ich oben auf dem Gipfel mitten in der Sonne und im Wind stand, wurde mir bewusst, dass es für uns, die wir ohnehin schon ziemlich müde und dehydriert waren, mittlerweile auch zu hellgleißend und windig geworden war. Dass uns der Wind und die Sonne, die wie eine raue Bürste an uns rieben und rieben, auf diesem Weg mit dem bedeutungsvollen Namen, *Am Rand*, an genau ebendiesen trieben.

»Gehen wir hier vielleicht noch ein klein wenig *über* den Rand?«, wandte ich mich schließlich mit einem entschuldigend schwachen Lächeln den Kindern zu. Sie standen eine Weile bewegungslos da und starrten mich an. Ihre geschwollenen Augen leuchteten, ihre aufgesprungenen Lippen lächelten. Doch dann reagierte Lučka.

»*Vieles Schwere gibt es dem Geiste, dem starken tragsamen Geiste, dem Ehrfurcht innewohnt*«, teilte sie mir vertrauensvoll mit. »*Nach dem Schweren und Schwersten verlangt seine Stärke.*«

Mami

Es ist noch so früh, dass kaum Morgenlicht ins Zelt dringt. Aber ich bin plötzlich hellwach, und meine rechte Hand greift automatisch nach den Stöcken, die ich vor dem Eingang deponiert habe. Wenn man mit seinen Kindern am Rande des Trnovski gozd schläft, ist der Schlaf sehr flach. Aber ich beruhige mich schnell wieder. Eines der beiden Kinder schleicht sich gerade leise aus dem anderen Zelt, wahrscheinlich um zu pinkeln. Das hat mich geweckt. Nach einigen kaum hörbaren Bewegungen zu urteilen, vor allem aber nach ein oder zwei Schritten, denen man anmerken kann, wie sie sich entfernten, schließe ich auf Lučka. Es zeigt sich, dass sie ein paar Jahre älter ist als Aljaž, sie kann so mucksmäuschenstill sein, dass der Junge friedlich weiterschläft.

Doch dann kommt und kommt sie nicht zurück. Ich seufze vor mich hin; gern würde ich noch ein bisschen schlafen. Aber natürlich stehe ich trotzdem auf, achte darauf, dass der Schlafsack nicht raschelt und die sonst so unangenehm laute Isomatte nicht das geringste Geräusch von sich gibt. Als ich meinen Kopf durch die Außenhülle meines Zelts stecke, sehe ich, dass einer der Eingänge des anderen leicht geöffnet ist. Dahinter ist der Umriss eines einzelnen Körpers auszumachen, der noch immer im Rhythmus eines tiefen Schlafes atmet. Auch um unser Lager herum ist alles still. Der Borawind ist zu feuchten Luftschwaden abgeschwächt, die so langsam an den Stämmen vorbei und durch das Unterholz kriechen, dass man die Bewegung der Luftmassen nicht sehen, ja kaum auf der Haut spüren kann. Aber sie haben so viel Feuchtigkeit auf allem hinterlassen, dass es unmöglich wäre, deine eigenen Spuren zu verwischen, sollte jemand nach dir suchen. Ich gehe den ihrigen nach.

Sie führen mich quer durch den Luftstrom und kommen hinter einigen Büschen, in höflicher Distanz zu den Zelten, zum Stehen. Der deutlich erkennbare Abdruck ihrer Füße bezeugt, dass sie sich hier niedergekauert hat … und offenbar etwas gesehen hat. Denn von hier aus wandte sie sich geradewegs dem Strom des Morgennebels zu, der von … von der Lichtung dort drüben kommt. Auf der sich etwas bewegt, nur was?

Näher an der Lichtung wird klar, was Lučkas Aufmerksamkeit erregt hat. Und sie hat einen idealen Beobachtungsposten gefunden, auf einer leichten Anhöhe, mit einem hervorragenden Blick auf die Lichtung, aber immer noch geschützt durch das Unterholz. Ich bewege mich einen Tick lauter auf sie zu. Laut genug, damit sie mich hört und ich sie nicht erschrecke, aber auch nicht so laut, dass ich uns alles verderbe. Ein wenig strahlt sie etwas Wichtigtuerisches aus, so stolz ist sie auf ihre Entdeckung und darauf, dass sie eine so ausgezeichnete Stelle gefunden hat, wo man sich auf die Lauer legen kann. Ohne mich anzusehen, rückt sie leise, kaum wahrnehmbar, ein Stückchen zur Seite, um neben ihr Platz zu machen. Als ich mich hinhocke, sieht sie mich immer noch nicht an, doch einen Moment später klopft sie mir sanft auf die Schulter und zwinkert mir mit den Augenbrauen zu: Na, wer hat's raus?

Eine Zeit lang ignoriere ich absichtlich die Lichtung, obwohl das, was sich dort abspielt, höchst interessant ist, und starre Lučka an, stolz und schmunzelnd zugleich. Als sie sich mir dann endlich zuwendet, warte ich, bis sie beides in meinem Blick gelesen hat, dann unterstreiche ich das Wesentliche mit den Lippen: »Wow!«

Ihr Lächeln reicht ihr bis zu den Ohren und noch ein wenig darüber hinaus, dann dreht sie sie sich wieder Richtung Lichtung um.

Dort ist eine Füchsin zu sehen, ganz jung, klein, aber mit drei noch kleineren Füchsen an ihrer Seite. Sie scheint den Jungtieren beibringen zu wollen, wie man im Gras Mäuse fängt, denn sie wiederholt immer wieder dieselbe Abfolge von charakteristischen Bewegungen. Sie wedelt mit dem Schwanz, stellt sich auf ihre Hinterpfoten, schlägt dann aus gewölbter Körperhaltung mit den Vorderpfoten auf den Boden und dreht ihre Schnauze ruckartig hin und her, damit ihr keine eventuelle Regung des verängstigten Frühstücks entgeht. Alle Bewegungen werden von ihr auch spielerisch hervorgehoben: Schwanz, Hinterpfoten, Vorderpfoten, Schnauze!

Doch trotz ihrer Bemühungen verläuft der Unterricht nicht besonders erfolgreich.

»Seht ihr!«, die Jungfüchsin blickt mehrmals verzweifelt zu ihrem Nachwuchs. »Was ist euch hier nicht klar, hm?!«

Zwei der Bälger versuchen zumindest, sie zu imitieren. Aber wenn zum Beispiel einer von ihnen mit den Vorderpfoten auf den Boden schlägt, macht sich der andere über seinen Schwanz her. Und dann schauen sie ihre junge Mutter ineinander verknäult und mit trotteligen Mienen an, als ob sie ein Lob erwarten. Das dritte Balg ärgert sie erst recht. Als sie ihm zeigt, wie die Sache zu laufen hat, schaut es sie noch eine Weile an, bevor es sich auf die Seite fallen lässt. Mami richtet es dann mit ihrer Schnauze wieder auf und zeigt es ihm noch einmal, exklusiv für ihn. Die kleine Rotznase schaut sie an, stolziert anschließend schön langsam um sie herum und lässt sich erneut auf die Seite fallen.

Das ist zu viel. Mami reißt der Geduldsfaden. Sie stürzt sich auf den Kleinen wie auf eine Maus, packt ihn am Hals und schleudert ihn durch die Luft. Seine Geschwister quieken erschrocken auf, er aber fliegt ein paar Meter weit weg, landet auf seinen Pfoten und glotzt seine Mami entsetzt an. Eine Weile starren sich die beiden nur an, dann führt der Kleine plötzlich die perfekte Abfolge aus: Schwanz, Hinterpfoten, Vorderpfoten, Schnauze!

Die Mutter beobachtet ihn ein, zwei Augenblicke, dann rennt sie auf ihn zu, so dass der Jungspund erschrocken davonhuscht. Aber schon stößt sie ihn spielerisch zu Boden und rollt sich dann über ihn auf den Rücken, mit Absicht, damit der Kleine zum Gegenangriff übergehen kann. Diesem Spielchen schließen sich nun auch die beiden anderen an. Eine ganze Zeit lang jagen sie sich und kugeln ineinander verknäult herum, bis sie am Ende alle gründlich angeknabbert und abgeschleckt sind.

Lučka beobachtet dies mit einem zunehmend regungslosen Gesichtsausdruck. Von ihrer vorherigen schwärmerischen Begeisterung über die Possen der pelzigen Tierchen ist darin immer weniger zu sehen, in ihren Augen klafft eine immer größere Leere. Schließlich läuft ihr eine einzelne, einsame Träne über die Wange.

»Sollen wir Mami anrufen, damit sie uns für einen Tag in unseren Bau bringt?«, flüstere ich leise.

Sie reagiert darauf in ihrer typischen Art: Sie stürzt sich in meine Arme und lacht oder weint laut, es ist schwer zu sagen. Die Füchslein werden auf jeden Fall das Weite suchen.

»Komm«, sage ich nach einer Weile. »Lass uns zuerst Aljaž erzählen, was wir gesehen haben, das wird ihn stinksauer machen.«

Von Col zum Slavnik

Der Besuch im heimischen Fuchsbau verging wie im Flug, so viele verschiedene Dinge gab es in Ljubljana zu erledigen. Nachdem Mateja uns wieder zurück zum Weg gefahren hatte, lag ein Abschnitt vor uns, auf dem ich immer wieder an das Trio denken musste, dem der meiste Dank für die Einrichtung der alten Hälfte der Transversale gebührt: Šumljak, Blažej und Prosenc. Kein Wunder, denn der Teil des Wegs von der Siedlung Col zum Berg Slavnik ist eine hervorragende Metapher für sie.

Alle drei hatten fraglos eine Reihe von Tugenden vorzuweisen. Insbesondere über Ivan Šumljak, einen Gymnasiallehrer aus Maribor und nach dem Krieg Leiter der dortigen Wegwarte, hatte Herr X viel Positives zu berichten. So wies er voller Zuneigung darauf hin, dass Šumljaks Eltern starben, als er drei Jahre alt war; für Waisen halten die Menschen auf diesem unserem Fleckchen Erde eben einen ganz besonderen Platz in ihren Herzen frei. Aber Herr X fand auch lobende Wort für einige von Šumljaks tatsächlichen Tugenden, zum Beispiel seinen starken Patriotismus und seinen freundlichen Charakter. Und wie aus den Aufzeichnungen über ihn hervorgeht, wurde er auch von vielen seiner Kollegen und Schüler sehr geschätzt.

Zweifelsohne fühlte er sich in seinem heimischen Gelände, das er mit seinen Kollegen als Wegwart betreute, am meisten zuhause, vor allem im Pohorje-Gebirge. Die Transversale über dieses Mittelgebirge im Nordosten Sloweniens war eigentlich schon angelegt, bevor er im Frühling 1951 offiziell die Initiative dafür einleitete. Schon ein Jahr zuvor hatten sie nämlich den Weg entlang des Hauptkamms des Pohorje-Gebirges, der später Teil der alten Hälfte wurde, neu markiert und dabei auch das entsprechende Zeichen erfunden. Sie markierten besagte Pohorje-Querung, indem sie der slowenischen Standardmarkierung, einem weißen Kreis mit roter Umrandung, die Zahl 1 hinzufügten; denn für sie war dies der »Hauptweg«, ihre »Nummer 1«.

Bestimmt kannte sich Šumljak auch in den Bergen der Nachbarregion Koroška gut aus, denn kurz nach der offiziellen Initiative für die Transversale schlug er seinen slowenischen Kollegen vor, wo die Strecke vom Ende des Pohorje-Gebirges bis zur Streusiedlung Robanov kot verlaufen sollte, die 1952 dementsprechend festgelegt wurde. Doch von der übrigen slowenischen Bergwelt hatte er anscheinend deutlich weniger Ahnung. Das zeigt sich schon an der Skizzenhaftigkeit seines Vorschlags aus dem Jahr 1951, der umso ungenauer wurde, je weiter er sich von Šumljaks Heimatgebiet entfernte, und insgesamt nur schlappe achtzehn Wörter umfasste: »Pohorje – Uršlja gora – Raduha – Savinjska – Karavanke – Julijske – über Gorenjska, Notranjska, Dolenjska, Kozjansko zum Boč und zurück bis Pohorje.«

In diesem Vorschlag verbargen sich zwei große Mängel. Der erste war sicherlich ein wichtiger Grund dafür, dass sie später so viele Probleme damit hatten, eine Route südlich der Julischen Alpen einzurichten: Šumljak hat die Region Primorska einfach übersprungen. Das ist teilweise nachvollziehbar. Der Leiter der Wegwarte aus Maribor war mit diesem Gebiet sicher nicht besonders gut vertraut, denn es gehörte zwischen den beiden Weltkriegen zu Italien, das versucht hatte, in dem von ihm kontrollierten Territorium alles Slowenische auszurotten, und Bergwanderer aus anderen Teilen Sloweniens waren dort damals gewiss nicht willkommen. Aber gerade aufgrund dieses historischen Hintergrunds würde man von einem Patrioten wie Šumljak erwarten, dass er durch die Berücksichtigung dieser Region unterstreicht, dass auch sie slowenisch ist, und er durch ihre Einbeziehung in den Vorschlag ihre jüngst erfolgte Rückkehr ins Mutterland würdigt. Šumljak empfahl den Transversalisten sogar: »Beraten Sie sich mit Ihrem Geografielehrer über die geplante Route.« Der hätte ihm bestimmt gesagt, dass die Trasse der Transversale auf jeden Fall durch Primorska führen muss, da es dort mehrere bedeutsame Berglandschaften gibt.

Diese große Lücke im ursprünglichen Vorschlag muss bei der Festlegung des tatsächlichen Verlaufs bemerkt worden sein, und dennoch haben alle sie gewissermaßen unter den Teppich gekehrt. Erst 1957, vier Jahre nach der offiziellen Eröffnung des Wegs, erinnerte sich Šumljak an seinen Vorschlag von 1951, und dieses Mal war die Beschreibung, obwohl noch immer recht vage, wesentlich detailgenauer; vor allem südlich der Julischen Alpen sah die Route nun ganz anders aus: »Die Transversale sollte ungefähr so verlaufen: Maribor – Pohorje – Plešivec (Uršlja gora) – Smrekovec – Raduha – Savinjske bzw. Kamniške planine – Karawanken – Julische Alpen – Voralpenwelt – Nanos – Postojna – Kočevsko – Gorjanci – Dolina gradov (Tal der Burgen) – Bohor – Boč – Teil von Slovenske gorice – Maribor.«

Šumljak muss sich auch 1957 noch sehr gut an seinen ursprünglichen Vorschlag erinnert haben, schließlich konnte er ihn drei Jahre später genau zitieren, als ihn ein Artikel über die Transversale echauffierte. Aber weil der Initiator der slowenischen großen Tour bei seinen Kollegen offensichtlich unheimlich beliebt war, führte man nach 1957 beharrlich seine »Erinnerung« als die ursprüngliche Version an, bis sein erster Vorschlag mehr oder weniger in Vergessenheit geriet. Der zweite große Fehler seines ersten

Vorschlags blieb jedoch auch in der »Erinnerungsversion« erhalten, weil er mit der Hälfte der Transversale zu tun hat, die nicht eingerichtet wurde und daher nicht ins Auge fiel. Dennoch ist er keineswegs vernachlässigbar, denn die Strecke, die laut Šumljak von »Kozjansko zum Boč und zurück bis Pohorje« führen soll, wäre gar kein Bergabschnitt. Klar, ein so langer Weg muss manchmal durch Gebiete verlaufen, die eindeutig nicht gebirgig sind, weil er sonst nicht von einem Schlüsselgipfel zum anderen gelangen kann; sowohl auf der alten als auch auf der neuen Hälfte gibt es einige solcher Abschnitte. Aber Šumljaks Vorschlag zufolge wären es vom Berg Bohor aus mindestens zweihundert Kilometer durch die nah an der pannonischen Tiefebene liegenden Täler und Hügel, und das auch noch mehrheitlich auf Straßen, wodurch die Transversale ihren Gebirgs- und Fußwegcharakter verlieren würde. Und vor allem würde ein weiteres wichtiges Glied der slowenischen Bergwelt fehlen, das, nachdem man die Berglandschaft Gorjanci (im südöstlichen Slowenien, unweit der Grenze zu Kroatien) hinter sich gelassen hat, die einzige logische Fortsetzung des Rundwegs ist: das Mittelgebirge Posavsko hribovje.

Man muss Šumljak auf jeden Fall zugutehalten, dass er sich der Grenzen seines Wissens und seiner Fähigkeiten bewusst war und die Planung, wie die Transversale nach der Streusiedlung Robanov kot weitergehen sollte, lieber anderen überließ. Doch die Wegmarkierungskommission, an die er diese Aufgabe übergab, war auch nicht in der Lage, einen Plan zu entwerfen, wo der Weg durch die südliche Hälfte Sloweniens und zurück nach Pohorje verlaufen sollte, nicht einmal in einer groben Version. Auch aus diesem Grund wurde keine richtige Antwort auf die entscheidende Frage gefunden, wie die Passage von den Julischen Alpen bis zum Bergzug Nanos aussehen soll. Und auch für das nächste Problem, wie es vom Nanos weitergeht, fand man keine Lösung.

Mitte 1953 verkündete beispielsweise der damalige Leiter der Kommission Anton Blažej, dass die Trasse vom Nanos direkt bis zum Berg Snežnik führen würde.

Dieser Beschluss war einer der ungewöhnlichsten. Denn der äußerste südwestliche Punkt der Transversale muss zwangsläufig der Slavnik sein. Nicht nur, weil er eine fantastische Lage hat, so dass man von seinem Gipfel an einem perfekten Tag den ganze zweihundert Kilometer entfernten Veliki Klek (Großglockner) sehen kann, den wir Slowenen ein wenig für uns beanspruchen, da er in vergangenen Zeiten der nordwestlichste Gipfel im Siedlungsgebiet unserer Vorfahren war. Ein noch wichtigerer Grund ist, dass der Slavnik mit seinen knapp über tausend Metern der einzige richtig ausgeprägte Gipfel im Südwesten Sloweniens ist, der ohne jeden Zweifel zur slowenischen Bergwelt gezählt werden kann. Aber nicht nur, dass Blažej und seine Männer den Slavnik umgehen wollten; sie hatten für die Fortsetzung der Route vom Nanos aus sogar eine noch seltsamere Idee. Ihrer Ansicht nach sollte der lange slowenische Weg direkt zum Snežnik führen und von dort aus über die Grenze zu den kroatischen Bergmassiven Risnjak und Velebit. Natürlich muss man nicht gleich entsetzt die Hände über dem Kopf zusammenschlagen, wenn die slowenische Transversale mal ein wenig fremdgeht, wie es die alte Version zum Beispiel auch in den Kamniker Alpen vorsieht. So ein Sprung auf die andere Seite der Grenze kann womöglich sehr sinnvoll sein. Doch eine derart lange Exkursion wie die ins kroatische Velebit-Gebirge wäre nur schwer zu rechtfertigen. Blažej hat das auch nicht getan und natürlich hat er nicht einmal ansatzweise erklärt, wie der Weg von dort aus wieder zurück in den slowenischen Kreis führen soll.

Ein ähnlicher »unliebsamer Irrtum« war die Entscheidung, die 1956 unter der Führung des neuen Leiters der Wegwarte, Živojin Prosenc, getroffen und angeblich von der damaligen Regierung aus der Taufe gehoben wurde. Als sie die Transversale damals vom Bergzug Nanos aus so trassierten, dass sie am Meer endete, beschnitt man sie nicht nur um die sinnstiftendsten und schönsten Merkmale, darunter die einzigartige Kreisform. Man stellte damit auch ihren gebirgigen Charakter in Frage. Ab dem Nanos verläuft der größte Teil der Strecke durch bergloses Gelände, aber ein solcher Abschnitt lässt sich verteidigen, da er, wie gesagt, unbedingt bis zum Berg Slavnik führen muss. Aber südlich vom Slavnik, auf der Strecke bis zum Meer, folgen noch ein paar Dutzend Kilometer Gelände, für die es kein einziges sinnvolles Argument gibt.

Obwohl man sich 1956 unter Zwang oder aus einem anderen Grund dazu entschloss, unsere große Tour bis ans Meer verlaufen zu lassen, lässt sich dieser Irrtum zugunsten der echten, kreisförmigen Transversale nutzen. Die folgt vom Nanos einfach der alten Trasse in Richtung Slavnik. Und der Weg südlich davon ist auch mehr als brauchbar. Bietet er doch eine der sicherlich angenehmsten Aufstiegsvarianten zum Gipfel des »Primorski-Triglav« (der Triglav der Region Primorska), wie der Slavnik in Anlehnung an den höchsten Berg Sloweniens von den Einheimischen auch genannt wird, ganz zu schweigen von den malerischen Dörfern im Küstenhinterland, die folgen. Außerdem kann die alte, südlich vom Slavnik bis zum Meer verlaufende Trasse allen slowenischen Küstenorten als äußerst zufriedenstellender Zugangsweg zum Kreis der neuen Transversale dienen. Denn vom Slavnik führt sie zunächst bis zur direkt an der Grenze zu Italien liegenden Küstensiedlung Škofije, wo sie auf die Porečanka (ital. Parenzana) abbiegt, eine ehemalige Schmalspureisenbahn von Triest bis nach Poreč, deren Fahrspur heute Radfahrern und Fußgängern vorbehalten ist.

Das alles bedeutet selbstverständlich nicht, dass auf dem Abschnitt von Col zum Slavnik, auf dem ich so oft an das Trio Šumljak-Blažej-Prosenc denken musste, nichts mehr getan werden muss. An vielen Stellen wartet noch einiges an Arbeit. Dieser Abschnitt ist, im Gegensatz zu dem auf dem Trnovski-Plateau, offenbar zu wenig kritisiert worden, und wechselt daher zwischen begeisternden Abschnitten und solchen, die einen die Augenbrauen hochziehen lassen. Das erste Ärgernis erwartet einen gleich auf der Passage von Col zum touristischen Bauernhof Abram. Knapp 25 Kilometer, von denen etwa 15 aus einer für Schwertransporter geeigneten Schotterstraße bestehen. Das geht ganz schön in die Beine, flutet die Schleimhäute mit Staub und außerdem wird man die ganze Zeit auch noch mit einem unschönen Anblick konfrontiert: von Forstmaschinen eingehämmerte Bäume, die in ihrer neuen Rolle als Begrenzungspfähle die Straße halten sollen, damit sie nicht die Böschung hinunterrutscht. Warum kann die Trasse hier nicht wenigstens über die alten, schönen forstwirtschaftlichen Rückewege verlaufen, wenn es schon nicht auf Wanderwegen geht?

Auch der Abschnitt zwischen den Siedlungen Razdrto und Senožeče ging uns gehörig gegen den Strich. Als wir vor unserem Aufbruch die GPS-Tracks der letzten Wanderer sammelten, die auf der alten Hälfte der Transversale unterwegs gewesen waren, stellten wir überrascht fest, dass in dieser Gegend jeder von ihnen seinen eigenen Weg genommen hatte. Vor Ort wurde uns prompt klar warum. In den letzten Jahren hatte man hier viel Forstarbeit betrieben und den Weg kaum gepflegt, so dass man schnell von ihm abkommen konnte. Was an sich nicht so schlimm ist, man geht halt ein wenig über Stock und Stein. Leider hatten die Waldarbeiter nach getaner Arbeit nichts weggeräumt und sich durch solche mit Holzabfällen bedeckte Weiten zu kämpfen, macht keinen Spaß. Jeder Schritt muss vorsichtig gesetzt werden, sonst kannst du dich an den Ästen und anderen Auswüchsen schneiden wie an den Forken eines Rechens, den jemand achtlos auf dem Boden liegen gelassen hat. Obendrein war dieses ganze verstreute Holz auch noch von Brombeerranken überwuchert, die sich wie ein tückischer Stacheldraht darüber gelegt hatten. Beim Dorfbrunnen in Senožeče brauchten wir mehr als eine halbe Stunde, um die abgerissenen Hautfetzen von unseren Beinen zu entfernen und das Blut abzuwaschen.

An der Südflanke des langgestreckten Bergzugs Vremščica gab es ebenfalls nur selten ein Wegzeichen. Die GPS-Tracks hatten uns gezeigt, dass die Wanderer auch hier wieder nach allen möglichen Übergängen gesucht hatten. Den dritten Platz unter den unangenehmsten Abschnitten der Strecke von Col zum Slavnik belegte der allerletzte Anstieg. Nicht nur wegen der vielen Straßen rund um den talartigen Tieflandgürtel Podgrajsko podolje und der ernüchternden Forststraßen unterhalb des Slavnik-Gipfels, sondern vor allem wegen des Gestanks.

»Gibt es hier wirklich eine ekelhafte Müllkippe oder so was?«, knurrte Lučka durch ihre Hände, die sie sich auf Nase und Mund presste.

Ich nickte. Diesen Geruch kannte ich noch sehr gut aus meiner Studentenzeit, genauer gesagt vom Anfang des zweiten Studienjahres, als ich nach einem langen und heißen Sommer in das gemietete Zimmer zurückkehrte, in dem ich einige Monate zuvor den Kühlschrank abgestellt hatte. Der Gestank eines vergessenen Hähnchenwickels, der dem unter dem Slavnik ähnelte, drang durch jede Pore meines Körpers. War da draußen irgendeine Geflügelfarm, in der es dem Federvieh nicht besonders gut erging?

Letztendlich ist dieser Abschnitt der Strecke eigentlich eine Art Abbild derjenigen Pioniere, die den größten Verdienst an der Festlegung der alten Hälfte haben. Unerfreuliche Abschnitte wechseln sich hier mit solchen ab, die pure Freude bereiten. Es gibt einen wunderbaren, steilen Anstieg vom touristischen Bauernhof Abram zur Pleša, dem Aussichtsgipfel des Nanos-Massivs, wo man wie zuvor am Rand des Trnovski gozd durch die sanft miteinander verflochtenen Wälder und grasbewachsenen Ebenen des karstigen Hochplateaus geht. Hier befindet sich eines der schönsten Ausflugsziele, der Bergzug Vremščica, den wir – mitten im Sommer und an einem herrlichen Tag – ganz für uns allein hatten. Hier ist das riesige Höhlensystem Škocjanske jame, ein weiteres dieser Wunder, die auch aus Fantasy-Romanen stammen könnten. Hier findet man entlang des Wegs, vor allem dort, wo er die alten Fuhrmannsstraßen kreuzt, zahlreiche Gasthäuser, die offenbar dem Motto des Lieblingsrestaurants des Katers Maček Muri aus der populären slowenischen Kindergedichtsammlung von Kajetan Kovič folgen: »schnell, gut und günstig.« Und hier gibt es das bezaubernde Tal des Bachs Sušica, durch das du nach Artviže und zu anderen charmanten Dörfern an den Hängen der Brkini-Hügel aufsteigen kannst.

Brkini

Der Slavnik ist der westlichste Teil des Kamms, der etwas weiter östlich die Grenze zu Kroatien bildet. Auf den ersten Blick wäre es logischer, wenn die Transversale vom Slavnik aus entlang dieser Gipfelkette nach Osten verliefe. Vielleicht sogar bis zum letzten höheren Berg dieser Kette, dem Trstenik, von wo aus sie dann übers Hügelland nach Norden, direkt bis zur Stadt Ilirska Bistrica, sausen könnte. Allerdings würde eine solche Route schon lang vor dem Trstenik durch wegloses Gelände führen, und zwar in einem solchen Ausmaß, dass sie nicht mehr mit einer der schönsten Leitlinien des Vorschlags von Šumljak in Einklang wäre: Die Transversale ist für jedermann gedacht, das heißt, jeder Wanderer soll sie mit ein wenig gutem Willen begehen können, nicht nur geübte Pfadfinder.

Daher ist es besser, sich nach dem Slavnik an einen der europäischen Langdistanzwege zu halten, den E6. Dieser hat jedoch ein oder zwei Probleme. In unserem Land war seine größte Schwäche von Anfang an der zu hohe Anteil an Straßenabschnitten, der sich seit seiner Eröffnung im Jahr 1975 nur noch vergrößert hat; statt den E6 zu verbessern, ließ man vielerorts zu, dass Fußwege in Schotterstraßen verwandelt und Fahrwege asphaltiert wurden. Dort, wo er von vielbefahrenen Straßen abzweigt, ist er dazu auch noch oft schlecht markiert und gewartet.

Aber der E6 hat auch mindestens eine sehr gute Seite. Vom Slavnik geht es zurück ins Hügelland Brkini und dann über dessen östliche Hälfte nach Ilirska Bistrica, was wirklich super ist. Zum Teil deshalb, da sich damit der ausgezeichnete dramatische Aufbau der Transversale fortsetzt. Jeder Anfang ist aufregend. Insbesondere das Terrain von

Ljubljana bis Razdrto ist durch sehr viel Auf und Ab geprägt, im Durchschnitt ist der Höhenunterschied auf dieser Passage doppelt so groß wie nach Razdrto. Für die Kinder und mich war es daher eine Wohltat, dass wir schon vor den Hügeln von Brkini, in erster Linie aber auf ihnen, etwas verschnaufen konnten. Und solch ein Intermezzo war auch deswegen sehr willkommen, weil die nachfolgende Strecke ab Ilirska Bistrica wieder deutlich anspruchsvoller ist. Vor allem aber war es angenehm, ab dem Slavnik dem E6 zu folgen, weil die Brkini-Region mit ihren kleinen Dörfern und netten Menschen sicher der liebenswerteste Teil der slowenischen großen Tour ist.

Für manch einen mag diese Charakterisierung im Widerspruch zu der Tatsache stehen, dass Brkini eines der zahlreichen slowenischen Hügelgebiete ist, die schon seit dem 19. Jahrhundert arg von Auswanderung gebeutelt sind. Auslöser war die Aussicht auf ein besseres Leben jenseits der Grenzen, da die Industrialisierung in Slowenien damals nur schwach entwickelt war. Doch im Gegensatz zu vielen anderen Gebieten, in denen dieser Prozess nach dem Ersten Weltkrieg fast zum Stillstand kam, war dies hier nicht der Fall. Denn als Primorska nach dem Krieg Italien zugeschrieben wurde, verlief die Entnationalisierung so gewaltsam, dass für viele die einzige Lösung darin bestand, auszuwandern, meist in die Neue Welt. Nach dem Zweiten Weltkrieg ereignete sich in Brkini eine weitere Auswanderungswelle, für die es unterschiedliche Gründe gab. Teilweise waren es sicherlich politische und in gewisser Weise gehört auch der sogenannte »Brain-Drain« in diese Kategorie. Die Nachkriegsregierung trug nämlich wesentlich zur Verbreitung des Egalitarismus bei uns in Slowenien bei, weshalb auch heute noch herausragende Persönlichkeiten in andere Länder abwandern, wo man ihren großen Mehrwert stärker zu schätzen weiß. Der größte Teil des demografischen Stroms, der nach dem Zweiten Weltkrieg aus Brkini abfloss, ergoss sich jedoch in die umliegenden Täler und an die Küste. Denn hier entstanden Fabriken, die nicht nur ein besseres Einkommen als ein typischer slowenischer Kleinbauernhof boten, sondern um sie herum wuchsen auch städtische und vorstädtische Siedlungen mit vielen Vorzügen des modernen Lebens.

Doch obwohl infolge der langen Auswanderungsgeschichte in manchen Dörfern heute nur noch die Hälfte der Häuser von Leben erfüllt sind, hinterlassen diese Ortschaften einen malerischen Eindruck, wozu auch der Verfall seinen Teil beiträgt. Der erste Exodus, der in die Neue Welt, hinterließ Szenen, die wie aus den Landschaftsgemälden von Marko Pernhart, Anton Karinger und anderen Vertretern der slowenischen romantischen Schule wirken. So zum Beispiel die »Paysage« in der dichten Abenddämmerung unter den schattigen Hängen, als die letzten Lichtfäden der untergehenden Sonne die Silhouetten der Bäume am Rande des Hügelkamms durchbrachen. Einer davon beleuchtete die Überbleibsel eines alten Hauses, so dass sie plötzlich aus den dunklen Schattierungen des Hangs hervortraten: die Stümpfe alter Steinmauern, der halbe Rahmen eines Fensters, die Reste eines Balkens über der Hausecke, und über all dem Kletterpflanzen mit großen Dornen und zarten Blüten. Dagegen hinterließ die spätere Emigration deutlich avantgardistischere oder modernistischere Spuren. Das eine oder andere verlassene Haus erinnerte an Kunstwerke von bekannten slowenischen Vertretern dieser Richtung, wie Veno Pilon oder gar Avgust Černigoj: nichts als rauer Beton, vielleicht schon im Verfall begriffene Dachkeile, vielleicht noch intakte aber vom Schmutz der Jahre graue Fensterscheiben und in der Tiefe dahinter eine dichte Geometrie aus Spinnweben.

Malerisch ist natürlich auch manches, das noch Lebendigkeit ausstrahlt. Zum Beispiel der kürzlich renovierte Rastplatz entlang des Wegs, eine Hommage an die ehemalige Viehtränke des Dorfes. Der für diese Gegend typische Dorftümpel ist mit Schilf und blühenden Seerosen bewachsen und von einem Mäuerchen umgeben, das etwas Kokettes an sich hat. In der Nähe einer solchen Tränke gab es stets einen Baum oder sogar einen kleinen Hain, damit das Vieh nach dem Trinken in Ruhe und im kühlen Schatten wiederkäuen konnte. So auch hier. Neben dem Teich spannen eine Reihe von Bäumen mit ihren Kronen ein Dach, darunter stehen einfache Holzbänke und ein imposanter Steintisch, so dass Vorbeigehende in Ruhe und im kühlen Schatten ihre Jause wiederkäuen können. Und natürlich sind Tisch und Bänke so platziert, dass sie im Schatten sind, wenn es am nötigsten ist, also schon gegen Mittag und dann bis zum Abend. Und die Aussicht ist erst recht angenehm. Auf der einen Seite kann man den Blick über den Kamm der Brkini-Hügel bis zum Slavnik schweifen lassen, auf der anderen bleibt er an einer der charakteristischen kleinen Kirchen der Gegend hängen. Uralt, gedrungen, meist umgeben von stattlichen Bäumen, deren Kronen über das Kirchendach ragen. So sind also auch viele dieser Kirchen wie die Rinder von einst, die im Schatten die Beine von sich streckten und ein Nickerchen machten.

Folglich wäre es nicht schlecht, wenn der E6 und damit die neue Hälfte der Transversale auf den längeren Abschnitten zwischen den Weilern von Brkini die Straße meidet, aber die kleinen Dörfer nicht umgeht, und das nicht nur, weil die Dörflein und die einsamen Bauernhöfe wunderschön anzusehen sind. Denn mehr noch als sie haben uns freilich die Menschen zu sagen, die in ihnen leben. Wie diese alte Witwe, die in einem ohnehin schon ausgestorbenen Dorf nun auch noch in einem menschenleeren Haus zurückgeblieben ist. Die uns schon von weitem anlächelte, so dass wir uns unbedingt »einen Augenblick« an den Tisch vor ihrem Haus setzen mussten. Die jedes Mal etwas Neues und noch Süßeres auftischte, wenn wir Anstalten machten aufzubrechen.

Oder der alte Einsiedler, der sich im Hof seines Hauses gemächlich mit dessen Instandhaltung beschäftigte. Die langen Jahre des Ehelebens und der Arbeit in der Metzgerei hätten ihm zugesetzt, aber nun sei er besser gelaunt. Als er kürzlich in Rente ging, erhob er noch einmal das Messer, durchtrennte die Verbindung zum Fluss seines bisherigen Lebens, ließ alles im Tal hinter sich und kam hier hoch. Hier maurert und zimmert er nun, mit seinen eigenen Händen und im alten Stil, schön langsam, ordentlich. Vielleicht wird er damit ja sogar endgültig seine Wut auf dieses »höllische Weib« und seinen Ekel gegenüber der »alltäglichen Schlächterei« los.

Vollkommen anders, kontrastiv die moderne Gegenwart ins Dorf einführend, wird ganz langsam und gemächlich ein drittes Haus renoviert. Seine neuen Besitzer sind Musiker, die das Dorf als Inspirationsquelle betrachten und Gelegenheit für eine Sommerschule, vielleicht sogar ein kleines Festival sehen. Allerdings bleiben diese Pläne vorerst eher eine noch weit von erfolgreicher Realisierung entfernte Idee, denn ihre Musikerhände eignen sich nicht für handwerkliche Arbeit, und für Handwerker kann sich ein Künstler nur mit Mühe genug vom Mund absparen.

Ein viertes Haus wiederum ist eher bäuerlich geprägt. Es riecht nach Tieren und Nahrungsmittelherstellung, seine Besitzer versuchen mit ökologischer Landwirtschaft über die Runden zu kommen. Die Kinder sprießen hier wie Brennnesseln aus dem Boden und ungefähr so wachsen sie auch. Die junge Bäuerin hält, wie alle Brkini-Leute, gern ein Schwätzchen mit dir, auch wenn du sie etwas ein wenig Persönliches fragst. Beispielsweise: Was steht der Familie am meisten im Weg? Sie zögert nicht mit der Antwort: Ach, wo soll ich da anfangen! Vielleicht damit, dass zum Haus nicht genug Land gehört, selbst für Biolandwirtschaft reicht es nicht. Aber Landanmietung ist riskant. Selbst diejenigen, die schon lang nicht mehr hier wohnen und ihr Land vernachlässigt hinterlassen haben, geben es nicht für einen längeren Zeitraum aus der Hand, geschweige denn für immer. Und nach Ablauf der kurzen Pachtzeit, besonders wenn du in der Zwischenzeit das eine oder andere ihrer Felder in Schuss gebracht hast, wollen sie nichts mehr von dir hören.

Näher an der Stadt Ilirska Bistrica scheint das Leben weniger beschwerlich zu sein. Das Terrain ist freundlicher und es hat den Anschein, dass die Arbeitsplätze im nahegelegenen Tal ausreichend Geld in die Haushaltskassen vieler Familien spülen. Jedenfalls kommen in dieser Gegend aus dutzenden Dörfern und abgelegenen Bauernhöfen so viele Kinder zusammen, dass es einen Kindergarten und genug Schüler für alle neun Klassen der Grundschule gibt. Genug sogar, dass selbst im Sommer Betreuung organisiert wird. Doch auch hier sind die Menschen ebenso angenehm direkt und unverblümt wie in den einsameren Winkeln der Brkini-Hügel. Geht ein Wandersmann mit seinen beiden Kindern am Spielplatz vor dem Kindergarten vorbei, würde die Erzieherin ihm am liebsten hinterherpfeifen. Aber im letzten Moment hält sie sich zurück. Das wäre dann doch etwas zu unpädagogisch. Deshalb ruft sie ihm lieber provokativ hinterher: Möchte der Herr vielleicht noch ein Kind? Gern besorge ich ihm eins!

»So was!«, regt sich Aljaž leise auf, als wir ganz bestimmt außer Hörweite der Kindergärtnerin sind.

»Ja!«, pflichtet ihm Lučka, halb fassungslos, halb empört, bei. »Ich glaube, sie hat dir nicht einmal die Kinder angeboten, auf die sie aufpasst, weißt du?!«

»Durchaus möglich«, lächle ich. »Bei diesen Damen aus Primorska weiß man nie, egal ob jung oder alt.«

Ilirska Bistrica

Klenck, Tock!

Das Geräusch ist so unverwechselbar: Metall schlägt hart auf Metall, ein oder zwei Augenblicke später, als die weggeschlagene Kugel die Wand der Boulebahn trifft, folgt ein lautes *Tock*.

Klenck, Tock!

Diese Geräuschsequenz wiederholt sich rhythmisch, während sich jemand auf der ersten Bahn im Progressionsschießen auf Zeit übt. Mit der Kugel in der Handfläche nimmt er am gegenüberliegenden Ende der Boulebahn Anlauf, doch schon nach etwa sieben Metern, noch vor der Grundlinie, schleudert er sie los: Die Handfläche schwingt in einer halbkreisförmigen Bewegung an seinem Oberschenkel vorbei, so dass die Kugel in einem langen Bogen zu der am anderen Ende der Bahn im Sand liegenden Kugel fliegt, der Spieler aber läuft währenddessen schon weiter zur anderen Seite, der von ihm geworfenen Kugel hinterher.

Klenck, Tock!

Dort angekommen, nimmt er im Laufen die nächste Kugel aus der Ablage und wiederholt den Vorgang in umgekehrter Richtung. Und so geht das fünf Minuten lang. Dabei läuft er ununterbrochen mit einer Durchschnittsgeschwindigkeit von fast zwanzig Kilometern pro Stunde. In diesem Zeitraum fliegt die Kugel etwa fünfzig Mal auf die zweite zu, jedes Mal, ohne dass der Wurf den schnellen Rhythmus seiner Schritte stört. Zwischen den Kugeln, deren Durchmesser weniger als zehn Zentimeter beträgt, liegen jeweils etwa fünfzehn Meter. Dennoch verfehlt der Spieler nur selten das Ziel.

»Das schafft nicht jeder Spieler«, betont der Mann, der auf der Seite des Bouleplatzes, wo ich stehe, die Wurfkugeln auf den Ständer legt und die Zielkugeln an der ihnen zugedachten Stelle im Sand der Bahn platziert. »Gerade haben Sie gesehen, wie unser Martin trifft, und unser Martin ist nicht nur einer der besten im Geschwindigkeitspräzisionsschießen in Slowenien. Er ist einer der besten der Welt. Letztes Jahr stellte er bei der nationalen Meisterschaft einen neuen Weltrekord auf, von fünfzig Würfen ging nur ein einziger daneben!«

»Der Beste der Welt zu sein, ist nicht so ohne«, nicke ich begeistert.

»*Einer* der Besten, sagte ich«, korrigiert mich der Mann.

»Aber wenn er doch der Weltrekordhalter ist …«

»Sie haben seinen Rekord nicht anerkannt, weil es bei der nationalen Meisterschaft keinen einzigen Schiedsrichter mit internationaler Lizenz gab«, erläutert mein Gesprächspartner missmutig. »So wurde diesen Januar offiziell ein Franzose Rekordhalter, und im März gelang dann Petrič aus Vipava eine neue Bestleistung. Aber dem Petrič haben sie den Rekord anerkannt, weil er ihn in einem Spiel der italienischen Liga erzielt hat, wo es nicht an Schiedsrichtern mit Lizenz mangelt.«

»Na so was!«, staune ich. »Gleich zwei Weltrekordhalter in einem so kleinen Land, und ein Spieler tritt anscheinend sogar für ausländische Klubs an … Ich wusste gar nicht, dass wir so brillante Boulespieler haben! Ich hätte mir nicht einmal träumen lassen, dass ihr hier in Ilirska dafür berühmt seid. Sagen Sie mal, wie läuft es denn sonst so hier?«

»In Bistrica?« Der Mann wiegt die Kugel ein wenig in seiner Hand, wobei er sie konzentriert anstarrt, als stünde auf ihr die Antwort geschrieben.

Schließlich entgegnet er lächelnd: »Uns geht es ungefähr so wie beim Boulespielen.«

»Also die gute Note 2?«

»Note 2«, lacht er, »das haben Sie schön gesagt. So gut, dass dein Spieler einen Rekord aufstellt, der dann aber nicht anerkannt wird. So gut, wie wir manch große Fabrik saniert und die Umgehungsstraße gebaut haben, und ich könnte noch einiges aufzählen.«

»Ilirska Bistrica hat eine Umgehungsstraße?«, wundere ich mich. Nicht, weil die Stadt sie nicht gebraucht hätte. Ihre Lage entlang der Eisenbahn- und Straßenverkehrsachse nach Rijeka, dem größten kroatischen Hafen, und zu vielen bekannten Ferienzielen an der Adria trägt seit langem einen gehörigen Teil zur Lebendigkeit der Stadt bei. Allerdings wuchs der Verkehr im Laufe der Jahre so stark an, dass die Altstadt daran zu ersticken begann. Nur gut, dass die Kinder nicht mit mir durchs Zentrum spazieren wollten und sich stattdessen lieber noch ein weiteres Eis gönnten. Im steten Strom von Bussen, Pkw und Wohnwagen fand ich allein schon kaum ein Loch zum Durchschlüpfen. Nachdem es mir doch gelungen war, lief ich in den Park, in dem die Boule-Anlage den zentralen Platz einnimmt. Manchem Gebäude am Straßenrand waren die ständigen, durch den dichten Verkehr ausgelösten Erschütterungen des Untergrunds schon auf den ersten Blick anzusehen. Aber warum so viel Verkehr, wenn Ilirska Bistrica eine Umgehungsstraße hat?

»Von Pivka führen zwei Straßen sozusagen parallel hierher: die regionale Hauptstraße und die Lokalstraße über Knežak. Und leider ist es auf der lokalen etwas näher«, erklärt mir mein Gesprächspartner, »und wer das nicht weiß, dem sagt das jetzt sein Navigationssystem, das ihn über Knežak führt. Deswegen fahren die meisten auf der Lokalstraße. Und als vor vier Jahren endlich die Umgehungsstraße eröffnet wurde, hat das gar nichts gelöst, denn man hatte sie nur mit der Hauptstraße verbunden. Der meiste Verkehr geht daher immer noch auf der Lokalstraße durchs Zentrum und dann kommt dort alles gern zum Stehen. Am Ende müssen sich dann alle, die durchs Zentrum gefahren sind, in den Verkehr einreihen, der auf der Umgehungsstraße an der Stadt vorbeifährt.«

In der Zwischenzeit hatte ich nach meinem Telefon gegriffen, um eine bessere Vorstellung von diesem Wirrwarr zu bekommen und es mir auf der Karte anzusehen.

»Das hier ist also die Regionalstraße und das die lokale aus Knežak?«, frage ich meinen Gesprächspartner, der seine Brille ein wenig nach oben schiebt, um besser auf den Bildschirm blicken zu können.

»Ja, und das hier ist die Umgehungsstraße«, nickt er.

»Aber kurz bevor sie ins Zentrum abbiegt, kollidiert die Lokalstraße ja fast mit der Umgehungsstraße«, entgegne ich verwundert, noch immer die Karte auf meinem Handy fixierend. »Hier zum Beispiel, hier an dieser Stelle könnten sie die Straße aus Knežak doch problemlos an die Umgehungsstraße anbinden. Wie weit ist das bis dort hinüber? Ein paar hundert Meter?«

»Ja, und dieses ein paar hundert Meter lange Problem lösen wir jetzt schon seit vier Jahren«, sagt er achselzuckend. »Deshalb erzähle ich Ihnen das ja alles. Es könnte uns großartig gehen, wir könnten die Bestnote kriegen, aber wir wissen nicht, wie wir diese letzte Stufe überqueren sollen, verstehen Sie? Wir bleiben auf der vorletzten stehen, die Sie so treffend als Note 2 bezeichnet haben, doch damit hat sich in Wirklichkeit nichts verändert, es ist eher so, als ob wir auf einer noch niedrigeren Stufe stehen würden, einer gerade noch ausreichenden. Es ist ja nicht so, als hätten wir keine Umgehungsstraße, aber das Problem ist damit nicht wirklich gelöst. Und genauso ergeht es uns auch beim Boulespielen. Unser Martin stellt einen Weltrekord auf, aber wir schaffen es nicht sicherzustellen, dass Offizielle mit den richtigen Stempeln vor Ort sind, und der Rekord wird nicht anerkannt. Und so ist es auch mit allem anderen, auch mit den Fabriken. Wir haben zwar die eine oder andere gerettet, jedoch so, dass die meisten Jobs verloren gegangen sind und mindestens die Hälfte der Leute nun überall hin zur Arbeit pendelt, von Koper bis nach Ljubljana. Klar wird dadurch das Verkehrsproblem nur noch schlimmer, und auch unsere Stadt ist immer weniger eine richtige Stadt, denn viele Leute kommen nur noch zum Schlafen nachhause.«

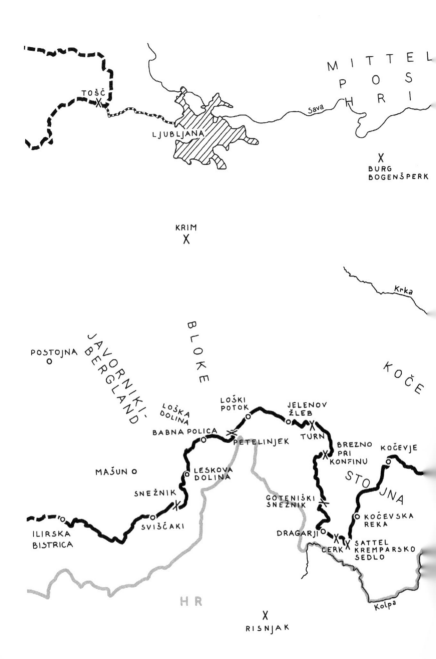

Wendepunkt

Nach dem Intermezzo ab Razdrto, das einen zu Atem kommen lässt, stellt Ilirska Bistrica einen deutlichen Wendepunkt im dramatischen Aufbau der Route dar. Es folgt nämlich ein Abschnitt mit sehr viel Auf und Ab. Der sich über Ilirska Bistrica erhebende Snežnik ist mit seinen 1796 Metern der höchste Berg auf den 800 Kilometern zwischen dem Ende der Julischen Alpen und dem Berg Peca (Petzen) im Ostteil der Karawanken, an der slowenisch-österreichischen Grenze. Und der Aufstieg auf den Gipfel des Snežnik von Ilirska gehört mit fast 1400 zu überwindenden Höhenmetern zu einem der längsten der gesamten Transversale. Aber auch das darauf folgende Bergland ist ein nicht zu unterschätzender Brocken. Ständig steigt der Weg die Mittelgebirgskämme hinauf und führt dann wieder hinab in die Täler, erst geht es auf einen der unzähligen Eintausender und von dort manchmal hinab bis auf unter 500 Meter und dann erneut beschaulich und kontinuierlich, jedoch ohne Atempause, aufwärts ins felsige Gipfelgelände eines der vielen Berge zwischen dem Snežnik und der Region Bela krajina, alle zwischen 1000 und 1300 Meter hoch. Andauernd rauf und runter, rauf und runter, so dass sich bis zur Siedlung Semič in Bela krajina insgesamt acht Kilometer Gesamtaufstieg ansammeln.

Der Wegabschnitt von Ilirska nach Semič ist aber auch deshalb einer der herausforderndsten, weil über ihm eine dicke Schicht Einsamkeit liegt, die man mindestens genauso ernst nehmen sollte wie die Schneedecke des Hochgebirges. Das bedeutet natürlich nicht, dass es auf dem vorherigen Abschnitt von Ljubljana nach Ilirska Gedränge gegeben hätte. Obwohl die Transversale dort größtenteils auf der alten Trasse verläuft, sind uns auf den 230 horizontalen und neun vertikalen Kilometern kaum Wanderer begegnet. Mitten im Sommer, dazu noch während der Schulferien, stießen wir erst im Trnovski gozd auf welche: Einer unternahm eine kürzere, zweitägige Tour von Razdrto nach Predmeja, der andere wanderte von der geschlossenen Hütte unter dem Golaki-Massiv zum höchsten Gipfel dieses Gebirgsstocks. Auch auf dem Bergzug Vremščica trafen wir, wie bereits erwähnt, keine einzige Menschenseele. Auf dem sonnigen Slavnik, einem weiteren Wanderausflugsmekka, kamen uns auf dem einsamen Gipfel zwei Tschechen entgegen. Und selbst auf dem Nanos war kaum jemand, obwohl dieser Aussichtsberg sehr beliebt und leicht zu erreichen ist, die Hütte geöffnet und das Wetter an diesem Tag ideal war. Während der halbtägigen Überquerung des Nanos-Massivs vom Abram-Hof nach Razdrto begegneten wir lediglich einer Gruppe von Kräutersammlern und genau sechs Wanderern. Das ist ein weiteres Charakteristikum des Bergwanderns in diesem Winkel der Erde. Wenn nicht alle Erwartungen der slowenischen Wanderer erfüllt sind, ist fast nirgends jemand anzutreffen. Wie auf dem Nanos. Dort waren von den Bedingungen, die Slowenen an eine Bergtour stellen, vier erfüllt (einfache Tour, Ausblick, Hütte, sonniges Wetter), die fünfte jedoch nicht; es hätte noch ein Feiertag oder Wochenende sein müssen. Kommt jedoch alles passend zusammen, platzt die überfüllte Hütte aus allen Nähten und der belagerte Gipfel sinkt unter dem Gewicht der ungeheuren Menschenmasse mindestens um zwei Meter ab.

Dass wir bis Ilirska Bistrica diese Tage der Bergprozessionen verpasst haben, hängt mit einer Besonderheit der Südhälfte der slowenischen Bergwelt zusammen. In den Bergen von Dolenjska, Notranjska und vor allem an der Küste wird es tendenziell viel wärmer als in den Bergen der Nordhälfte. Daher reihen sich im Süden die Tage, an denen beliebte Wanderziele geradezu belagert werden, eher im Frühjahr, am Ende des Sommers und im Herbst aneinander. Aber so wie sich der nördliche und der südliche Teil der Transversale in dieser und manch anderer Hinsicht unterscheiden, so ist auch letzterer kein homogenes Ganzes. Erst nach Ilirska Bistrica kann man sich wirklich nicht mehr darüber beschweren, keine Ruhe zu haben.

Nicht nur, dass wir auf den gesamten 180 Kilometern von Ilirska Bistrica bis Semič keinen einzigen Wanderer gesehen haben. Auch Einheimische sind uns in diesen tiefen, hügeligen Wäldern höchst selten über den Weg gelaufen, denn sie sind genauso dünn besiedelt wie die Alpenregion Sloweniens. Letztere hat mit rund 100 Einwohnern pro Quadratkilometer bereits eine viermal geringere Bevölkerungsdichte als die überfülltesten europäischen Länder. Doch nach Ilirska sinkt die Einwohnerzahl auf ein Zehntel des slowenischen Durchschnitts, in manchen Gemeinden sogar unter zehn Einwohner pro Quadratkilometer, und die leben, genau wie in der Alpenregion, in kleinen Weilern und Dörflein. Aber im Unterschied zu den Alpen, wo es im Sommer von Besuchern aller Art nur so wimmelt, nicht nur von Bergwanderern, ist es hier fast menschenleer. Einmal haben wir Pfadfinder getroffen, ein anderes Mal katholische Scouts. Im Dom na Sviščakih, erst der zweiten geöffneten Hütte auf der gesamten Strecke von Ljubljana, ein paar motorisierte Ausflügler. Ansonsten nur eine Handvoll Leute, die hier berufsmäßig zu tun hatten: ein Förster, eine Gruppe Straßenarbeiter und bei zwei geschlossenen Hütten die jeweiligen Hüttenwirte, die dort alle Hände voll zu tun hatten.

Insbesondere diese Einsamkeit – in Verbindung mit Bewegung in natürlicher Umgebung, vornehmlich in bewaldetem Bergland – war einer der Gründe für die Entstehung moderner Transversalen; der Initiator des Appalachian Trail, der »Mutter aller langen Wege«, sah deren großen Wert vor allem darin, dass der Mensch über einen längeren Zeitraum der Einsamkeit, dem Wald und natürlich dem Gehen selbst ausgesetzt ist. Diese positive Einstellung gegenüber der Einsamkeit hat sich seitdem nur noch verstärkt, im Gleichschritt mit den vorherrschenden Lebensstilen, die die Menschen immer enger zusammendrängen. Aber bei all dem gilt es sich bewusst zu machen, dass Einsamkeit eben auch unangenehme Seiten haben kann.

Je größer die Einsamkeit, desto größer das Dilemma, wenn etwas schiefgeht. Diese Regel gilt definitiv auch für den Abschnitt von Ilirska nach Semič, wo man sich nicht darauf verlassen kann, dass genau dann jemand vorbeikommt, wenn der Transversalist mal Hilfe braucht. Ebenso sollte man nicht darauf zählen, bei Problemen Hilfe rufen zu können. Mobilfunkempfang ist hier so selten wie im Hochgebirge.

Deswegen muss man halt sicherstellen, dass nichts wirklich Wesentliches schiefgeht. Vor allem ist es ratsam, zumindest grundlegende bergsteigerische Fertigkeiten zu beherrschen, und es ist unerlässlich, die Route gut zu planen.

Zunächst stellst du mit sorgfältiger Planung sicher, dass dir auf keinen Fall das Wasser ausgeht. Wie gesagt, gibt es hier nur wenige Siedlungen, Gleiches gilt für die Berghütten, die außerdem meist nur im Sommer und dann auch nur am Wochenende geöffnet sind. Das Gelände selbst bietet nur wenige zuverlässige Wasserquellen. Denn hier bewegst du dich in der gleichen hügeligen und bewaldeten Karstwelt wie in dem kurzen Teil der Transversale, der über das Golaki-Massiv führt und einen Schlenker durch den Trnovski gozd macht. Nur kreuzt die Route ein derartiges Gelände jetzt auf ihrem Hauptteil, der wesentlich ausgedehnter ist. Und der Wasserbedarf wird in den kommenden Jahren weiter steigen, denn das Klima ändert sich unaufhaltsam. Schon jetzt macht sich bemerkbar, dass die Jahresdurchschnittstemperatur auf der »Sonnenseite der Alpen« im Vergleich zur vorindustriellen Zeit deutlich gestiegen ist: um ganze zweieinhalb Grad. Die monatlichen Sommermittelwerte können sogar noch extremer sein und sogar die heißesten Monate des 18. Jahrhunderts um ganze fünf Grad übertreffen. Am laufenden Band werden neue Hitzerekorde aufgestellt.

Klar ersichtlich ist das Wetter so unberechenbar geworden und die Schwankungen sind so groß, dass einem alles passieren kann. Der Sommer 2019 zum Beispiel unterschied sich von den vorangegangenen durch eine deutlich höhere Niederschlagsmenge, so dass die mörderische Hitze einen Bogen um uns gemacht hat. Doch seit jener Wassertaufe zu Beginn unserer Wanderung haben wir auch irgendwie einen Bogen um den Regen gemacht, obwohl er manchmal so nah und so heftig fiel, dass sich bei einigen Stopps direkt vor unseren Augen eine regelrechte Doku über Extremwetter abspielte. Über den benachbarten Bergkämmen hingen Wolken im Spektrum von tot- bis rußgrau, Blitze tanzten zwischen den Baumkronen, dicke Regenvorhänge fielen auf die direkt neben unserem liegenden Hänge herab. Einmal drang das charakteristische Trommeln des Hagels sogar ganz nah an uns heran, verstummte dann aber auf mysteriöse Weise, kurz bevor er uns erreicht hätte.

Aber trotz der abkühlenden Wirkung des Regens waren die Temperaturen noch immer sommerlich, und wegen der hohen Luftfeuchtigkeit war es auch recht schwül. Deshalb haben wir stets darauf geachtet, dass uns das Wasser nie ausging und jeder von uns für den Notfall eine volle Flasche hatte. Wenn zum Beispiel einer von uns aus irgendeinem der vielen möglichen Gründe den Weg zum nächsten Weiler allein hätte zurücklegen müssen. Und jeder von uns hatte dieses Wunderwerk der modernen Wanderausrüstung in seinem Rucksack, einen nur wenige Dekagramm schweren Filter mit so feinen Membranen, dass sie sogar Bakterien abfangen. Dieses Ding ist wie geschaffen für solche Gegenden.

Auch die Länge der Tagesetappen sollte mit Blick auf das Thema Wasser geplant werden. Für die Abend- und Morgenmahlzeit und verschiedene Hygienebedürfnisse vor und nach dem Schlafen braucht man soundso viel! Daher ist es praktisch, wenn es in der Nähe des Lagerplatzes eine Wasserquelle gibt. Aber noch mehr Aufmerksamkeit sollte man der genauen Planung der Tagesabschnitte widmen, da man sich um Unterkünfte im Voraus bemühen muss. Es ist zwar nicht schwer, ein Dach über dem Kopf zu bekommen. Touristische Bauernhöfe, Pensionen und Gasthäuser erwarten jedoch in der Regel, dass du dich mindestens einen Tag vorher anmeldest. Und die Schlüssel für Jagd- oder Forsthäuser sollte man sich auf jeden Fall schon lang vor der Ankunft besorgen. Eine sorgfältige Planung der Tagesetappen ist insbesondere bei einer Wanderung im Wildnisstil, bei der man sich weitgehend selbst um das Dach über dem Kopf kümmert, unerlässlich. Den wilden Stil empfehlen wir freilich wärmstens. Für den Teil der Transversale von Idrija bis zum Mittelgebirge Posavsko hribovje gibt es nichts Schöneres, vor allem mit Kindern. Allerdings muss man sich dabei an einige in unserem Land geltende Regeln halten: Zelten und Feuermachen sind nur an speziell dafür vorgesehenen Lagerplätzen gestattet, andernorts nur mit Erlaubnis des Landbesitzers.

Die sollte man sich auch deshalb unbedingt einholen, damit die weitreichenden Rechte, die wir Wanderer in diesem Winkel der Welt genießen, nicht gefährdet werden. Bei uns hat man nämlich das Recht, jedes Grundstück zu überqueren, solang man dadurch die Privatsphäre des Besitzers nicht stört und ihm keinen Schaden zufügt. Man sollte also nicht unbedingt durch sein Badezimmer laufen und sich nicht in seinem Weizenfeld herumtreiben, aber ansonsten kann man praktisch überall hin. Was natürlich echt prima und super ist, den Seelenfrieden mancher Grundstückseigentümer jedoch erheblich stört. Sie sind sogar davon überzeugt, dass ein solches Recht ein Relikt aus der Zeit des Sozialismus ist, der vor allem den damals enteigneten Grundbesitzern nicht in allerbester Erinnerung geblieben ist; ihrer Meinung nach hätten wir uns solcher Relikte bei Erlangung der Unabhängigkeit entledigen sollen, so wie wir es auch mit dem Sozialismus getan haben.

»So war es früher, als alles noch uns gehörte«, spucken sie fast aus, wenn man auf die Überquerung ihres Landes zu sprechen kommt. In ihrer unversöhnlichen Haltung gegenüber diesem Teil unserer Vergangenheit sind sie blind und taub gegenüber der Tatsache, dass dieses Recht mit der jüngst vergangenen Geschichte in keinerlei Zusammenhang steht; in diesem bergigen Winkel der Welt haben wir die Bewegungsfreiheit schon seit jeher so hoch geschätzt, dass wir ihre Einschränkung nicht gestatten, nicht einmal durch Eigentum!

Die potenzielle Bedrohung der Rechte im Zusammenhang mit der Bewegungsfreiheit ist selbstverständlich nicht der einzige Grund, warum für das Zelten unbedingt eine Genehmigung des Grundstückseigentümers eingeholt werden sollte. Dadurch vermeidest du auch einen möglichen Konflikt mit den Behörden und ein unangenehm hohes Bußgeld oder einen noch unangenehmeren Konflikt mit dem Landbesitzer selbst und seinem Schäferhund. Der dritte Grund ist aber der mit Abstand wichtigste. Wenn du um Erlaubnis bittest, erfährst du vielleicht von einem Lagerplatz, der so klasse ist, dass die Erinnerung daran dir noch nach Jahren ein Lächeln ins Gesicht zaubert.

Für das Wandern in dieser einsamen Gegend ist es also unverzichtbar, im Voraus zu planen und sich unterwegs an die tatsächlichen Bedingungen vor Ort anzupassen. Eine gute Planung erhöht nicht nur die Überlebenschancen und beugt potenziellen Konflikten vor, sondern garantiert auch ein gehöriges Maß an Freude. Überdies ist es empfehlenswert, einige Wildnisfähigkeiten zu beherrschen. Dies gilt insbesondere für die Strecke zwischen Ilirska Bistra und Semič, denn in diesem Gebiet ist die Wahrscheinlichkeit, einem Tier zu begegnen, wesentlich höher.

Man muss nicht unbedingt Old Shatterhand oder Bear Grylls sein, denn häufig handelt es sich dabei selbstverständlich um harmlose Begegnungen, beispielsweise mit Rehen und Hirschen, Kaninchen und Hasen und natürlich Füchsen, wie jene Begegnung am Rand des Trnovski gozd, die eine von vielen war, denn besonders in den letzten Jahren haben sich diese Schlauberger stark vermehrt. Schon im Bergland von Polhov Gradec war im Unterholz vor uns ein buschiger Fuchsschwanz aufgeblitzt und freilich liefen uns in den abgelegenen Gegenden nach Ilirska Bistrica erst recht etliche Füchse über den Weg, die ersten beiden bereits während des Aufstiegs auf den Snežnik. Als wir an einem der alten Forstposten eine Brotzeit einlegten, machten wir zwar keinen Krawall, verhielten uns aber auch nicht gerade leise. Daher waren wir umso überraschter, als plötzlich direkt vor uns ein junges Fuchspärchen aus dem Gebüsch schlüpfte. Nachdem die beiden Biesterchen bemerkt hatten, dass sie nicht allein waren, blieben sie stehen. Kurz darauf sahen sie sich an und huschten dann ganz nonchalant über die Lichtung neben dem verfallenen Gebäude, als pfiffen sie auf uns.

Auch viele andere solcher Begegnungen mit Tieren waren reines Vergnügen. Wie zum Beispiel die in den Wäldern von Kočevsko, als während des Aufstiegs auf einem der unglaublich langen Forstwege plötzlich eine wirklich riesige Eule um die Kurve direkt auf uns zugeflogen ist. Es war zwar keine Ohreule, die größte bei uns lebende Eulenart, aber angesichts der Breite des Forstwegs schätzten wir später, dass sie eine Spannweite von über einen Meter hatte. Und weil sie so groß war und so unerwartet um die Kurve segelte, war es auf jeden Fall ein aufregendes Zusammentreffen. Und dann wurde es lustig, denn auch sie war überrascht, geriet in Panik und prallte fast gegen einen Baum, als sie versuchte, uns mit stürmisch flatternden Federschlägen auszuweichen.

Etwas weiter unten am Weg konnten wir sie dann noch einmal in Ruhe bewundern, da sie angesichts des Schocks beschlossen hatte, sich auf einen Ast zu hocken und entrüstet mit ihren Flügeln zu wackeln. Oder wollte sie einfach nur sehen, in wen sie fast hineingeflogen wäre? Sie beobachtete uns jedenfalls mit sehr strengem Blick. Und sie war wunderschön: ein großes Büschel hellgrauer Federn mit kurzen Streifen in hervorstechendem Braun, und um die Augen kranzförmige Einfassungen, die sie, besonders aus der Ferne, viel größer erscheinen ließen. Wahrscheinlich handelte es sich um einen Habichtskauz, denn die Farben und Proportionen stimmten, außerdem heißt es, dass diese Eulenart tagsüber jagt.

Doch die Einsamkeit zwischen Ilirska und Semič ist eben auch ein Zufluchtsort für Kreaturen, mit denen man lieber nicht in Kontakt kommen sollte. Dazu zählen zweifellos die Tiere, die sich schon immer geradezu biblisch zu Lučka hingezogen fühlten. So haben wir mit unserer »Spolzgadovka«, wie die Schülerinnen des Hauses der Hogwartsschule mit dem Schlangenwappen in der slowenischen Harry Potter-Übersetzung heißen und wie Aljaž seine Schwester gern ein wenig neckend nennt, in der Vergangenheit schon die gesamte Palette der einheimischen Schlangen aus nächster Nähe kennengelernt: Schlingnattern, Ringelnattern, Katzennattern, Zornnattern, Würfelnattern, Kreuzottern und Hornottern. Mit Lučka durch die große Einsamkeit zu wandern, war daher besonders faszinierend, gerade im Jahr 2019. Laut Almhirten war nämlich das vergangene Jahr der Höhepunkt des achtjährigen Grassamenzyklus gewesen, was bedeutet, dass es alle acht Jahre, ein Jahr nach dem Samenjahr, vor Mäusen nur so wimmelt, was wiederum für etliche Raubtiere paradiesisch ist, auch für Schlangen.

Ab Ilirska gab ich die Wanderstöcke nicht mehr aus der Hand, selbst bei Brotzeiten, besonders wenn wir uns auf Aussichtsfelsen in der Sonne aalten; zu oft hatte sich schon irgendetwas unter uns weggeschlängelt. Nach jedem Halt musste ich auf Wunsch der Kinder den Inhalt der Rucksäcke kontrollieren. Animiert von dem verführerischen Geruch, den er verströmte, hatte nämlich einmal während einer Pause eine ziemlich große Kreuzotter versucht, sich in Lučkas Rucksack, welchen auch sonst, hineinzuschleichen. Und natürlich haben wir uns abends genau überlegt, wo wir die Zelte aufstellen, und auch die Eingänge haben wir nie offen gelassen, wenn wir nicht in unmittelbarer Nähe waren. Denn das zum Schlafen vorbereitete Zeltinnere bietet jede Menge willkommene Versteckmöglichkeiten. Darüber hinaus ist es nicht gerade die einfachste Sache, ein Kriechtier, das sich gedacht hat, wie schön es doch wäre, sich nachts hier aufzuwärmen, vom beckenartig geformten Zeltboden nach draußen zu verscheuchen.

Einigen der seidigen Schönheiten begegneten wir sogar beim Gehen, und eines dieser Aufeinandertreffen war besonders interessant. Trotz vieler vorheriger Begegnungen war es uns bisher nämlich noch nie vergönnt gewesen, eine Schlange aus der Nähe beim Fressen zu beobachten, vor allem nicht eine so kleine: In Kočevsko stießen wir direkt neben dem Weg auf eine Hornotter, die kaum so breit wie ein dicker Filzstift und nicht länger als ein Schullineal war, sich als Snack aber eine um einiges dickere Maus einverleibte. In ihren weit aufgerissenen Kiefern steckte bereits bis zu den Ohren der Mauskopf, der rosa Rand eines Ohrs lugte gerade noch hervor. Wir wichen um einen oder besser zwei Schritte zurück, damit sie ihr Mahl in Ruhe fortsetzen konnte. In erstaunlich kurzer Zeit schlang sie die ganze Maus in sich hinein und ihre Kiefer waren schnell wieder geschlossen. Doch sie würgte noch eine ganze Weile weiter. Als wir weiterzogen, ragte der Mausschwanz immer noch aus ihrem Maul heraus.

Gewiss gibt es in dieser Gegend auch größere Kreaturen, denen man nicht über den Weg laufen möchte. Beim Snežnik führt die Transversale in das Gebiet, das sich zwischen dem Berg Krim, den Javorniki-Hügeln, dem Poljanska-Tal, dem Berg Mirna Gora und eben dem Snežnik erstreckt. Es umfasst zwar nur in etwa 2000 Quadratkilometer, also lediglich ein Zehntel der Fläche Sloweniens, beherbergt aber mindestens zwei Drittel aller Bären und die Hälfte aller Wölfe. Beide haben sich in letzter Zeit immens vermehrt. Wurden im Jahr 2007 in ganz Slowenien noch knapp 500 Bären gezählt, waren es im Jahr 2019 bereits rund 1000. In dem oben umrissenen Gebiet gab es 2019 also fast 700 Bären, einen auf drei Quadratkilometer.

Dennoch ist dieser Teil der Transversale noch weit davon entfernt, Weltmeister in Sachen Bärenkonzentration zu sein; entlang mancher amerikanischer Routen, die durch eine vergleichbare Wildnis verlaufen, leben bis zu dreimal mehr der pelzigen Gesellen. Trotzdem ist es sehr vernünftig zu lernen, wie sich eine Begegnung mit ihnen vermeiden lässt und was alles zu tun ist, damit sie dich nicht in deinem Lager besuchen. Auch wenn du nicht vorhast, den Weg im Wildnisstil zu begehen, solltest du bei Anbruch der Dunkelheit ein Dach über dem Kopf haben; verirrst du dich nur ein wenig oder schätzt die Entfernung zur vereinbarten Unterkunft falsch ein, ist es besser zu biwakieren als im Dunkeln weiter zu hetzen.

Wölfe und Bären sind keineswegs die einzigen Großtiere, von denen man gebührenden Abstand halten sollte. An den unteren Hängen des Snežnik, nur wenige Kilometer von Ilirska entfernt, wurde uns das in Erinnerung gerufen. Schon vorher war der Boden entlang des Wegs an einigen Stellen ein wenig umgegraben gewesen, vor allem auf den grasbewachsenen, von schützendem dichten Gebüsch oder Wald umgebenen Lichtungen. Derartiges Terrain ist ideal für diese Tiere. Unter dem Snežnik waren die Spuren am Wegesrand jedoch sehr frisch, denn von der umgepflügten Erde und dem Schlamm ging noch dieser charakteristische Geruch aus: zum einen von der Wurzel und den unterirdischen Knollen, die meist einen würzigen Geschmack haben, zum anderen von den rauen Borsten und der ledrigen Haut der Tiere, für die diese Art von Nahrung ein Leckerbissen ist.

Aber Aljaž, der seit Ilirska an der Spitze unserer kleinen Kolonne vorausmarschierte, bekam dies nicht mit. Er lief an den umgegrabenen Stellen vorbei, als gäbe es sie gar nicht, stolz darauf, dass er nun »das Tempo hielt«. Er war auch blind für die augenfällige Tierfährte, die sich parallel zum ehemaligen Karrenweg, dem wir folgten, durch das Gras schlängelte. Er sah nicht einmal, dass die Fährte den Karrenweg gelegentlich kreuzte, und auch nicht die eindeutigen Spuren, die die Klauen der Tiere im Schlamm einer ausgetrockneten Pfütze hinterlassen hatten. Hinter mir wurde Lučka unruhig, aber bevor sie den Mund aufmachen konnte, hielt ich sie zurück. Infolgedessen kamen wir immer näher an das verdächtige Dickicht am Ende der Wiese heran. Viel zu nah. Gerade als ich anmerken wollte, dass es klug wäre, eine Weile anzuhalten, schlich sich in den gleichmäßigen Rhythmus von Aljažs Schritten eine kleine Unsicherheit ein. Und dann wieder. Endlich blieb er stehen, drehte sich zu uns um, aber nur halb; ganz wollte er diesem Gebüsch dann doch nicht den Rücken zukehren.

»Ja?«, glotzte ich ihn an.

»Ähm«, sagte er. »Ist dort, in diesem Busch … Irgendwas ist da.«

Ich lächelte ihn an. Auch aus Erleichterung, dass er stehengeblieben war, wenn auch ein wenig zu spät. Mit dem Gedanken an Letzteres im Hinterkopf drehte ich ihn schnell zurück in Richtung Dickicht und rief ihm leise zu: »Schrei!«

Der Lausbub war wie elektrisiert und es entfuhr ihm ein Schrei, der selbst Lučka und mich zusammenzucken ließ. Dort im Unterholz passierte jedoch rein gar nichts. Das Echo von Aljažs Gekreische verklang, eine Sekunde verging, noch eine, eine dritte und …

Stampede! Eine Kolonne Wildschweine stürmte aus dem Gebüsch über den Karrenweg hinweg in den tieferen Wald auf der gegenüberliegenden Seite. Selbst auf der Flucht waren sie gut organisiert. Die ersten beiden erwachsenen Tiere sausten wie eine Doppel-Speerspitze an uns vorbei, dann eine Wildsau mit Ferkeln, und noch eine und noch eine. Dazwischen gab es auch einige kleinere, noch nicht ganz ausgewachsene Schweine. Kurz vor dem Ende der Schar jagten als Schutz-Nachhut zwei wirklich prächtige Exemplare über den Weg. Sie waren so groß, dass sie für einen Moment dessen gesamte Breite einnahmen. Aber nur für einen winzigen Augenblick, denn diese Tiere, die sich bei ruhigerer Gangart mit kleinen Schritten oder im Trab fortbewegen, können im Galopp unglaublich schnell sein. Und sie können nicht nur eine furchteinflößende Größe erreichen, wie die Matriarchin und ihre erste Adjutantin am Ende der Kolonne. Es handelt sich auch um ausgesprochen kernige Tiere. Sie sind ganz und gar nicht speckig, wie ihre domestizierten, gemästeten Verwandten. Mit ihren groben Borsten und robusten Eckzähnen haben sie eher etwas von einem harten Klumpen Lehm, aus dem Wurzeln und Steine hervorstechen. Bewundernswerte Geschöpfe, denen man immer eine Chance geben sollte, einen Bogen um dich zu machen.

Wir schauten ihnen noch eine ganze Weile hinterher, auch dann noch, als von ihnen schon längst nichts mehr zu sehen und zu hören war. Dann wandte ich mich Aljaž zu.

»Das war ja was, oder?« lächelte ich ihm zu.

Er blinzelte. »Wow!«, platzte es dann aus ihm heraus. »Was für Tiere!« Aber nach einer Bedenkpause fügte er hinzu: »Ja, ich weiß, ich weiß. Ein Transversalist ist stets aufmerksam auf seine Umgebung.«

Vorbeigehende

Auch ab Ilirska Bistrica folgt die Transversale dem E6 und müsste wirklich dringend erneuert werden. In Ilirska konnten wir uns einfach nicht zurückhalten, sie wenigstens ein bisschen weiterzuentwickeln, da sich uns eine bessere Variante der ersten aus der Stadt führenden Kilometer förmlich aufdrängte. Wir mussten uns nur daran erinnern, dass die ehemalige Kaserne, die über der Stadt thront, mittlerweile andere Funktionen erfüllt. Zur Zeit der Eröffnung des E6 war es sicher nicht ratsam, dort herumzulaufen, doch jetzt dienen die imposanten Gebäude freundlicheren Zwecken und beherbergen sogar ein Gymnasium. Und der unmarkierte, aber gut ausgetretene Weg, der oberhalb davon über einen wohltuend schattigen Hang verläuft, umgeht einen beträchtlichen Teil der befestigten Straße, an der sich der arme europäische »Fußweg« entlangschlängelt.

Noch schlimmer ist es um den E6 auf der Passage bestellt, die vom Gipfel des Snežnik über den Weiler Mašun in die Gemeinde Loška dolina führt. Nicht nur, dass er hier viel zu sehr den Straßen folgt, ist problematisch. Hinzu kommt, dass die Nordhänge des Snežnik-Massivs im letzten Jahrzehnt von einer ganzen Reihe von Naturkatastrophen heimgesucht wurden. Neben dem bereits erwähnten Eisbruch im Jahr 2014 haben wohl auch noch zwei Windbrüche dafür gesorgt, dass in diesen Wäldern viele Bäume umgeknickt sind. Auf all das folgten dann noch Wellen verschiedener Parasiten, so dass man schließlich die schwersten und zerstörerischsten Forstmaschinen in diese postapokalyptische Landschaft schicken musste. In den Abschnitten der alten Route, in denen man dennoch auf Wanderwegen unterwegs war, wurde das Wandern aufgrund all dieser Faktoren zu einer echten Tortur. In den letzten Jahren war es vielerorts schwieriger, auf dem markierten Weg zu gehen, als sich einen eigenen zu bahnen.

Daher haben wir die Transversale auf der gesamten Strecke vom Gipfel des Snežnik bis Loški Potok abseits vom E6 trassiert, was den Wanderern viele Kilometer Straße und schwer passierbares Gelände erspart. Doch beim langen Abstieg vom Snežnik sollte man sich im Klaren darüber sein, dass einen die Trasse durch diese Abweichung vom ohnehin schon kaum begangenen E6 nun in den einsamsten Landstrich dieses gottverlassenen Winkels führt, die Ostflanke des Snežnik. Diese befindet sich dazu noch direkt an der Grenze, die Slowenien von Kroatien trennt. Und aus Kroatien führen einige sehr abgelegene Wege in genau diese östlichen Hänge des Snežnik. Wenn also jemand versucht, die schlechten oder tatsächlich hoffnungslosen Bedingungen seiner fernen Heimat hinter sich zu lassen, um sich in ein besseres Leben durchzuschlagen, ist dieses Gebiet ideal für den illegalen Grenzübertritt.

Etwas Aufmerksamkeit in dieser Hinsicht schadet auf diesem längeren Abschnitt somit nicht. Schon in der alten Hälfte der Transversale, als wir von den letzten Brkini-Hängen in Richtung des talartigen Tieflandgürtels Podgrajsko podolje hinabstiegen, waren wir mitten in einen umfangreichen Polizeieinsatz hineingeraten. Der blau-weiße Hubschrauber durchkämmte den ganzen Vormittag die Hänge auf beiden Seiten des Tals und wir begegneten ständig Polizeibeamten in allen möglichen Uniformen und in Zivilkleidung, entweder zu Fuß oder in gekennzeichneten und nicht gekennzeichneten Fahrzeugen. Sie interessierten sich nicht besonders für uns. Nur mit Mühe gelang es mir, einen von ihnen anzuhalten, um herauszufinden, was überhaupt los war: Sie hatten eine Gruppe von etwa 150 Personen beim Überqueren der Grenze ertappt, die dann in verschiedene Richtungen geflohen waren, und versuchten nun, sie aufzugreifen. Vom jüngsten derartiger Vorfälle erfuhr ich erst 300 Kilometer später, auf den Hügeln oberhalb von Krško. Die dort lebenden Einheimischen erzählten mir, dass ein männliches Subjekt am Tag zuvor einen Lieferwagen voller Menschen über die Grenze gefahren und sie dann bei einer verfallenen Mühle in einem tiefen Tal abgesetzt hatte, mit dem Versprechen, dass jemand anderes sie weiterbringen würde. Gekommen ist niemand.

Etwas Vorsicht ist folglich auf den mehreren hundert Kilometern der alten und neuen Trasse durchaus angebracht, aber selbst hinter dem Snežnik besteht kein Grund zur Panik. Schließlich wollen diese Vorbeigehenden genau das bleiben: Vorbeigehende. Unauffällig wollen sie das letzte Stück ihres langen Wegs in eines der westlicheren Länder zurücklegen, wo sie ein viel besseres Leben zu finden hoffen.

Und diese Länder brauchen sie auch, denn schon seit Jahrzehnten sind sie nicht mehr in der Lage, ihre Bevölkerungszahl aus eigener Kraft auf einem konstanten Niveau zu halten. In den letzten zehn Jahren verzeichneten einige von ihnen trotz starker Zuwanderung aus anderen Teilen der Welt sogar einen erheblichen Rückgang; die Sterberate übersteigt die Geburtenrate so sehr, dass sie mehr als hunderttausend Bürger pro Jahr verlieren. Trotz des zunehmenden Anteils an Bürgern im dritten Lebensabschnitt gelingt es diesen Ländern nicht, die Bevölkerungszahl zu erhöhen und damit die Tragfähigkeit der öffentlichen Finanzen sicherzustellen.

Warum, fragten wir uns dort an der Grenze, muss es dann überhaupt diesen inhumanen »Import« von Menschen geben? Warum, runzelten die beiden Kinder die

Stirn, müssen sie so viele Grenzen illegal überqueren? Wir haben mindestens sechs aufgezählt: die griechische, mazedonische, serbische, bosnische, kroatische und schlussendlich die slowenische. Und dann überlässt man diese Vorbeigehenden wegen ihres entrechtlichten Status auch noch den oben angesprochenen »Transportunternehmen«, die ihnen, wie noch manch andere niederträchtige Leute, übel mitspielen. Man überlässt sie den Lagern, wo mehr oder weniger miserable Bedingungen herrschen, den Strafverfolgungsbehörden, dem Militär, ja sogar einigen paramilitärischen Gruppen, und so weiter. Wieso muss es dazu kommen, vor allem, wenn diese Länder sie doch so dringend brauchen?

Ich konnte den beiden keine Antworten auf solche Fragen geben. Ebenso wenig konnte ich ihre Fragen zu einem verwandten innenpolitischen Problem beantworten. Die Bevölkerung Sloweniens war nach dem Zweiten Weltkrieg ebenfalls durch Zuwanderung gewachsen, in erster Linie aus anderen Republiken Jugoslawiens, doch seit der Unabhängigkeit haben wir uns im Hinblick auf das natürliche Wachstum kaum über Wasser gehalten. Wird man also eines Tages von meinen Kindern erwarten, um ein Vielfaches mehr in die Staatskasse einzuzahlen als die Angehörigen der zahlenmäßig stärkeren Generationen der Vergangenheit? Anfang der fünfziger Jahre kamen bei uns auf einen über 65-Jährigen noch sieben Personen im Alter zwischen 15 und 64 Jahren. Heute sind es drei. Für die Generation meiner Kinder wird prognostiziert, dass auf einen Rentner ein Erwerbstätiger kommt, im Höchstfall anderthalb. Bei einem derart ungünstigen Verhältnis werden sie und ihre Altersgenossen nicht in der Lage sein, ihre Renten-, Gesundheits- und sonstigen Beiträge zu leisten.

Haben wir vor, etwas dagegen zu unternehmen? Finanzielle Anreize zur Erhöhung der Geburtenrate werden wahrscheinlich nicht funktionieren; zumindest hat dies bisher nicht geklappt. Werden wir also wieder zu »Importeuren«, nach dem Vorbild der westlicheren Länder? Auch diese Lösung ist sicherlich nicht unproblematisch, und man muss darauf vorbereitet sein. Oder werden wir zu einer ganz anderen Einigung kommen, entsprechende Änderungen an bestehenden Gesellschaftsverträgen vornehmen, vielleicht sogar neue abschließen? Die bisherige Diskussion zu diesem Thema war jedenfalls nicht ausreichend. Die daraus abgeleiteten Vorschläge sehen bestenfalls die Umschichtung von ein paar Prozent der für die Renten benötigten Gelder von einem Staatssäckel zum anderen vor.

Der Weg und die Stempel

Tagsüber war immer irgendetwas Spannendes los, Tiere, Migranten, und dann war da ja auch noch das anstrengende, stundenlange Wandern und so weiter. Abends musste jedoch stets zuerst das Nachtlager sorgfältig hergerichtet und gleichzeitig an die wichtigste Mahlzeit des Tages, das Abendessen, gedacht werden. Am Ende jedes Tages galt es auch sich auf den nächsten vorzubereiten, und obendrein gab es zumindest etwas Arbeit mit den technischen und praktischen Aspekten des Trassierens. Es war immer so viel zu tun. Dennoch blieb etwas Zeit übrig, die wir natürlich so verbrachten, wie es den Kindern am besten gefiel. Tagsüber hatten sie mir so viel geholfen, mit mir gelernt, nüchtern Überlegungen angestellt, und bei all dem und vielem mehr gab es nie ein einziges größeres Problem mit ihnen.

Abends wollten sie oft nur ihre Ruhe haben, für sich allein sein. Lučka zeichnete, Aljaž las, zum Beispiel. Oder sie taten gar nichts, stierten nur vor sich hin. Vor allem ins Lagerfeuer konnten wir alle stundenlang stumm starren, bis wir am Ende wie betäubt von der distanzierten Nähe unserer tollen Gesellschaft waren. Nur hier und da schenkte man sich einen Blick und ein Lächeln oder stieß jemanden an der Schulter an.

Aber nach einem Tag, den wir größtenteils schweigend verbracht hatten, weil wir sonst zu nichts gekommen wären, hatten die beiden genug von der Stille. Für Märchen waren sie verständlicherweise schon seit Jahren zu alt, und auf diesem Weg wuchsen sie scheinbar noch schneller, so dass ihnen immer weniger nach Geschichten zumute war. Eher konnten sie sich für eine gute Debatte erwärmen, beispielsweise über einen weisen Gedanken, wie Aljaž eines

Abends vorschlug. Irgendwo hatte er offenbar gelesen, dass sich Bergsteiger seit jeher gerne über so etwas unterhalten haben, besonders am Lagerfeuer. Ob ich denn einen guten kennen würde.

Ich dachte ein bisschen nach, und das Erste, was mir in den Sinn kam, war die gewiss bekannteste Weisheit aus dem gewiss bekanntesten Buch eines einheimischen Alpinisten. Die Rede ist von Nejc Zaplotnik und seinem Kultroman *Pot (Der Weg)*. Dort heißt es: »*Wer das Ziel sucht, wird leer bleiben, sobald er es erreicht hat, wer aber den Weg findet, wird das Ziel immer in sich tragen.*« Umgehend war den beiden alles klar, besonders Aljaž war von dieser Idee verblüfft und beeindruckt zugleich.

»Der Weg ist das Ziel«, wiederholte er diese Maxime, nachdem wir mithilfe des Zitats aus Zaplotniks Buch zu ihrer Erläuterung gelangt waren. »Der Weg *ist* das Ziel«, betonte er zustimmend.

»Du unser Kungfu-Panda«, entgegnete Lučka lachend.

Ich konnte nicht anders, als laut loszulachen. So etwas zu Aljaž zu sagen, der auf diesem Weg nur noch mehr in die Länge geschossen war, ist so, als würde man eine Stabheuschrecke Panda schimpfen. Aber der Junge fand das nicht sonderlich lustig, auch mein Lachen quittierte er mit einem Stirnrunzeln.

»Ein bisschen Neckerei, oder besser gesagt ironische Distanz, schadet bei diesen Dingen nie«, erklärte ich daher schnell. »Genau das hat auch jener Philosoph hervorgehoben, den ich mit vollem Magen gern zitiere, gerade wegen seines und meines eigenen Bedürfnisses nach Ironie.«

»Und warum ist diese Ironie so notwendig?«, zeigte sich Aljaž interessiert, immer noch mit gerunzelter Stirn.

»Oh, jede neue Wahrheit ist zunächst so blendend, dass die Leute sich auch zu sehr an ihr festklammern können.

Besonders in kleineren Gemeinschaften vergisst man angesichts der Begeisterung über etwas Neues leicht, dass jede neue Wahrheit nicht ewiger und endgültiger ist als die, die sie ersetzt hat. Hinter jeder neuen verbirgt sich halt eine noch tiefere und dahinter schon die nächste. Nachdem du zum Beispiel erkannt hast, dass der Weg das Ziel ist, stellst du möglicherweise fest, dass es, so wie es kein Ziel, eigentlich auch dich nicht wirklich gibt. Dass es nur den Weg und das Gehen gibt. Dass du der Weg *bist*, dass du das Gehen *bist*. Und gerade in der ständigen Entdeckung von so etwas Neuen liegt die nie endende Freude des Lebens. Wenn wir bestimmte Wahrheiten als ewig und endgültig betrachten und uns an ihnen festklammern, wenn wir aufhören, nach Tieferem zu suchen, ersticken wir das Leben: Wir verursachen eine lethargische Gleichgültigkeit, in der sich alle möglichen Hürden und Probleme vervielfachen. Eine Gleichgültigkeit, in der nichts mehr möglich zu sein scheint, in der nichts mehr geht. Deshalb müssen sich Ideen andauernd erneuern, selbst wenn die neue die alte schon sieben Mal abgelöst hat, muss sich dieser Vorgang noch siebentausend Mal wiederholen. Aber das bedeutet natürlich nicht, dass jede der Ideen in dieser endlosen Reihe von Erneuerungen nicht eine gewisse Bedeutung hat. Im Gegenteil, jede einzelne ist wichtig, nützlich, selbst nachdem die sich dahinter verbergende entdeckt wurde.«

Sein Stirnrunzeln verflog. Beide Kinder starrten mich mit weit aufgerissenen Augen an.

»Aha, aha«, nickte Aljaž nach ein, zwei Momenten. »Aber auf welche Weise ist denn jede der neuen Ideen wichtig? Nehmen wir mal an, dass es überhaupt kein Ziel gibt, dass der Weg das Ziel ist, wieso ist es dann wichtig?«

»Hm«, ich musste ein wenig nachdenken, bis mir ein Beispiel einfiel. »Nun, so eine Maxime hilft dir, ein konkretes Problem zu definieren. Nehmen wir beispielsweise die Erweiterte Slowenische Transversale, oder wie sie sie nennen: Was ist das eigentlich, wie würdet ihr sie beschreiben?«

Jetzt mussten die beiden ein wenig nachdenken.

»Vierzig Gipfel, die man außer der alten Hälfte der Transversale noch besuchen sollte?«, schlug dann Lučka vor.

»Richtig, es geht um vierzig Ziele, die die unvollendete zweite Hälfte unserer großen Tour ersetzen sollen. Diese Ziele haben viele Probleme, darunter zum Beispiel die vielen Hügelchen, die nichts Gebirgiges an sich haben. Aber das sind nur nebensächliche Unzulänglichkeiten, das Wesentliche ist, dass es bei diesem ›Weg‹ um vierzig unverbundene Ziele geht. Was fehlt also zwischen ihnen?«

»Der Weg?«

»Na klar, deshalb können wir diese vierzig Ziele natürlich auch nicht Weg, Transversale oder so etwas nennen. Aber wenn ihr euch an Zaplotnik erinnert, ist sofort klar, was das Hauptproblem bei einer solchen Ansammlung von Zielen ist.«

Aljaž drehte sich Richtung Lučka um, die nachdenklich in die Glut starrte.

»Da es gar keinen Weg zwischen diesen Zielen gibt«, sagte sie nach kurzer Bedenkzeit, »kann der Hauptsinn nicht der Weg selbst sein, sondern diese Ziele werden es. Wie traurig.«

Ich nickte.

»Stimmt, wie traurig. Dieser ›Weg‹, der gar keiner ist, steht in krassem Gegensatz zu einem der Grundprinzipien des modernen Bergwanderns, eben genau dem, das Zaplotnik so super niedergeschrieben hat. Und natürlich«, seufzte ich, »haben wir mit dieser veralteten Fokussierung auf das Ziel statt auf den Weg noch woanders ein Problem, auch auf der alten Hälfte.«

»Ja?«

»Ja«, lächelte ich. »Sagt ihr ruhig, wo, damit nicht nur ich die ganze Zeit rede.«

»Ähm«, gab Lučka von sich.

»Meinst du die Stempel?«, entgegnete Aljaž. »Und die Kontrollpunkte?«

»Wow, bravo«, reagierte ich verdutzt. »Ja, ich meine die Kontrollpunkte und die Stempel, die der Wanderer dort als Beweis dafür sammeln kann, dass er die halbe Transversale tatsächlich absolviert hat. Was ist problematisch an ihnen, wenn wir uns auch hier auf Zaplotnik beziehen?«

»Dass auch sie wieder irgendwelche Ziele sind, die gern der Sinn des Wegs wären?«

»Genau das ist es! Und Ziele können freilich nicht der Sinn eines Wegs sein, schon gar nicht bei einem so langen, denn wenn sie es wären …«

»Bleibst du leer.«

»Ganz bestimmt. Aber nicht nur das. Wenn die Stempel und Kontrollpunkte zu Zielen werden, zerstören sie den Weg. Denn oftmals kann man den Stempel erreichen, indem man so nah wie möglich an ihn heranfährt und dadurch wird aus dem Weg lediglich ein kurzer Spaziergang. Meistens noch nicht einmal entlang der eigentlichen Route der halben Transversale, sondern entlang der bekanntesten und am meisten bevölkerten Strecke, so dass ein weiterer Sinn einer solchen großen Tour verloren geht: Statt den Druck der Prozessionen auf die bekanntesten Wanderwege und Gipfel wenigstens ein wenig zu mildern, statt ihn auf weniger begangene Wege zu verteilen, wird er sogar noch verstärkt. Und zu manch einem Ziel muss man nicht mal mehr einen kurzen Spaziergang machen, weil eine Straße direkt dorthin führt. Dann verschwindet der Weg sogar ganz. Und wenn es Stempel und ein Heftchen dazu gibt, kann man natürlich auch die fehlenden Stempel oder gleich das ganze, schön gestempelte Heftchen kaufen.«

»Echt?«, lachte Lučka auf.

»Vermutlich«, antwortete ich schulterzuckend. »Und natürlich steht etwas, das Ziele so dermaßen hervorhebt, auch noch im Gegensatz zu einem anderen Grundprinzip des Bergwanderns«, fügte ich hinzu. »Nicht nur, dass Stempel kein Beweis dafür sein können, dass man etwas begangen hat. Die Idee, dass sie das sein könnten, ist auch völlig unvereinbar mit der Freiheit, die erst aus der Einsamkeit entsteht, die wir Bergwanderer so sehr schätzen. Deshalb sind wir ja überhaupt Bergwanderer. Denn diese Freiheit ist eine Besonderheit der Bergwelt, deren grundlegendes Merkmal – neben der Tatsache, dass sie bergig ist – gerade darin besteht, dass sie nicht besiedelt ist. Warum also in einem solchen Gebiet eine Art Kontrollsystem mit Checkpunkten einrichten? Warum sollten wir Bergwanderer irgendeinen Beweis dafür brauchen, zumal noch einen von so geringem Wert, dass wir irgendeine Strecke zurückgelegt haben? Dies sind doch unverkennbare Überbleibsel aus unfreien Zeiten, in denen man von der Kontrolle der Menschen besessen war.

Im Ernst, diese Maxime von Zaplotnik ist schon so alt, dass wir sie uns eigentlich schon längst hätten zu eigen machen müssen, um dann mit ihr im Gepäck weiterzuziehen. Wir hätten sogar schon über den Übergang zu einer neueren Maxime nachdenken müssen, die aus der von Zaplotnik entwachsen ist. Schließlich wurden unsere Stempel und

Kontrollpunkte schon in den sechziger Jahren verspottet, zum Beispiel vom langjährigen Redakteur einer bekannten Schweizer Bergzeitschrift. Aber schon damals erfanden wir irgendwelche Ausreden: Dass er das sagt, weil er uns um die alte Hälfte der Transversale beneidet, die ja die erste Transversale in Europa, in der Welt, ach was, in der ganzen Galaxie ist!«

»Echt?!«

»Ich habe euch doch erzählt, warum Herr X und die Seinen so getan haben, als wäre diese große Tour ganz ihre originäre Idee gewesen. Lügen verbreiten sich gern folgendermaßen: Weil die Idee originär ist, beneidet uns zunächst der Schweizer Redakteur, dann wahrscheinlich alle Schweizer, und zuletzt hieß es, viele Nationen würden uns darum beneiden. Und diese Lüge hat der Transversale natürlich geschadet, denn dadurch wurden ihre indirekten und direkten internationalen Vorbilder verhüllt. Wenn wir uns ihrer bewusst gewesen wären, gäbe es sicherlich schon lang nicht mehr nur diese eine Hälfte, die keine einzige der wichtigsten Eigenschaften einer echten Transversale aufweist. Aber trotz alledem wird die Stempelei immer noch vehement verteidigt, mit nicht weniger seltsamen Argumenten. Nach dem Motto, dieses Stempelheft sei ja eine soooo tolle Erinnerung für die Menschen.«

Lučka erinnerte sich als Erste daran, wie ich schon des Öfteren bei solchen Äußerungen mit den Augen gerollt hatte, und um mich zu necken, imitierte sie mein Murren:

»Haben die denn keinen Fotoapparat? Haben die denn kein Handy?«

Sie äffte mich dermaßen gut nach, dass ich lachen musste, und dann schimpfte auch ich, mich selbst nachahmend, los:

»Genauso ist es! Oder sie sagen, dass dieses Stempelheftlein für die Leute eine Inspirationsquelle bei der Suche nach neuen Ausflugszielen sei!«

»Aber dafür gibt es doch Wanderführer!«, fing nun auch noch Aljaž an, mich abzukupfern. »Und wenn sie dann endlich einen Abstecher zur Buchhandlung machen, sollen sie gleich noch einen Reiseroman kaufen, nicht wahr, Papa?«, sagte er mit schelmisch funkelnden Augen.

»Da hast du verdammt recht!«, setzte ich mein Geschimpfe mit einem Lächeln im Gesicht fort. »Was die sich für Dummheiten zur Verteidigung der Stempel ausdenken, der Teufel soll sie holen! Die sind so unsinnig, dass einem umso klarer wird, wie sich auch diese ganze Stempelei mit Zaplotniks Gedanken erklären lässt: Wer einen Stempel sucht, wird leer bleiben, auch dann, wenn er sich ihn in sein Heftlein gedrückt hat. Wer aber den Weg findet, der wird auf ewig durch den Abdruck, den dieser hinterlässt, gezeichnet sein.«

Ausstellungssalon

Auch die von Loški Potok weiterführenden markierten Wanderwege schinden einen auf sehr ähnliche Weise wie der E6 beim Abstieg vom Snežnik, das heißt, sie lieben die Straßen ebenso sehr, und wenn sie sie verlassen, irrt der Weg gern ein wenig zwischen dem umher, was nach den im Anschluss an eines der zahlreichen Unwetter durchgeführten Reinigungsaktionen vom Wald übriggeblieben ist. Oder sie verschwinden sogar ganz in dem fürchterlichen Durcheinander, für dessen Beseitigung sich bisher noch kein Held gefunden hat. Wir haben die Transversale von Loški Potok bis zum Bergsattel Kremparsko sedlo daher entlang der optimalen Kombination aus Ribniška- und Kočevska-Wanderweg sowie zweier kürzerer Wege trassiert. Auf diese Weise konnten wir zumindest die markantesten Gipfel dieser Gegenden miteinander verbinden, so viel wie möglich von ihrem historischen und natürlichen Erbe einfangen und gleichzeitig die Schotterstraßen und die Folgen der globalen Erwärmung weitestmöglich vermeiden.

Trotz unserer Bemühungen hat die Route in diesem Abschnitt noch immer genug Straßenanteil, um auch in Zukunft für jede Menge Freude bei der Trassierungsarbeit zu sorgen. Sie bietet aber auch schon jetzt einige Abenteuer, so dass es auf ihr auch den wagemutigsten Wanderern nicht langweilig werden dürfte. Eines dieser kleinen Abenteuer hängt mit den Besonderheiten der Eintausender in den Regionen Notranjska und Dolenjska zusammen. Viele der dortigen Gipfel zeigen einem nämlich auf einer Seite ihr aus steil aufragenden Felswänden bestehendes Gesicht, dessen Wangen mit spärlichen Baumstoppeln bewachsen sind, während die Hänge auf der anderen Bergseite sanfter ansteigen, so dass der Baumbewuchs dort den Gipfelkopf wie eine dichte Haarpracht bedeckt. Natürlich führt die Transversale nicht zwischen den größeren und brüchigsten dieser Felsgesichter hindurch. Dennoch könnte der letzte Teil des Wegs, der sich von Norden kommend dem Gipfel des Turn nähert, für manch einen etwas zu viel des Spaßes sein. Denn dieser felsige Abhang ist so instabil, dass sich zumindest im Moment noch niemand getraut hat, die vom Wind umgeknickten Baumstämme daraus zu entfernen. Diese wären sicher schon längst von selbst hinuntergerollt, wenn sich einer davon nicht mit seiner letzten Wurzel am Hang festklammern würde, ein anderer sich mit seinen Ästen nicht in Erstem verfangen hätte und ein dritter nicht an einem der arg einsturzgefährdeten Felszähne hängen geblieben wäre. Wenn man in einem derartigen Gelände nicht einschätzen kann, was man auf keinen Fall berühren darf, da einem sonst das gesamte ineinander verschlungene Mikado und ein Gutteil des felsigen Hangs in den Schoß fallen könnte, ist es sicherlich besser, eine alternative Route zu finden. Freilich kann man den Turn auch auf der dicht behaarten und in sanften Locken zur östlichen Schulter hin abfallenden Bergseite erklimmen, und zwar entlang des Wegs, auf dem der aus Richtung Ljubljana kommende Transversalist höchstwahrscheinlich vom Gipfel absteigen dürfte.

Dankenswerterweise nimmt der Straßenanteil dieses Streckenabschnitts ab dem Berg Goteniški Snežnik ab, und während unserer Wanderung war er von dort an auch besser von Unwetterschäden gereinigt. Nicht nur, dass die Route deshalb sofort schöner wird, sie führt auch an einigen herrlichen Ecken vorbei, wie der verlassenen Siedlung Dragarji und dem nahen Berg Šajbnik. Und wenn sich die Transversale dann dem Sattel Kremparsko sedlo nähert, beginnt sie, den Wanderer buchstäblich zu verwöhnen.

Ab dem Kremparsko sedlo folgt sie zunächst zwei häufiger begangenen Wegen: zuerst einem Abschnitt des Wanderwegs Mala kočevska planinska pot nach Kočevje und anschließend der südlichen Hälfte des Roška pešpot – eines der berühmtesten Rundwege in Slowenien – in Richtung des Gipfels Veliki Rog. Die größere Beliebtheit dieser Wege ist kein Zufall, denn entlang ihrer Strecke gibt es so viel Naturerbe zu bestaunen, dass es einem so vorkommt, als befände man sich in einem Ausstellungssalon von Natursehenswürdigkeiten. So führt diese Passage der Transversale schon vor dem Kremparsko sedlo an den Resten eines Urwalds vorbei, dem Krokar-Reservat, das in den letzten Jahren der größte Medienstar unter den slowenischen Wäldern war. Mit dessen Aufnahme in die Liste des UNESCO-Weltnaturerbes wurde nämlich allgemein bekannt, dass es sich aufgrund seiner Abgeschiedenheit um eines der letzten slowenischen Waldgebiete handelt, das wahrscheinlich noch nie von Menschenhand berührt wurde. Noch bedeutender ist allerdings, dass einige Forschungen zeigen, dass die letzten Buchen, die die jüngste Eiszeit überstanden haben, genau in dieser Gegend zu finden sind. Im Krokar-Waldreservat leben heutzutage noch immer die direkten Nachkommen jener Jungtriebe, die dafür sorgten, dass sich die Buchen nach dem Ende der letzten Eiszeit wieder über ganz Europa verbreiteten, von Polen bis Spanien und von England bis Griechenland.

Obwohl es sich beim Krokar-Reservat um den größten Primärwaldrest in unserem Land handelt, umfasst es kaum mehr als 70 Hektar. Auch aus diesem Grund ist es ratsam, sich an den Grundsatz zu halten, es nicht zu betreten, denn nur so kann seine Ursprünglichkeit bewahrt werden. Außerdem wird der Urwald komplett sich selbst überlassen. Es ist weitaus schöner, das daraus resultierende Gewirr aus gefallenen Baumriesen, das Dickicht aus um sein Leben kämpfenden Schösslingen und zahlreichen Exemplaren des stacheligen Stumpfblättrigen Ampfers sowie die vielen Felsen aus einer gebührenden Distanz zu beobachten, als sich einen Weg hindurch zu bahnen. Und natürlich blieb der Krokar-Urwald auch aufgrund seiner Lage von Menschen unberührt. Er befindet sich nämlich auf einem hohen Bergrücken zwischen dem fast 1200 Meter hohen Cerk und dem Sattel Kremparsko sedlo. Dessen nordöstliche Flanke ist steil und von rutschigem Laub übersät, die südwestliche besteht aus den schroffen und abschüssigen Felswänden oberhalb des Flusses Kolpa, die wegen ihrer Brüchigkeit gemieden werden sollten.

Unmittelbar nach dem Reservat wird die Natur wieder freundlicher und heimeliger. Vom Kremparsko sedlo hat man eine hervorragende Aussicht auf die Felsen über der Kolpa und den kroatischen Nationalpark Risnjak auf der anderen Seite des Grenzflusses. Bekannt ist dieser Pass aber auch für seinen Frühlingsschmuck, vergleichbar mit dem wesentlich berühmteren Blumenmeer auf dem Berg Golica (Kahlkogel) und dessen Nachbarhängen in den Karawanken; im Mai ist hier alles weiß von Narzissen. Ein Stück weiter, kurz vor der Siedlung Kočevska Reka, liegt der See Reško jezero. An seinem für Besucher geöffneten Teil führt der kurze Orlova pot, der Adlerweg, entlang. Der geschlossene Teil des Sees ist das Zuhause des Seeadlers, des größten Adlers in dieser Gegend, noch größer als der Steinadler. Ein Glückspilz mit mehr Geduld als wir, die wir es eilig hatten weiterzukommen, wird ihn vielleicht von einer der Beobachtungsplattformen aus sehen, die extra für solche Genießer errichtet wurden.

Nach Kočevska Reka setzt sich die Kette der Exponate dieses natürlichen Ausstellungssalons, der sich vom Krokar-Reservat bis zum Berg Veliki Rog erstreckt, noch lang fort. Während die Transversale zum Gebirgszug Stojna aufsteigt, führt sie geradewegs durch eines der kleineren, zugänglicheren Waldreservate. Dieser Wald ist schon allein deshalb atemberaubend, weil er in einer moosbewachsenen Senke liegt, die an eine grüne Gebärmutter erinnert, handelt es sich doch um eine ehemalige Höhle, deren Dach weggebrochen ist. Hinzu kommt, dass der Wald mit seinen ungewöhnlichen Steinformationen und eigentümlich schiefgewachsenen Bäumen etwas Magisches an sich hat. Von der Senke aus hat man auch Zugang zu einem der Naturwunder, die infolge der globalen Erwärmung wahrscheinlich verschwinden werden. Eishöhlen wie die im Stojna-Gebirge sind wegen der empfindlichen mikroklimatischen Bedingungen, unter denen sich in ihrem Inneren ein riesiger Eisklotz bildet und erhält, eine echte Seltenheit. Die Größe des Blocks in der Höhle von Stojna wird auf bis zu 30.000 Kubikmeter geschätzt, er ist dermaßen groß, dass seine aus einer Fläche von fast 600 Quadratmetern bestehende Spitze als Eissee bezeichnet wird. Aufgrund der Erwärmung der Atmosphäre schwindet das Eis jedoch rasch, so dass die oberste Schicht des Blocks bereits um mindestens fünf, manche sagen sogar um zehn Meter geschrumpft ist. Infolgedessen ist die hölzerne Struktur, die einst einen sicheren Besuch der Höhle ermöglichte, zusammengebrochen. Heutzutage können nur noch erfahrene Höhlenforscher oder diejenigen, die mit ihnen im Voraus eine geführte Besichtigung vereinbart haben, die Unterwelt betreten.

Kaum hast du von Kočevje kommend den ersten Teil des Roška-Rundwegs hinter dich gebracht, stehst du bereits vor der nächsten Sehenswürdigkeit, die man sich aber lieber nur vom Rand aus anschauen sollte: unsere wohl berühmteste Einsturzdoline, ein gewaltiges Loch, das entstand, als die Decke über einer riesigen Höhle einstürzte. Jetzt befindet sich mitten im Wald eine fünfzig Meter tiefe, fast einen Hektar große Öffnung, die größtenteils von Felswänden umgeben ist. Gleichzeitig handelt es sich dabei auch um ein für diese Gegend typisches Frostloch, also eine abgeschlossene Geländeform, in die Kaltluft einströmt, die darin weiter abkühlt, so dass die Temperaturen dort viel niedriger sind als in der unmittelbaren Umgebung, sogar rekordverdächtig niedrig; in einem der Frostlöcher wurden arktische -41,7 Grad gemessen. Dadurch findet in diesen Karstformationen eine Vegetationsveränderung statt: Es siedeln sich Pflanzen an, die sonst in viel kühleren Lagen, also viel höher oder viel weiter nördlich, zu finden sind. Das Grün in vielen solcher Dolinen hat sich im Gegensatz zum Bewuchs der Umgebung seit dem Ende der letzten Eiszeit fast nicht verändert. Während rundherum der lichte Wald der gemäßigten Klimazone dominiert, herrschen in den Einsturzdolinen selbst im Sommer subarktische Dunkelheit und Kälte. Das ist auch der Hauptgrund dafür, dass man eine solche schüsselförmige Mulde besser vom Rand aus betrachtet. Denn offensichtlich weiß auch Meister Petz, wo er sich in der Sommerhitze gut abkühlen kann. In einer wissenschaftlichen Studie über diese konkrete Einsturzdoline wird beispielsweise erwähnt, dass es in ihr eine Bärenhöhle gibt, die einem dieser Biester als Sommerresidenz dient.

Der Reichtum an Naturattraktionen auf dem Weg von Kremparsko sedlo nach Veliki Rog ist so groß, dass man mindestens zwei weitere erwähnen muss, die man auf dem letzten Teil dieses Abschnitts bewundern kann. Erstens die Kraljica Roga (die Königin von Kočevski Rog), eine Tanne, die mit mehr als fünfzig Metern Höhe, fünf Metern Umfang und einem ehrwürdigen Alter von fünf Jahrhunderten beeindruckt. Noch beeindruckender ist, dass Ihre Hoheit eine ganze Reihe von Hofdamen in ihrem von allen Seiten durch sanfte Anhöhen vor Unwettern geschützten Boudoir um sich versammelt hat. Von den Maßen her stehen sie ihr in nichts nach. Und zweitens das Rajhenavski-Urwaldreservat, das sich unweit der prächtigen Tannenbäume befindet. Wie der Paläobotaniker Alojz Šercelj, der sich zeit seines Lebens mit der Geschichte der slowenischen Wälder von der letzten Eiszeit bis in die Gegenwart befasst hat, gern betonte, handelt es sich dabei allerdings nicht gerade um einen echten Urwald: Das Fehlen von Pollen und die Spuren von Asche in einer der Bodenschichten zeugen leider zweifelsfrei davon, dass dieses Gebiet im 16. Jahrhundert mit Feuer und Axt ausgeholzt wurde. Andererseits war dieses Reservat das erste, das man in unserem Land unter Schutz gestellt hat, und das schon sehr früh, nämlich im Jahr 1892. Der Gutsherr Auersperg und sein cleverer Förster Hufnagel gehörten zu den ersten weisen Männern in Europa, die verboten, in Waldgebiete einzugreifen. Noch ermutigender ist, dass der Roška-Rundweg hier durch ein weiteres Schutzgebiet um das Rajhenavski-Reservat herumführt. Dieses wurde schon vor so vielen Jahren eingerichtet, dass es dort nahezu so wild zugeht wie im »Urwald« selbst, aber gleichzeitig auch fast wie in einem Park. Der Weg schlängelt sich durch ein Geflecht aus stehenden und umgestürzten Baumstämmen, das sehr abwechslungsreich und trotz seines wilden Charakters äußerst malerisch ist. Außerdem muss man sich nicht ständig vor diversem Dorngestrüpp und instabilem Gestein in Acht nehmen.

Museum der tapfersten Rebellion und schlimmsten Division

Im Hinblick auf die am tiefsten reichenden Wurzeln der slowenischen Zwietracht war sogar vom Hochmittelalter die Rede; das Volkslied *Rošlin in Verjanko* soll auf ihr Vorhandensein in jenen alten Zeiten anspielen. Auf jeden Fall erwähnt unser berühmter Dichter Prešeren sie in einer ihrer Erscheinungsformen. In der zweiten Hälfte des 19. Jahrhunderts hat sie sich dann ins Gegenteil verwandelt und stark ausgebreitet, während der beiden Weltkriege veränderte sie sich erneut zum Schlechteren und wurde noch intensiver. In dieser Phase sollen sich die slowenischen Politiker der einen und der anderen Seite so heftig gestritten haben, dass es wohl nicht ungewöhnlich war, wenn sie sich gegenseitig mit Steinen bewarfen. Aber unter den gewöhnlichen Menschen war es nicht viel anders. In einer typischen slowenischen Kleinstadt gab es damals von allem zwei. Zwei Friseure und zwei Barbiere. Einen für jedes der sich bekriegenden Lager. Zwei Sportvereine, zwei Theatervereine. Zwei Geschäfte, zwei Bäckereien. Und noch manch anderes wurde in jeder Kleinstadt dupliziert, so sehr lebten die Slowenen damals aneinander vorbei.

Gedenkstätten des Zweiten Weltkriegs, als die alte Zwietracht in einer wiederum etwas anderen Form ihren Höhepunkt erreichte, finden sich natürlich an vielen Stellen entlang der Transversale. Der von Ljubljana kommende Zugangsweg führt am Fuße des Berglandes von Polhov Gradec an einem Denkmal vorbei, das an einem Abgrund steht, in dem nach Kriegsende etwa achthundert ohne Gerichtsverfahren hingerichtete Menschen endeten. Mitten in dieser Berglandschaft stößt man am Wegesrand auf eine weitere Gedenkstätte, die an den ersten großen Aufstand gegen die Besatzer erinnert, den sogenannten *Poljanska vstaja*, der Ende 1941, kaum acht Monate nach Beginn des Zweiten Weltkriegs auf diesem Fleckchen Erde, im Tal Poljanska dolina stattfand. Aber nirgendwo sind diese Mahnmale so konzentriert wie in dem Abschnitt zwischen den Gemeinden Loški Potok und Semič, der ein wahres Freilichtmuseum ist.

Eine der zentralen Bedeutsamkeiten der kreisförmigen, verbindenden Transversale ist sicherlich, dass sie dich durch dieses Erinnerungsmuseum führt. Dass man ihm aus dem Weg zu gehen versucht, ist ein vollkommen natürlicher menschlicher Reflex. Als ich bei den Vorbereitungen auf die Transversale für den Roman warb, nutzte ich die Gelegenheit und fragte immer, wie viele der Anwesenden jemals eines der wichtigen Denkmäler zwischen Loški Potok und Semič besucht hatten. Außer in der Region Dolenjska wurde nirgendwo eine Hand erhoben. Das ist definitiv nicht in Ordnung. Dieser Teil der Geschichte, auch wenn wir ihn aus einem verständlichen Reflex heraus unter den Teppich kehren, wird nicht einfach verschwinden, genauso wenig seine leidigen Überreste in manchen Köpfen. Wahrscheinlich macht eine solche Haltung es sogar noch einfacher, die neueren Formen des Unfriedens aufrechtzuerhalten, die der Lösung von viel aktuelleren Problemen im Weg stehen. Während unserer Wanderung brannte zum Beispiel infolge der Migrantenproblematik ein Konflikt zwischen den Linken und den Rechten auf, der es unmöglich machte, eine nüchterne Diskussion über die viel wichtigeren demografischen Fragen zu führen, obwohl diese wesentlich enger mit den Migranten verbunden sind als ideologische Fragen. Und ein ähnlicher Streit entzündete sich seinerzeit an der

Frage nach der Anzahl der Wildtiere in den slowenischen Wäldern, obwohl diese noch weniger mit der slowenischen Entzweiung zu tun haben.

Das war einer der Gründe, warum unser Trio gern etwas sagte, wenn es bei einzelnen Exponaten dieses Freilichtmuseums eine Pause einlegte. Und gegen Ende dieses Abschnitts hielt ich es für sinnvoll, alles ein wenig zusammenzufassen, da dieser Teil unserer Geschichte in der letzten Klasse der neunjährigen Grundschule, die Lučka gerade abgeschlossen hatte, thematisiert wird.

»He«, wandte ich mich ihr zu, nachdem wir auf einer Heuwiese mit schönem Ausblick in Ruhe eine Brotzeit eingenommen hatten, »du hast doch noch frisch im Kopf, was im Zweiten Weltkrieg hier bei uns los war, sollen wir versuchen, das in ein paar Punkten zu beschreiben?«

»Ähm, im Ernst?« Sie schielte über den Rucksack, in dem sie gerade alles wieder verstaut hatte.

»Ja, im Ernst«, lächelte ich. »Fang einfach an. Punkt eins?«

Sie dachte ein wenig nach.

»Okay«, sagte sie dann. »Punkt eins: die Besetzung. Im Frühjahr 1941 waren die Achsenmächte nach weniger als zwei Wochen mit Jugoslawien fertig. Und die Besatzer beschlossen, die Slowenen auszulöschen. Deutsche, Italiener, ähm, Ungarn ... und ...«

»Einen kleinen Teil Sloweniens haben auch die Kroaten besetzt, ja«, nickte ich. »Punkt zwei?«

»Punkt zwei? Dagegen haben wir uns gewehrt. Überall.«

»Gut«, nickte ich ihr erneut zu und drehte mich zu Aljaž um. »Was würdest du als bestes Beispiel für den Widerstand in dieser Gegend geben?«

»Das beste Beispiel für den Widerstand? Hier? Baza 20!«

Baza 20, die Partisanenbasis 20 unter dem Berg Veliki Rog, war das Zentrum der Rebellenbewegung, und zwar im wahrsten Sinne des Wortes. Von hier aus leiteten die Partisanen während des größten Teils des Kriegs sowohl die militärischen Operationen als auch den eigentlichen Staatsapparat. Der Stützpunkt wuchs auch ständig, gegen Ende des Kriegs hatte er bereits 26 Baracken und verfügte sogar über ein eigenes Kraftwerk. Trotz der italienischen und dann der deutschen Offensiven, in deren Verlauf diese Gegend buchstäblich durchkämmt wurde, ist das Lager von den Besatzern nie entdeckt worden.

Doch in unmittelbarer Nähe befindet sich noch ein weiterer, in gewisser Weise noch wichtigerer Barackenkomplex. Unterhalb der abgelegenen Siedlung Daleč hrib errichteten die Partisanen nämlich bereits im Juni 1942 das erste Hospital, das knapp zwei Monate später während einer Offensive der Italiener gefunden und niedergebrannt wurde. Auf der Grundlage der damit gemachten Erfahrungen bauten sie dann aber ein neues. Dort, wo sie während der Offensive die Verwundeten und das Personal sicher versteckt hatten, entstand das Jelendol-Partisanenlazarett, das heute noch vollständig erhalten ist. Nach dessen Vorbild wurden dann mehr als zwanzig weitere in der Gegend von Kočevski Rog errichtet. Keine andere der europäischen Widerstandsbewegungen des Zweiten Weltkriegs kann sich mit einer derart ausgeprägten Verwundeten-Versorgung rühmen.

»Und wir dürfen Jelenov žleb nicht vergessen«, erinnerte mich Aljaž, als wir Lučka alle dem Widerstand gegen die Besatzer gewidmeten Denkmäler aufzählten.

Jelenov žleb liegt am Anfang dieses Abschnitts der Transversale, in der Nähe von Loški Potok. Dort fand im Frühjahr 1943 ein Gefecht statt, das aus einem Lehrbuch der Partisanenkriegsführung stammen könnte. Bereits die Ouvertüre zu dieser Schlacht war ein Schulbeispiel. Die Partisaneneinheiten griffen die italienischen Truppen im Tal aus einem Hinterhalt im Wald an und provozierten deren Gegenangriff. Doch die um ein Vielfaches stärkere und wesentlich besser bewaffnete Besatzungsarmee musste dies auf hügeligem, karstigem Gelände tun, auf dem die meisten ihrer Vorteile nicht zur Geltung kamen. Ihren Umzingelungsversuchen konnten die »Banditen«, wie die Partisanen abschätzig von den Besatzern genannt wurden, relativ leicht ausweichen, wobei sie ständig nach einer Gelegenheit suchten, einen möglichen Fehler des Gegners auszunutzen.

Und tatsächlich: Das italienische Bataillon, das einen Teil der Zange darstellte, die den Rückzug der Partisaneneinheiten verhindern sollte, stand auf einmal völlig allein da. Die Partisanen reagierten schnell, als sie ihm zufällig begegneten. Anstatt vom Gros der italienischen Truppen eingekesselt zu werden, nahmen die Rebellen nun selbst einen kleineren Teil der Besatzerarmee in die Zange. In einem relativ kurzen Gefecht, in dem sie zur Abwechslung zumindest zahlenmäßig einmal gleichauf waren, haben sie den Italienern schlimm zugesetzt. Am Ende war fast ein Viertel von ihnen gefallen und ein weiteres Viertel verwundet, ihre Befehlskette war völlig zusammengebrochen und ihr Rückzug verwandelte sich immer wieder in eine kopflose Flucht.

»Und was für ein Sieg das war!«, nickte Aljaž, bei dem die Schlacht freilich einen starken Eindruck hinterlassen hatte. »Wartet mal, stimmt ja! Bei Baza 20 stand doch geschrieben, dass die Italiener 1943, kurz nach der Schlacht von Jelenov žleb, kapitulierten! War das deshalb? Haben wir ihnen etwa eine solche Abreibung verpasst?«

So einem Jungen musst du einfach ein Lächeln schenken.

»Nein«, entgegnete ich kopfschüttelnd, »die Schlacht bei Jelenov žleb war nur eine von vielen, und natürlich waren die Partisanen nicht immer so siegreich. Im Gegenteil. Die Besatzer waren viel besser bewaffnet und in fast jedem Kampf in der Überzahl. Die Partisanen waren oft wie gejagte Tiere, hungrig und durchgefroren, so sehr wurden sie über die Hügel und durch die Wälder gehetzt. Und wenn sie mal siegten, übten ihre Gegner schreckliche Rache. Sie brannten Dörfer nieder, vertrieben Menschen, erschossen Geiseln, es war grauenerregend. Durch den Zweiten Weltkrieg hat Slowenien einen so großen Anteil seiner Bevölkerung verloren, dass es in dieser Hinsicht zu den Spitzenreitern in der Welt zählt.«

»Okay, aber wenn wir doch ein paar Mal so richtig gewonnen haben …«, beharrte der Junge.

»Selbst wenn man all diese Schlachten in unserem Land zu einer einzigen zusammenzählen würde, wäre das im Weltmaßstab nicht einmal eine der größten, Aljaž. Dafür sind wir einfach zu klein. Doch unsere Partisanen standen auf der richtigen Seite und trugen so gut sie konnten zum gemeinsamen Sieg bei. Aber diese schrecklichen Kräfte des Zweiten Weltkriegs waren so gewaltig, dass wir Hilfe von außen brauchten.«

»Aha, deshalb hat sich unsere Widerstandsbewegung also der jugoslawischen angeschlossen?«, mischte Lučka sich ein.

»Sieh mal einer an, unsere Grundschulausbildung ist echt nicht von schlechten Eltern«, sagte ich ihr zulächelnd.

Natürlich waren wir zusammengenommen erwähnenswert, denn wegen des nicht minder heftigen Widerstands anderswo mussten die Besatzer eine Menge Soldaten nach Jugoslawien verlegen. Mutmaßlich mehr, als die Deutschen in Italien aufbringen konnten, um den Vormarsch der Alliierten zu stoppen. Darüber hinaus gelang es den slowenischen Partisanen innerhalb des gemeinsamen jugoslawischen Widerstands, ein hohes Maß an Unabhängigkeit zu bewahren, und nach dem Krieg erreichten wir, dass das Recht auf Selbstbestimmung in die Verfassung des zweiten Jugoslawiens aufgenommen wurde. Im Zweiten Weltkrieg haben wir somit indirekt unsere Souveränität gewonnen, wir hatten sogar eine verfassungsmäßige Grundlage für die Durchführung eines Sezessionsreferendums.

»Damit hatten wir die Voraussetzung, Jugoslawien 1991 zu verlassen, ein weitere Schlächterei zu vermeiden und internationale Anerkennung für unser eigenes Land zu erlangen«, schloss ich. »Aber!«

»Aber?«, zog Lučka die Augenbrauen hoch.

»Auf einer der Infotafeln haben wir doch gelesen, was alles mit dem Denkmal für die Schlacht von Jelenov žleb geschehen ist: Zuerst haben sie die vom Bildhauer Batič angefertigte Statue gestohlen, und nachdem das Denkmal notdürftig restauriert worden war, haben sie die daran befindliche Gedenktafel zerstört. Was absolut unverständlich ist. Nicht nur, weil geschichtliche Gedenkstätten unantastbar sein sollten. Dieses Denkmal ist auch eines, auf das wir alle stolz sein sollten, denn dieser Teil unserer Geschichte ist der Schlüssel dazu, dass wir endlich unser eigenes Land haben. Und woher dieser ganze Hass, um so etwas zu tun?«

»Ähm, das wäre dann jetzt endlich Punkt drei?«, schlug Lučka vor, und als ich nickte, wiederholte sie zunächst: »Punkt eins – Besatzung, zwei – Widerstand, drei … der Höhepunkt unserer Entzweiung?«

»Bravo! Bereits vor dem Krieg herrschte bei uns ein von Hass aufgeheiztes Klima. Während des Kriegs wurde einer der damals verfeindeten Pole dann auch noch von Angst ergriffen. Warum wohl?«

»Weil die Kommunisten die zentrale Widerstandsbewegung übernommen hatten?«

»Ja. Die Hauptwiderstandsbewegung war bereits deutlich linksgerichtet, und die Kommunisten bei uns machten keinen Hehl daraus, dass der Sieg im Krieg Ausgangspunkt für eine Revolution sein würde. Und man wusste nur zu gut, dass sie russische Paten hatten, die als sehr grobe Menschen verschrien waren. Aber wenn wir schon mal dabei sind: Warum haben die Kommunisten überhaupt die Führung des Widerstands übernommen? Sie waren in dieser Rebellenbewegung doch eigentlich in der Minderheit.«

»Ähm ... weil sie solche *Bullys* waren?«

Bei Lučka passiert es dir manchmal, dass du nicht weißt, ob du lachen oder nachdenklich werden sollst, doch irgendwie habe ich es geschafft, beides zu kombinieren.

»Bestimmt auch deshalb«, antwortete ich schließlich. »Aber andererseits stimmten viele unseren Kommunisten zu, dass es bei uns schon jahrhundertelang zu viele Arme gibt und zu viele Leute, die die Menschen in die Armut treiben. Und vor allem waren die Kommunisten im Gegensatz zu einigen anderen politischen Gruppierungen, die eine ziemlich lauwarme Widerstandsbewegung gegründet hatten, tatsächlich bereit, Widerstand zu leisten und wussten auch, wie man das macht. Die Vorkriegsdiktatur hatte die Kommunisten verboten und ihre Polizei gegen sie eingesetzt, daher waren sie hervorragend in illegalen Aktivitäten geschult. Von den Paten aus Moskau lernten sie neben deren Grobheit viele nützliche Dinge, von Guerillakrieg und Propaganda bis hin zu Kriegsökonomie und Spionageabwehr. Und sie hatten Erfahrung im Kampf gegen die

Faschisten, unter ihnen waren viele Kämpfer aus dem Spanischen Bürgerkrieg.«

»Aber sie waren auch *Bullys*.«

»Das ist eigentlich eine Untertreibung«, schüttelte ich den Kopf. »Schon während des Kriegs haben sie Massen-Liquidationen angeordnet, es gab sogar eine ganze Reihe persönlicher Abrechnungen der übelsten Sorte. Manch einer aus dem rechten Lager hat auch deswegen völlig den Sinn für Recht und Unrecht verloren. Die Rechten fingen selbst damit an, verschiedene schmutzige Spiele zu spielen, und vor allem taumelten sie in die Arme der Besatzer. Natürlich haben die sie im Gegenzug gern eingekleidet und bewaffnet und sie sogar dafür bezahlt, dass sie ihnen bei der alltäglichen Routine und bei größeren Militäroperationen im Kampf gegen die Partisanen halfen.«

»Ja«, nickte Lučka. »Das hatten wir auch im Lehrbuch, in einem dieser eingerahmten Texte, die man auswendig wissen musste … Bürgerliches Lager, Heimwehr, Kirchengipfel von Ljubljana … und so weiter, na ja. All diese Menschen, so hieß es, seien durch bewaffnete Zusammenarbeit mit der Besatzungsmacht der Kollaboration beziehungsweise dem Verrat beigetreten.«

»Schonungslos«, äußerte ich nachdenklich, »aber ja, so war es. Und Punkt vier?«

»Vier … Kriegsende! Weil die Kollaborateure davon ausgingen, dass sie bei den Westalliierten besser abschneiden würden, flohen sie über die Grenze nach Österreich …«

»Nicht nur die Kollaborateure sind geflohen«, korrigierte ich sie schnell. »Es gab auch Flüchtende, die einfach mit niemandem kooperieren wollten. Und solche, die sich rein gar nichts zuschulden haben kommen lassen und nur Angst vor den Kommunisten und ihren russischen Paten hatten.«

»Ja, auch solche waren darunter, stimmt.«
»Und?«
»Mehr als zwanzigtausend Menschen flüchteten und davon gingen dann etwa zehntausend ... nach England?«
»Nach Argentinien, dorthin emigrierten die meisten. Aber die Übrigen ...«

Auf der Grundlage des Abkommens von Jalta schickten die Westalliierten die Übrigen, fast elftausend Menschen, in ihre Heimat zurück. Hier nahmen die Nachkriegsbehörden dann mit sehr harter Hand Selektionen vor. Nur etwa tausend wurden entweder freigelassen oder vor Gericht gestellt. Der Rest wurde zusammen mit etwa fünftausend auf heimischem Boden Gefangengenommenen zu verschiedenen tiefen Erdspalten, Höhlen und Minenstollen gebracht und dort getötet. Nahezu fünfzehntausend Menschen. Ein Prozent der damaligen slowenischen Bevölkerung. Anschließend schütteten sie die Stollen und Spalten zu, wahrscheinlich mit irgendwelchen Abfällen, und ließen die Toten dort zurück, ohne Bestattung. Selbst ihre engsten Verwandten durften nicht erfahren, wo sie lagen. Über sie durfte nicht gesprochen werden. Es gab keine Stollen und Spalten. Die gesamte Dokumentation darüber ist mehr oder weniger verschwunden. Immer noch werden neue Grabstätten entdeckt und alte erforscht. Von den Dutzenden in der Region Kočevje bekannten liegen zwei sogar direkt an der Transversale: Die Kluft Brezno pri Konfinu und die Höhle Jama v Rugarskih klancih.

»Schön, dass euch das alles so offen und unvoreingenommen in der Schule beigebracht wird«, sagte ich schließlich.

»Das ist in etwa das Bild von damals, das unsere Generation aus verschiedenen Ecken und Winkeln zusammengetragen hat, damals fing die öffentliche Auseinandersetzung darüber ja gerade erst an. Aber ihr habt das mittlerweile schon in euren Lehrbüchern, die anscheinend sehr ausgewogen geschrieben sind.

»Nur …«, fiel mir dann etwas anderes ein, »warum haben sie diese Orte in einem so verwahrlosten Zustand gelassen, das haben sie euch nicht erzählt, hast du gesagt?«

Lučka schüttelte den Kopf, doch noch bevor es ihr gelang, den Mund zu öffnen, ergriff Aljaž das Wort: »Ich weiß das! Ich!«

»In Ordnung, in Ordnung«, hob ich meine Kapitulation signalisierend die Hände, »dann lass mal hören!«

Auch die Informationstafeln zur Erinnerung an die Kočevje-Dörfer, aus denen er sein Wissen schöpfte, sind eindeutig lobenswert, denn seine Zusammenfassung dessen, was darauf geschrieben stand, sagte alles Wesentliche: Auf einem etwa 800 Quadratkilometer großen Gebiet um die Stadt Kočevje gab es seit dem 14. Jahrhundert eine deutsche Kolonie, in der vor dem Krieg 12.000 Menschen in fast 180 Dörfern lebten. Da diese Gegend während des Krieges von den Italienern besetzt war, zog die deutsche Gemeinde getreu dem Motto »Alle Deutschen sollen im Dritten Reich leben« an die kürzlich eroberte Südostgrenze des Dritten Reiches, entlang der Flüsse Sava und Sotla, und zwar in die Häuser vertriebener Slowenen. Nach dem Krieg war nicht daran zu denken, dass die weggezogenen Deutschen nach Kočevsko zurückkehren könnten. Die Obrigkeit hatte sich nämlich redlich bemüht, alle Spuren der deutschen Kolonie zu beseitigen. Ungefähr die Hälfte ihrer Dörfer war völlig dem Erdboden gleichgemacht worden, von den restlichen war oft nur eine Handvoll Häuser geblieben, in denen nun Slowenen lebten. Auf den Infotafeln stand, dass die Verantwortlichen sogar Friedhöfe umgraben und für den Bau von Straßen Grabsteine zerschmettern ließen.

»Mir ist immer noch nicht klar, warum sie das alles gemacht haben«, fragte Aljaž zu guter Letzt. »War das wegen der Abgründe mit den Toten, durfte deswegen keiner hierher?«

»Bestimmt auch deswegen, denn Kočevsko war zum Synonym für die Nachkriegsmassaker geworden«, erläuterte ich. »Aber auch aus anderen Gründen war hier niemand willkommen, der in diesen Wäldern nichts zu suchen hatte. Viele davon waren wahrscheinlich militärischer Natur. Denn dieses schwer zugängliche Gebiet liegt zwischen zwei strategisch wichtigen Punkten: zwischen der Ebene um die Stadt Krško und der sogenannten Pforte von Postojna, einem dreißig Kilometer breiten Gebirgspass am Nordrand des Dinarischen Gebirges. Das Gelände zwischen diesen beiden Punkten eignet sich außerdem hervorragend für Hinterhalte und Guerillakämpfe. Vor allem aber wollte unsere damalige Partisanenkumpanei diesen Teil Sloweniens für sich haben, denke ich. Während des Kriegs muss ihnen klar geworden sein, dass es praktisch unmöglich ist, sie aus diesen hügeligen und karstigen Wäldern herauszubekommen. Sie müssen überzeugt gewesen sein, dass sie hier sogar einen Atomkrieg überleben würden. Immerhin ließen sie mitten in diesem Gebirge einen geheimen Atomschutzbunker errichten.«

Das weckte freilich ganz besonders das Interesse der Kinder: Was?! Wo? Ist es möglich, den zu sehen?

»Es gibt sogar zwei«, lächelte ich ihnen zu, »und einer kann tatsächlich besichtigt werden. Wir sind jetzt aber schon zu weit voraus, ich bringe euch ein andermal hin. Und jetzt wäre es ratsam, ein wenig Gas zu geben, sonst schaffen wir es bis zum Abend nicht mehr bis zur Wasserquelle.«

Frühling

Die Gegenden zwischen Ilirska und Semič schienen in einer Art Vorfrühling gefangen zu sein. Vielerorts steht die Zeit hier noch immer still, so wie das Leben ungläubig beim ersten wirklichen Tauwetter zum Stillstand kommt, doch der Druck der Vergangenheit hat nachgelassen, wie der Panzer der Eiseskälte, der sich nach dem Ende des Zweiten Weltkriegs auflöste. Das spürt man vielleicht am besten in der Umgebung der Ortschaft Draga und auf den Dutzenden anderen Ebenen zwischen Loški Potok und der Region Bela krajina. Dort breitet sich um einen herum nichts als hohes Sommergras aus, völlig bewegungslos, denn die Heuwiesen sind von einem dunklen Wald umgeben, der die ohnehin träge Sommerbrise aufhält. So wie in Draga steht auf der Ebene gewöhnlich ein Gebäude, meist schon so lang unbewohnt, dass es verfällt, daneben ragt ein mächtiger Baum in die Höhe. Der Szene mag deswegen ein Hauch von wehmütiger Romantik innewohnen, abgesehen davon strahlt sie lediglich völlige Ruhe aus.

Natürlich haben Menschen seit jeher ihre Spuren in diesen Wäldern hinterlassen, denn sie gaben vielen Arbeit und sie durften sich in ihnen Außenposten einrichten. Die meisten davon leben fort. So stößt man zum Beispiel auf eine Jagdhütte, an die sogar ein praktisches Schlachthaus angegliedert ist, und zwar direkt unter freiem Himmel. Es sieht aus wie eine Art Veranda, umgeben von weißen Kacheln, verschiedenen Waschbecken und allem, was zu einer solchen Tätigkeit benötigt wird. Wenn man das Glück hat, genau zur richtigen Zeit vorbeizukommen, kann es sein, dass ein stattliches Wildschwein an einem Haken von der Decke baumelt. Es ist echt erstaunlich, wie schnell geschickte Hände es häuten und zerlegen können! Auf andere macht vielleicht ein Forsthaus mit einem herrlichen Holzpavillon, in dessen Mitte sich eine Feuerstelle befindet, so dass man bei jedem Wetter ein Lagerfeuer machen kann, einen angenehmeren Eindruck.

Doch in letzter Zeit haben sich neben den traditionellen Besuchern inmitten dieser Berglandschaft noch andere, die sich in der Vergangenheit hier unter keinen Umständen aufhalten durften, ihre Außenposten eingerichtet. Das Sägewerk unterhalb vom Gipfel des Veliki Rog zum Beispiel wurde von katholischen Pfadfindern übernommen. Bei ihnen muss man unbedingt vorbeischauen. Nicht nur, weil sie im Keller des Hauptgebäudes ein kleines Museum über die Geschichte des Sägewerkes auf die Beine gestellt haben und manch einer ihrer Gruppenleiter jeden Baumstumpf in den umliegenden Wäldern kennt. Noch lobenswerter ist, dass sie in den vorbeikommenden Wanderern sofort Gleichgesinnte erkennen und im Gespräch mit ihnen jedes trennende Thema zu vermeiden wissen.

Andernorts in dieser friedlichen Gegend fand auch der eine oder andere Sonderling seinen Platz. Auf dem Berg Šajbnik beispielsweise gibt es ein Gebäude, das mit seiner einzigartigen Konfiguration schon von weitem auf sich aufmerksam macht. Es wurde von einem Mann gebaut, der es anscheinend gern anderen überlässt: Alles ist unverschlossen, hie und da hängen lediglich ein paar Gebrauchsanweisungen. Doch auch das alltägliche Leben kehrt in diese Hügel und Täler zurück. Am deutlichsten wird dies in den kleinen Weilern, die nach dem Krieg nicht vollständig dem Erdboden gleichgemacht wurden, denn in etlichen von ihnen stehen jetzt einige neuere Häuser. Auf einer der Tafeln zum Gedenken an die Kočevje-Dörfer fanden wir den Beweis dafür, dass diese Häuser erst kürzlich entstanden sein können. Auf der vor weniger als einem Jahrzehnt aufgestellten Tafel waren nämlich nur drei Häuser aufgeführt, wir haben aber doppelt so viele gezählt.

Das Aufblühen dieser Orte hat gerade erst begonnen, so dass ihre Bewohner, die ohnehin schon gastfreundlich sind, Wanderern überaus gern eine Freude bereiten. Natürlich hat man uns auf dem Weg von Ljubljana vielerorts zumindest Wasser, wenn nicht sogar Essen angeboten, denn einsame Wanderer liegen den Menschen dieses Fleckchens Erde besonders am Herzen, erst recht solche mit Kindern. Aber nirgends wurden wir so oft zu Tisch gebeten wie in den einsamen Tälern zwischen Ilirska und Semič. »Wir haben noch alles, bedient euch ruhig ordentlich!«, sagte uns die Mutter einer Familie, die uns sofort adoptiert hatte. Und als die Ansässigen in einem anderen Dorf das Gefühl bekamen, wir hätten nicht genug gegessen, drückten sie uns am Ende noch ein paar Würstchen in die Hand. »Die sind hausgemacht!«, womit sie uns auf typisch slowenische Weise versicherten, dass das Geschenk auf jeden Fall köstlich sei.

Vielleicht noch erfreulicher ist, dass diese Leute wissen, was sie tun. So unterhielten wir uns zum Beispiel mit einem unternehmungslustigen Ehepaar, das unlängst mit Erfolg mitten in den Wäldern mit der höchsten Raubtierdichte Sloweniens einen für hiesige Verhältnisse recht ansehnlichen Bauernhof aufgebaut hat. Die beiden versetzten mich umso mehr in gute Laune, weil sie vorher keinerlei Erfahrungen mit Raubtieren gesammelt hatten. Wie man an solchen Orten mit der Landwirtschaft beginnt, kann also offenbar jeder lernen. Um zu sehen, ob das stimmte, gab ich in einem Gespräch mit der Besitzerin den Unwissenden.

Allerdings nicht zu sehr, denn mir wurde schnell klar, dass sie trotz ihrer unbestreitbaren Qualitäten nicht viel Geduld mit Menschen ohne gesunden Menschenverstand hat.

»Es ist ganz einfach«, antwortete sie, als ich sie fragte, wie sie sich inmitten von Bären und Wölfen um so viel Vieh kümmert, der Großteil davon sogar in Freilandhaltung. »Du tust halt alles, um die Biester nicht anzulocken. Und natürlich auch alles, um ihnen klipp und klar zu machen, dass sie hier nicht willkommen sind.«

»Und das verstehen die einfach?«

»Sie sind ja nicht dumm!«, lachte sie und fügte dann bedeutungsvoller hinzu. »Klar verstehen die das, sie sind sogar klüger als manch ein Mensch.«

»Aber es gibt doch bestimmt auch ein paar Dumme«, ermunterte ich sie. »Was machen Sie denn mit denen?«

»Nun, in dieser Gegend musst du freilich ein gutes Verhältnis zu den Jägern pflegen«, entgegnete sie in fast schon entschuldigendem, aber dennoch sachlichem Tonfall.

Ich nickte. Ich erinnerte mich, wie wir auf dem Weg zu ihrem Hof an ausgedehnten Weiden vorbeigekommen waren, die es dort angeblich schon seit der Zeit der ersten Besiedlung dieser Gegend gab, aber von den neuen Besitzern wieder gerodet werden mussten. So waren an vielen Stellen hohe Stapel aus meist geringwertigem Holz aufgeschichtet und dazwischen standen zahlreiche neu aussehende Hochsitze.

»Von den Bestien, die eine seltsame Störung im Kopf haben«, fuhr sie fort, »sagen die Jäger, dass sie im Wald noch mehr Schaden anrichten als auf dem Hof. Aber es ist nicht notwendig, dass einem nur die Problemtiere Schwierigkeiten machen, alles Mögliche passiert im Leben, einfach so. Wie neulich, als ein Baum neben unserem Bienenhaus vom Blitz getroffen wurde und ein Ast auf einen um die Bienenstöcke gespannten Elektrozaun fiel. Ein Bär hatte offensichtlich schon lang ein Auge auf das Bienenhaus geworfen und wusste sofort, dass jetzt seine Chance gekommen war. Es hatte noch nicht einmal aufgehört zu regnen, da kam er schon zum Naschen.«

»Tiere sind wirklich schlau«, erwiderte ich lächelnd.

»Schlau, schlau«, stimmte sie zu, »aber sobald sie auf den Geschmack kommen, machen sie Probleme und müssen entfernt werden.«

Ich nickte, dachte nach und fragte: »Sagen Sie mal, haben Sie oft solche Probleme?«

»Natürlich nicht! Wenn du alles tust, um keine Raubtiere anzulocken, gibt es fast keine Probleme.«

»Aha, aber damit meinen Sie, dass alles mit diesen neuartigen elektrischen Zäunen eingezäunt werden muss, die wir überall bei Ihnen gesehen haben?«, fragte Lučka.

»Das auch. Aber etwas anderes ist viel wichtiger. Die Bestien sind schlau, wie ich schon sagte, also werden sie immer einen Weg um jedes Hindernis finden. Vor allem Wölfe.«

»Deshalb frage ich«, stimmte Lučka zu. »Irgendwo in der Nähe von Col wurde uns gesagt, dass die Wölfe schnell gelernt haben, auch mit diesen Elektrozäunen fertig zu werden. Anscheinend erschrecken sie die Schafe und Ziegen so lang, bis die ganze Herde die Flucht ergreift, den Zaun durchbricht und dann natürlich leichte Beute ist.«

»Ich verstehe wirklich nicht, warum sie das Vieh, besonders das Kleinvieh, ohne einen richtigen Hirten auf der Weide lassen«, runzelte die Bäuerin die Stirn. »Hier lernst du schnell, dass nur der Mensch klüger ist als die Bestien. Doch auch ein richtiger Hirte wird sie nachts nicht ganz vertreiben können, schließlich heißt es nicht umsonst, die Nacht habe ihre eigene Macht. Und natürlich lässt sich ein Raubtier durch nichts aufhalten, wenn es Hunger bekommt. Deshalb grasen unsere Tiere tagsüber im Freien, und abends bringen wir sie immer hinter einem dicken Tor in Sicherheit.«

»Lebensmittel und Müll lassen Sie niemals draußen, damit sie durch den Geruch nicht angelockt werden, stimmt's?«, wollte nun auch noch Aljaž sein Wissen unter Beweis stellen. Er wurde dafür mit einem freundlichen Lächeln belohnt.

»Es gibt Dinge, die für sie noch verlockender riechen. Wir müssen jede Kuh einfangen, damit sie nicht aus Versehen im Freien kalbt: Der Geruch der Plazenta und des Geburtswassers, und damit der Geruch eines schwachen, unbeholfenen Kalbes, kann die Biester ganz verrückt machen.«

Während wir mit den Ansässigen dieser Gegenden solche guten Gespräche führten, mussten wir noch oft zustimmend nicken, denn sie wissen, wie die Dinge anzupacken sind. So waren wir nicht überrascht, als wir bei unserem ansonsten sehr kurzen Aufenthalt in der Stadt Kočevje das Gefühl bekamen, dass sie auch dort wissen, was sie tun. Der Stadt sind die Spuren des Graus, charakteristisch für die alten Zeiten, noch immer stärker anzumerken als anderen, besonders an ihrem Rand, im Schatten des Gebirgszugs Stojna. Auch die vielen gloriosen Denkmäler im charakteristischen Stil des sozialistischen Realismus tragen dazu bei, dass sie noch stärker als jeder andere Ort an diese Zeiten erinnert. Aber abgesehen von solchen weniger angenehmen oder interessanten Überbleibseln musst du in Kočevje einfach öfters ein anerkennendes Zufriedenheitsbrummen von dir geben. Das Einzige, was wir in Kočevje vermissten, war ein gastronomisches Angebot auf dem Niveau, mit dem man uns anderswo verwöhnt hatte. Schlussendlich zuckten wir mit den Schultern, beschlossen, dass wir nun satt waren, und gingen dem Ende unseres gemeinsamen Wegs entgegen.

Feuerwerk

Die Bergprozessionen, zu denen es kommt, wenn alle fünf Erwartungen der slowenischen Wanderer erfüllt sind, sind ein sehr mächtiger Faktor. Offenbar haben sich dem sogar unsere Wegwarte angepasst. Die Teilnehmer dieser Prozessionen sind eben nicht unbedingt die erfahrensten Bergwanderer, und deshalb hält man es wahrscheinlich für notwendig, die beliebtesten Wege zu den am heftigsten belagerten Gipfeln bis zur Grenze der Absurdität instand zu halten und zu markieren. Oder sogar darüber hinaus. Etliche dieser Wege sind so dicht mit rot-weißen Markierungskreisen versehen, dass manch eine kleine Fichte ohne Weiteres als Weihnachtsbaum dienen könnte. Die einsamsten Wege dagegen sind oft viel armseliger angelegt und als Letzte mit der Wartung an der Reihe. Vor allem aber sind viele sehr schlecht markiert.

Nicht nur beim Abstieg vom Snežnik und auf dem Streckenabschnitt von Loški Potok bis zum Berg Goteniški Snežnik, sondern auch an vielen anderen Stellen auf dem nach Ilirska Bistrica beginnenden Abschnitt großer Einsamkeit muss man daher häufig die Zähne zusammenbeißen. Die Schrammen und Beulen, die wir uns zwischen Razdrto und Senožeče eingehandelt haben, hatten nicht die geringste Chance zu heilen, sondern bekamen noch viel Gesellschaft. So viel, dass Mateja bereits in Loški Potok, wo sie uns einen Besuch abstattete, erschrocken stehenblieb, als sie uns zu Gesicht bekam.

»Was hast du denn mit den Kindern angestellt?«, entfuhr es ihr.

Natürlich strahlten die beiden Kinder darüber. Dass sie ihrer Mutter so leidtaten, schon das allein wärmte ihnen das

Herz, gleichzeitig plusterten sie sich damit auf, dass das für solche wie uns doch nur ein Pappenstiel sei. Doch unterwegs haben wir freilich auch mal ein paar Tränen vergossen oder den einen oder anderen Fluch ausgestoßen. Denn tatsächlich gab es an unseren Beinen bis zu den Knien keinen Quadratzentimeter Haut, der nicht von blauen Flecken überzogen, aufgerissen oder blutig war. Und nur einen kleinen Teil dieser Dekoration hatten wir uns bei Abkürzungen durch wegloses Gelände zugezogen, den Großteil bei der Suche nach Markierungen auf »markierten« Wegen.

Auf unseren weniger frequentierten Wegen kannst du nämlich keinesfalls erwarten, dass sie nach dem Prinzip gekennzeichnet werden, an das sich alle mir bekannten Wegwarte dieser Welt halten: Wenn man vor einer Markierung steht, muss man von dort immer die nächste sehen können. Auf unseren abgelegeneren Wegen kann der Abstand zwischen den Wegzeichen jedoch auch mal mehrere hundert Meter oder sogar mehr betragen; wir drei zählten zwischen den beiden am weitesten voneinander entfernten Markierungen sogar eine fast einem Kilometer entsprechende Anzahl an Schritten. Folglich kann es leicht passieren, dass man an einer unmarkierten Weggabelung falsch abbiegt, da der Wanderer automatisch dem »natürlichen« Wegverlauf folgt; an der Kreuzung biegen seine Beine von selbst in den Weg ein, der so offensichtlich der richtige zu sein scheint, obwohl er es nicht ist. Infolge der viel zu spärlichen Markierungen gibt es noch weitere Unannehmlichkeiten dieser Art. Die besten sind Mehrfachweggabelungen, die bis zu vier Abzweigungen haben können. Hier verschwendet man viel Zeit damit, jede einzelne mehrere hundert Meter weit abzusuchen, was freilich längst nicht bedeutet, dass man die richtige findet. In diesem Fall gehst du, basierend auf deinen bisherigen Erfahrungen, zurück, um zu überprüfen, ob du nicht irgendwo einen durch Holzabfälle verdeckten Abzweig übersehen hast. Hast du natürlich nicht. Schlussendlich überprüfst du jede der Gabelungen an der Kreuzung ein zweites Mal. Erst auf der letzten, ist ja klar, findest du dann doch noch ein Wegzeichen, das sich, gemessen am sonst üblichen Abstand zwischen den Markierungen auf diesen wenig besuchten Wegen, noch ein paar hundert Meter weiter versteckt als gewöhnlich.

Seitdem wir die Transversale in ihrer Gesamtheit abgegangen sind, hat sich ihr Zustand natürlich an vielen Stellen erheblich verbessert, da wir uns ausgiebig der bereits beschriebenen Methoden zur Optimierung slowenischer Wanderwege bedient haben. Viele Abschnitte sind jetzt, nachdem wir die für sie verantwortliche Alpenvereinssektion kontaktiert haben, viel besser markiert, einige sogar ausgezeichnet. Doch während unserer damaligen Wanderung vom Veliki Rog nach Krško gab es viel Zähneknirschen. Dies war ja für die Kinder der Schlussabschnitt der gemeinsamen Wanderung, und sie waren davon ausgegangen, dass sie mild ausklingen würde. Immerhin ist diese Passage nur knapp siebzig Kilometer lang und auf ihr sammeln sich weniger als drei Kilometer Gesamtanstieg an. Stattdessen entpuppte sie sich als ein bombastisches Finale, das für Menschen geeignet wäre, die Erleuchtung erleben wollen.

Besonders problematisch war der E7, der von den nördlichen Ausläufern des Mittelgebirgszugs Gorjanci bis nach Krško auf mehreren Abschnitten kaum noch vorhanden war. In den Waldabschnitten gewiss auch, wie anderswo, infolge der Unwetter. Außerhalb des Waldes waren an etlichen Stellen direkt am Weg neue Häuser gewachsen, deren von Zäunen und Hecken umgebene Gärten es äußerst schwierig machten, einen Durchgang zu finden. Hinzu kommt, dass sich immer mehr Teilstücke in Straße verwandelt haben, und dort, wo es keine gibt, wünscht man sich fast, es gäbe eine. Ein Beispiel ist die Strecke durch das vom Fluss Krka gebildete waldige Schwemmland Krakovski Gozd, wo man bedauerlicherweise von einer Schotterstraße gequält wird. Ein Waldweg wäre nicht nur wesentlich angenehmer für die Beine, er würde einem sicherlich auch einen besseren Blick auf diesen Auwald bieten, der gerade auf einem Bergwanderweg eine kostbare Rarität darstellt. Doch als die Trasse des E7 dann mal die Schotterstraße verließ, fanden wir nur ein einziges Wegzeichen, und das war dann auch noch von Moos bedeckt. Zu guter Letzt verschwand der Weg ganz. Und nachdem wir uns endlich durch den Schlamm und die Gräben gekämpft hatten – ja, das ist ein *Schwemm*-Wald –, standen wir vor einer recht ausgedehnten Wiese. Sie war vor genau so vielen Tagen gedüngt worden, dass wir das, worauf wir liefen, erst rochen, als es schon zu spät war. Unsere Schuhe waren hinüber. Es erwies sich als absolut unmöglich, den Gestank aus ihnen herauszubekommen und der gedüngte Stoff begann sich mit Wasser vollzusaugen und wollte einfach nicht trocknen. Aber wenigstens überquerten wir die Wiese in der richtigen Richtung, denn als wir die Straße auf der anderen Seite erreichten, fanden wir sofort wieder eine Markierung. Wer auch immer diesen Teil des Wegs markiert hat, tat dies offensichtlich ausschließlich von seinem Auto aus.

Anscheinend leben auf diesem Schlussabschnitt der Strecke von Semič nach Krško auch einige dieser Grundbesitzer, die sich nicht um das Prinzip scheren, dass man ihr Land frei durchqueren darf. So versinkt der Weg dann zum Beispiel irgendwo am Rand von Bela krajina zwischen Steilhängen, die dicht mit Gebüsch bewachsen sind, so dass es sehr schwierig ist, außen herum zu gehen. In dieser grabenartigen Senke hatte man den Weg mit einer dicken Schicht Ästen begehbar gemacht.

Ähnliche Probleme gab es in der Berglandschaft Gorjanci. Beispielsweise auf dem Abschnitt, dessen Zustand die zuständige Alpenvereinssektion mir gegenüber damit entschuldigte, dass schon mehrfach auf dem just von ihnen instandgesetzten Weg Reste vom Holzeinschlag abgeladen worden seien, und zwar genau an den Stellen, wo sich solche Hindernisse nicht entfernen ließen und man den Weg daher »schließen« müsse. Aber auch auf alle möglichen anderen Weisen soll man ihnen Schwierigkeiten bereitet haben, angeblich wurden sogar die Markierungen mit Schlamm verschmiert. Und da schwer begehbare Wege ohne sichtbare Kennzeichnung nun mal Wanderer abschrecken, überwuchern sie gern schnell. Ich habe noch nie so hohe Brennnesseln gesehen. Und es war unmöglich, ihnen auszuweichen. Es gab Momente, in denen die beiden Kinder völlig unter der Oberfläche des brennenden Grüns verschwanden.

Ihre Gesichter waren an jenem Abend stark geschwollen, die Haut an den Wangen und am Hals von rötlichen Flecken bedeckt. Doch trotz solcher Unannehmlichkeiten mischte sich auch etwas Großartiges in das abschließende Feuerwerk. Egal, wie schön oder beschwerlich der Weg bis hierher auch gewesen sein mag, wir alle freuten uns auf jeden Fall immer mehr auf unsere zukünftigen Pläne. Während der Zwischenstopps und am Abend berieten die Kinder bereits darüber, was sie unbedingt an alle möglichen Ecken und Enden, die sie im Sommer noch besuchen wollten, mitnehmen müssen und keinesfalls vergessen dürfen.

Ich hingegen lächelte immer öfter bei dem Gedanken, dass nun alsbald der erste meiner Freunde, die ich auf meiner langen Wanderung in den Appalachen gefunden hatte, mit seiner Familie zu Besuch einfliegen würde.

Angenehm waren auch die Ausblicke auf das Flachland von Bela krajina, die in uns dreien schöne Erinnerungen weckten, wobei meine ein wenig weiter in die Vergangenheit zurückreichten. Ich erzählte den Kindern, wie super es damals gewesen war, als wir Streber aus dem Grundschularbeitskreis Geschichte eine festliche Veranstaltung in der Stadt Metlika hatten. Für jeden der Gäste hatte man einen Gleichaltrigen aus Bela krajina gefunden, dessen Familie dich unter ihr Dach aufnahm und dir unheimlich viel Gastfreundlichkeit zuteilwerden ließ, jedoch ohne dabei aufdringlich zu sein. Und gemeinsam ließen wir die Erinnerung daran aufleben, wie genau dieser Blick auf die Ebene von Bela krajina uns jedes Mal mit freudiger Erwartung erfüllt hatte, wenn wir auf einem unserer häufigen Ausflüge zur Kolpa über den Pass fuhren. Wahrlich, wie viele wundervolle Tage haben wir an diesem Fluss verbracht! Als junge Familie bot uns die Kolpa genau die richtige Mischung aus faulenzerischem Planschen und lebhaften Aktivitäten, auf ihrem Wasser und in der Nähe ihrer Ufer. Ganz zu schweigen von diversen Leckereien, zum Beispiel den köstlichen Spanferkeln, die man in dieser Gegend gern langsam über der Glut drehend schmoren lässt.

Doch schon erhob sich vor uns der Mittelgebirgszug Gorjanci, ein Pflichtpunkt auf der Transversale, handelt es sich dabei doch, so wie beim Slavnik, um einen der Eckpfeiler der slowenischen Bergwelt. Auf dem Weg zum höchsten Gipfel fiel uns ein, dass hier irgendwo der Zugangsweg aus Novo mesto ankommen müsste. Doch wir genossen das

Wandern auf dem Gipfelkamm so sehr, dass wir schnell wieder vergaßen, ihn im Gelände festzulegen. Dort oben wählt die Trasse stets die beste Variante, mal ein wenig auf unserer, mal ein wenig auf der kroatischen Seite. Sie passiert die kleine, vermeintlich auf kroatischem Territorium befindliche slowenische Kaserne, daraufhin führt sie auf der einen Seite durch das Gorjanci-Urwaldgebiet und auf der anderen über romantische Gipfelwiesen. Die größte Freude begann jedoch erst beim Abstieg auf der Nordseite dieses Berglands, wo uns, was wir nicht erwartet hatten, eine der schönsten Passagen des finalen Feuerwerks beglückte. Denn vom Bergrücken senkt sich die Transversale auf einen hervorragend trassierten, tadellos gepflegten und markierten Abschnitt, der sich durch die Felslandschaft des natürlichen Amphitheaters Kobile schlängelt.

Dass der poröse Kalkstein hier plötzlich endet, trägt sicherlich auch zur Freude bei; auf der Südseite des Gorjanci-Gebirges ist der Untergrund noch löchrig wie Schweizer Käse, während das Wasser in der Umgebung von Kobile an der Oberfläche bleibt. Vor allem aber die Beschaffenheit des Geländes hinterlässt einen tiefen Eindruck. Die nördlichen Steilhänge des etwa drei mal drei Kilometer großen Amphitheaters Kobile fallen nämlich bis zu sechshundert Meter tief ab. Das Amphitheater ist freilich nicht gleichmäßig geformt. Von seiner halbkreisförmigen Einfassung erstrecken sich zahlreiche bewaldete Felspfeiler in den Abgrund, um die sich der Weg windet und einem gemäßigt aufregende Ausblicke in die unter einem in die Tiefe führenden breiten, laubübersäten Rutschen bietet. Immer wenn du einen Pfeiler umgangen hast und bevor du die langsame Umrundung des nächsten beginnst, grüßt dich freundlich rauschend ein Bächlein. Es ist wirklich magisch zwischen diesen Felspfeilern und trotz des gepflegten Wegs auch wild. Sehr wild.

Genau dort, inmitten des Amphitheaters von Kobile, trafen wir auf einen Bären, als hätte er gewusst, dass sich die Kinder am Abend zuvor noch darüber amüsiert hatten, dass wir nicht ein einziges der angeblich allzu zahlreichen großen Raubtiere gesehen haben. Geräuschvoll und ungestüm bahnte er sich seinen Weg über den Gipfel des gegenüberliegenden Pfeilers, keine hundert Meter von uns entfernt.

Dieses Warnsignal ließ uns natürlich alle drei augenblicklich zu Salzsäulen erstarren. Die Erstarrung hätte bei mir sicher noch ein Weilchen angehalten, wenn ich nicht bemerkt hätte, dass die Kinder ihre Augen auf mich geheftet hatten: verängstigt, auf Anweisungen wartend, wie wir reagieren sollten. Vor allem Aljažs Augen fragten panisch: Sollen wir uns langsam zurückziehen? Zum Zeichen, dass sie warten sollten, streckte ich die Finger meiner rechten Hand aus, die sich am Wanderstock festklammerte. Der Bär war sich unserer Nähe immer noch nicht bewusst, was wahrscheinlich an der Morgenbrise lag, die aus dem Flachland heraufwehte, quer zu unserem und seinem Weg. Wenn wir ganz ruhig bleiben, redete ich mir ein, wird er uns gewiss nicht sehen, schließlich haben diese pelzigen Biester nicht gerade Adleraugen. Und da er offensichtlich auf dem Weg zu dem Bach ist, der zwischen seinem und unserem Felspfeiler fröhlich zu Tal plätschert, wird es ihm auch zunehmend schwerer fallen, uns zu hören.

Ich sollte recht behalten. Vollkommen stillzustehen war aber dennoch ein heroischer Akt. Immerhin hatten wir es mit einem erwachsenen Bären von furchteinflößenden Ausmaßen zu tun. Und er bewegte sich von seinem Pfeiler geradewegs nach unten, so dass er die ganze Zeit gleich weit von uns entfernt war, was auch nicht gerade zu unserer Beruhigung beitrug. Außerdem hatte er es auch überhaupt nicht eilig. Nachdem er träge etwas Wasser aus dem Bach geschlürft hatte, nahm er sich noch ein wenig Zeit dafür, sich darin zu wälzen. Und dann verharrte er plötzlich! Er erhob sich und stellte sich auf seine Hintertatzen! Und glotzte genau zu uns! Na gut, *fast* genau zu uns; jedenfalls hatte irgendetwas in unserer Richtung Befindliches seine Aufmerksamkeit erregt. Uns stockte der Atem.

Doch dann stellte sich der Bär wieder auf alle Viere und verzog sich zum Glück dorthin, von wo er gekommen war. Trotzdem wagten wir erst wieder zu atmen, als er schon längst verschwunden war. Und nachdem wir uns sogar erdreistet hatten, uns zu bewegen, wollte die aufgeregte Begeisterung kein Ende mehr nehmen. Wir hörten gar nicht mehr damit auf, die Begegnung wiederzukäuen und die Kinder haben die Erinnerung daran später noch unzählige Male aufgewärmt. Selbstverständlich begann das Ungeheuer langsam die Proportionen eines kleineren Mammuts anzunehmen und ihm wurden noch viele andere markerschütternde Eigenschaften angedichtet. Stellt euch vor, reminiszierte Aljaž kürzlich, jedes einzelne Haar seines Pelzes war wie ein geschärftes Rasiermesser.

Auch aufgrund dieses so herbeigesehnten, jedoch gefährlichen Treffens mit dem König der slowenischen Wälder fügte sich das Kloster Pleterje mit seiner Kapelle, seinem Minimalismus und Seelenfrieden ganz hervorragend in das Abschlussfeuerwerk ein. Auch das »Schloss« Kostanjevica, ein ehemaliges Zisterzienserkloster, in dem nun eine Galerie tätig ist und in dem jedes Jahr Bildhauer aus aller Welt zusammenkommen, tat dem Ausgang unseres gemeinsamen Wegs gut. Gerade als wir am Kloster vorbeikamen, konnten wir uns in dessen Garten anschauen, wie einer der Künstler einem gigantischen Baumstamm behutsam seinen abstrakten Geist entlockte. Die große Kettensäge in seinen knorrigen Händen wog mindestens genauso viel wie der Rucksack eines der Kinder; ich durfte sie versuchsweise vom Boden hochheben, doch selbst ausgeschaltet verspürte ich kein übermäßiges Verlangen sie zu schwingen.

Die Nähe dieser Künstlerkolonie ist auch in Kostanjevica zu spüren, dem ältesten Städtchen in der Region Dolenjska. Die kleine Insel, auf der es gebaut ist, wird von der trägen Krka umspült, deren Ufer in einem fast präraffaelitischen Stil angelegt sind. In dieser Gegend ist also für viele echt beeindruckende Landschaftsbilder gesorgt. Einige Szenen aus der Stadt und ihrer Umgebung werden uns wohl in Erinnerung bleiben, aber jenen letzten Morgen, als wir im Lager am Fluss erwachten, werden wir sicherlich für den Rest unseres Lebens nicht vergessen.

Am Westufer der Krka, im Schatten der sich sanft erhebenden Insel, ihrer Häuser und Bäume, hat gerade alles seine Form angenommen, aber noch keine Farbe: Vor dem Hintergrund des dunklen Flusses, umgeben von den scharfen Konturen der dunklen Bäume, stehen die schwarzen Silhouetten meiner Kinder. Sie stehen regungslos, so wie alles andere in dieser scharfen Dunkelheit regungslos ist, denn über uns erstreckt sich ein Himmel, der so betörend hell und so blau ist, dass es einem den Atem raubt. Lediglich dort, wo das Wasser seine Fließrichtung ändert, nach Osten, rötet, rötet, rötet es dunkel über dem Horizont, bis auf einmal so viele Dinge gleichzeitig geschehen. Das östliche Ufer bleibt noch im Schatten der Stadt und der Bäume, das westliche bekommt Farbe: Die mit saftigem Gras bewachsenen Ufer, die zum Wasser hin abfallen, schwellen grün an, die winzigen Blätter der Weiden und Erlen schimmern silbergrau, die Nebelschlieren, die sich von der Wasseroberfläche emporschwingen, sind von verwehtem Weiß durchsetzt, schließlich taucht in der Ferne eine Holzbrücke aus dem Zwielicht auf, ganz dunkelbraun, fast schon schwarz von der vielmals aufgetragenen Holzfarbe. Das Dunkelrot im Osten bricht nun in orange und gelbe Farbtöne aus, die grellen Sonnenstrahlen fallen schräg auf den Horizont und ergießen sich über die Kinder, so dass sich nun auch ihre wahren Farben offenbaren, so dass sie erglühen, als ob dieses mächtige Licht von ihnen ausgehen würde, als ob sie aus lebendigem Gold wären.

Gäste

Als ich im Jahr 2017 den Appalachian Trail absolvierte, hatte ich dafür viele ausgezeichnete Gründe und einer davon war die Transversale. Wie gesagt, du kannst eben gemäß der Weisheit der guten alten komparativistischen Methode das Deine erst im Vergleich mit dem Fremden richtig verstehen. Freilich kommen die verschiedenen Aspekte des heimischen Wegs noch deutlicher ans Licht, wenn du sie mit der »Mutter aller Wege« vergleichst; der Appalachian hat sich diesen Titel auch deshalb verdient, weil er die erste moderne große Tour ist, die sich alle anderen, wissentlich oder nicht, zum Vorbild nahmen. Ferner hat das Wandern in Amerika seinen wilden Charakter viel stärker erhalten und erfordert mehr entsprechende Kenntnisse, die nicht meine Stärke waren, mir jedoch besonders auf der fehlenden Hälfte der Transversale ganz offenkundig sehr nützlich sein würden. Vor allem, wenn ich sie mit meinen Kindern in Angriff nehme.

Eine der schönsten Seiten des Wanderns in den USA sind die einheimischen Wanderer. Als ich denjenigen, mit denen ich mich am engsten angefreundet hatte, von der Transversale erzählte, schlug einer von ihnen vor, dass wir sie demnächst gemeinsam begehen sollten. Die Idee erschien uns allen logisch, denn schließlich haben sie mich auf ihrem Weg in ihre Mitte aufgenommen, also muss ich sie auch auf unseren führen. Und überhaupt: Kann man sich einen besseren Vorwand ausdenken, um sich wiederzusehen?

Doch da ich selbst lang auf die Gelegenheit gewartet hatte, den Appalachian Trail machen zu können, wusste ich, wie schwierig es schon für einen Einzelnen ist, die Zeit für solch einen langen Weg zu finden. Ganz zu schweigen davon, dass fünf Menschen, die sehr unterschiedliche Leben in drei sehr unterschiedlichen Ländern führen, es zur selben Zeit schaffen. Außerdem lief damals, als wir gemeinsam auf dem Appalachian unterwegs waren, gerade die letzte Wirtschaftskrise aus. Als sich 2019 die Möglichkeit bot, die Transversale zu begehen, war am wenigsten damit zu rechnen, dass mir Bullet dabei Gesellschaft leisten könnte. Auf nur einer Messe hatte er so viele Bestellungen für Motoryachten eingesackt wie in zwei Krisenjahren nicht. Und unter den Aufträgen war sogar einer für ein derart großes Schiff, dass er einen neuen Hangar bauen musste, die alten waren dafür einfach nicht groß genug.

»Für mich gibt's dieses Jahr keinen Urlaub«, berichtete er mir mit müdem Gesicht, aber leuchtenden Augen aus seiner Heimat Maine. »Du weißt ja selbst, wie es als Kleinunternehmer ist. Vor allem, wenn du etwas machst, was die Leute nicht unbedingt fürs nackte Überleben brauchen. In der Krise gibt es dafür keine Nachfrage, deshalb muss ich mir jetzt ein Polster anlegen. Auch ohne irgendeine Rezession kommen mir ein paar Rücklagen schon im nächsten Jahr sehr gelegen, wenn neben meinem Sohn auch noch meine Tochter aufs College gehen wird. Die Studiengebühren sind wahrlich keine kleine Ausgabe.«

Etwas leichter war es für Kevlar, der in Istanbul einen Job bei einer großen türkischen Baufirma gefunden hatte, mit dem er mehr als zufrieden war. Größeren Wanderplänen stand allerdings sein Familienleben im Weg. Klar, seine Laura ging schon auf die Vierzig zu, und so hatte er kaum ein Jahr nach seiner Heirat bereits einen weiteren Schatz. Während der Videotelefonate hielt er die in seinem Schoss sitzende Kleine so vorsichtig, zärtlich und selig lächelnd umschlungen, dass es keinen Zweifel geben konnte: Kevlar würde jetzt erst einmal für längere Zeit nicht mehr in die Berge gehen. Aber einem eher touristischen Besuch widmete er gern eine gute Woche Urlaub. Als ich mit den beiden Kindern in Krško einmarschierte, packten er und Laura bereits die Koffer für ihre Ferien in Slowenien. Also eilten auch wir nachhause.

*

Damit wir alle ein wenig verschnaufen konnten, vor allem meine beiden goldenen Wanderer und der winzige Gast, verbrachten wir den ersten Tag am Bohinjsko jezero (Wocheiner See).

Dort musst du sein, sobald die Sonne am Himmel aufsteigt. Dem anbrechenden Sommertag zum Trotz schließen dich dann nämlich die bewaldeten Hänge, die sich steil in die Höhe erheben, zugleich aber sanft auf der Oberfläche des tiefen Sees vor dir wogen, in ihre alpenkühlen Arme. Eine angenehme Kühle, die dich dann den ganzen aufgeheizten Tag lang an der Hand hält. Ein Kühle von der Art, dass sie sogar am stärker bevölkerten Südufer auf wundersame Weise das ganze Gekreische der sommerlichen Massen abdämpft und sich dir in den kalten Tiefen, in denen die Steilhänge versinken, eine deiner sonnigsten Erinnerungen zeigt und deine Sehnsucht nach jemandem weckt, den du jetzt gern an deiner Seite hättest.

»So schön ist es sonst nur noch bei Bullet in Maine«, seufzte auf einmal Kevlar.

Nach dieser Gesprächseröffnung tauchten wir natürlich lang und tief in zahlreiche Auffrischungen der gemeinsamen Abenteuer ab. Im Laufe der Zeit bemerkte ich dennoch, dass Mateja gerade nicht weit von mir entfernt im siebten Himmel schwebte. Bald wurde mir klar, dass es auch daher rührte, dass Laura und sie ungewöhnlich schnell zusammengefunden hatten. Und so wie von Laura wollte sich Mateja nicht von Ruth trennen, die sie einfach nicht mehr aus dem Schoß gab. Schließlich rückte ich näher an sie heran und merkte an: »Ich hab's dir doch gesagt, dass wir zwei uns noch so ein süßes Strudelchen hätten zulegen sollen.«

Diese Äußerung hatte auf die frischgebackenen Freundinnen eine ungewöhnliche Wirkung: Die beiden warfen sich vielsagende Blicke zu. Dann, nach einem Moment des Schweigens, fragte Laura Mateja: »Midlife-Crisis?«

Mateja, noch immer mit Ruth im Schoß, wurde von einem stillen Lachen durchgeschüttelt. Kevlar sprang mir galant zu Hilfe, wenn auch so, wie es von einem Mitglied einer der amerikanischen evangelischen Kirchen zu erwarten war: »Na, na, Sara war stolze neunzig Jahre alt!«

»Nur gut, dass die Zeiten des Alten Testaments vorbei sind«, entgegnete Mateja, nachdem sie endlich wieder zu Atem gekommen war. Doch dann wandte sie sich wohlwollend zu mir um: »Der Zug mit dem Strudelchen ist tatsächlich schon abgefahren. Trotzdem danke. Auch ich hab dich sehr gern.«

*

Jene zehn Tage vergingen wie im Fluge. Mateja, Lučka und Aljaž machten sich schon am folgenden Tag gemäß dem »Fahrplan«, an den sich die beiden Kinder auf Teufel komm raus hielten, ins Tal Loška dolina auf. Ich wiederum verlor mich mit Laura, Ruth und Kevlar an einem weiteren extrem heißen Tag im Labyrinth der engen Gassen des Küstenstädtchens Piran. Freilich herrschte dort morgens nicht so eine Kühle. Über dem alten, schiefen Pflaster, zwischen den alten, schiefen Hauswänden wehte ein warmer Wind, durchsetzt mit dem Geruch der kleinen Bucht am Rande des kleinen Meeres und dem Geruch der Steine, die jahrhundertelang die menschlichen Säfte in sich aufgesogen haben.

Auch wegen dieses Windes und seiner Gerüche gehe ich immer gern nach Piran, doch diesmal war der Besuch aufgrund meiner Begleiter noch interessanter. Inzwischen war mir klar geworden, was Mateja und Laura auf Anhieb verbunden hatte: der in vielerlei Hinsicht sehr ähnliche und auf jeden Fall sehr durchdringende Blick auf die Menschen. Mir schien auch, ich wüsste, woher Laura diese Einsicht hatte. Nicht nur, dass sie einen Abschluss und dazu noch eine Spezialisierung im Gesundheitsbereich an einer der anerkannten amerikanischen Universitäten hatte. Zweifellos hat sie auch Patienten in den Momenten begleitet, in denen sie am verletzlichsten und offensten sind. Ihr gefiel es jedenfalls sehr, etwas über die Menschen zu sagen, vor allem über das Leben der anderen, der ganz anderen, aus ganz anderen Winkeln der Welt.

»Echt eigenartig«, äußerte sie beispielsweise, als wir in einem Piraner Restaurant zu Mittag aßen. »Auf den ersten Blick könnten wir ebenso gut in einem italienischen Küstenstädtchen sein, doch unter diesem ersten Eindruck scheint alles so ... slowenisch?«

»Wie meinst du das?«, fragte ich.

»Was weiß ich? Wenn du zum Beispiel den Gesprächen der Menschen um dich herum lauschst. Sofort bist du dir im Bilde darüber, wer die Einheimischen sind. Die Sprachmelodie ist italienisch, aber die Worte überraschen dich, sie sind slawisch. Und das Essen. Mein Risotto und Kevlars Fisch und deine Nudeln, könnte dieses Mittagessen noch italienischer sein? Aber gleichzeitig ist alles herzhafter, sättigender und die Portionen reichhaltig. Wie diese Stadt insgesamt, wie alle anderen, die wir bisher gesehen haben: eure bulligen Wände und eure Fenster.«

»Bullige Wände und Fenster«, wiederholte ich und dabei wurde mir gewahr, woran mich ihr Eindruck erinnerte. »Weißt du, das ist fast wortwörtlich der Titel eines der besten Bücher über uns, das von einem Ausländer verfasst wurde. Der Titel lautet *Dicke Wände …*, ne, *Dicke Mauern, kleine Fenster*. Eine sehr gute Metapher. Das Haus als Spiegelbild der Menschen dieser Gegenden.«

Laura dachte ein wenig nach.

»Hört sich nicht gerade schmeichelhaft an diese Metapher«, sagte sie schließlich.

Ich lächelte. »Sie ist, was sie ist, im Guten wie im Schlechten«, entgegnete ich. »Es ist heiß geworden. Kommt, wir gehen ans Wasser, in den Schatten der Kiefern.«

Den heißesten Teil des Tages verbrachten wir im nahgelegenen Strandbad von Strunjan, im Hintergrund das weiße Rauschen der Zikaden.

*

Selbstverständlich ließ ich meinem Freund und seinen Mädels gern Luft zum Atmen. Vor allem Ljubljana wollte Kevlar seiner Laura selbst zeigen, denn zufällig hatte er die Stadt bereits besucht, kurz bevor wir uns in den Appalachen anfreundeten. Anschließend stellten die beiden ein interessantes Programm zur Besichtigung der Burgen und Schlösser zusammen, die ihr Slowenien-Reiseführer mit wohlmeinenden Worten angepriesen hatte: von Bogenšperk bis Otočec und noch vielen mehr im »Tal der Burgen«, so dass die Zeit offenbar nicht für alles auf der Liste reichte. Sie fuhren auch über den Vršič-Pass und berichteten, dass die Soča wirklich eine »herrliche Tochter der Berge« ist, wie es so schön in dem Gedicht von Simon Gregorčič heißt, das diesem wunderbaren Gebirgsfluss gewidmet ist. Zwischendurch besuchten sie das schöne Städtchen Ptuj und nach diesem Ausflug waren sie am Abend ein wenig böse auf mich. Es stellte sich nämlich heraus, dass meine anschaulichen Beschreibungen der Menschen auf der anderen Seite des »Grenzübergangs Trojane« sie ernsthaft beunruhigt hatten. Nachdem ich ihnen vor ihrer Abreise in den Nordosten Sloweniens erzählt hatte, dass sie, einem hierzulande bekannten Witz zufolge, hinter Trojane ein ganz anderes Land erwartet, hielten die beiden dort sogar ihre Pässe bereit.

Trotz solch ungebührlichen Verhaltens meinerseits trafen wir uns gern jeden Abend in der Stadt. So auch an einem der letzten. Wie gewöhnlich schlief Ruth um diese Uhrzeit in einem Tuch, in dem sie die Kleine herumtrugen, und ließ sich nicht durch den abendlichen Radau stören, der steinern von den Mauern und Gehsteigen widerhallte.

»Was für ein unglaublich braves Kind«, sagte ich.

»Jetzt ist sie noch so klein, dass wir es uns erlauben können herumzureisen«, erwiderte Laura schulterzuckend, »nächstes Jahr wird sie schon wesentlich lebendiger sein.«

»Wirklich schön, dass ihr schon in diesem Jahr gekommen seid«, sagte ich lächelnd. »Aber, erzählt mal, hat es sich denn gelohnt?«

»Klar! Natürlich!«, beteuerten sie ohne Bedenkzeit wie aus einem Munde.

»Oh, super! Na, dann lasst mal hören, warum es euch gefallen hat. Denn wir Slowenen schmilzen vor Glück dahin, wenn Fremde etwas Schönes über uns zu berichten haben.«

»Weißt du, gerade erst habe ich mich mit Kevlar darüber unterhalten, wie man Slowenien mit einem Wort beschreiben könnte«, sagte Laura.

»Ja?«

»Versteh mich bitte nicht falsch«, fuhr sie nach kurzer Denkpause fort. »Eigentlich ist es sehr einfach euch mit einem Wort zu beschreiben. Disneyland.«

»Wie bitte?«

»Wie gesagt, versteh mich nicht falsch!«, wiederholte sie. »Damit meine ich … Ihr seid klein, ihr und euer Land. Schon eure Hauptstadt. Wie viele von euch leben hier, 300.000 hast du gesagt?«

»Noch nicht ganz.«

»Allein in unserem Viertel in Istanbul leben mehr Menschen. Und euer ganzes Land ist, nicht einmal im Vergleich zu Amerika, es reicht schon Texas, kaum ein Pünktchen. Doch es geht nicht nur darum, dass bei euch alles so zwergenhaft ist wie in einem Disney-Film. Vor allem hat es damit zu tun, dass es so viel von allem gibt, dass alles ineinanderfließt, was man sonst nur aus Zeichentrickfilmen kennt. Meer, Berge, solch ein schöner Übergang in die Ebene im Osten und dazwischen so viele Flüsse und Burgen und Städte. Überall ist andauernd irgendwas los, unheimlich viele Dinge erregen deine Aufmerksamkeit, denn alles ist auch so farbenprächtig wie in einem Zeichentrickfilm. Die Soča, oh mein Gott, was für eine Farbe: türkis und gleichzeitig glasklar, was eigentlich nicht sein kann, aber es geht dennoch. Wälder, die kein Ende nehmen wollen: grün, grün, grün. Felswände: grau, fast schon weiß. Und dann gibt es da ja auch noch eure Häuser, Kirchen, Herrenhäuser und Schlösser, die erneut direkt aus Disney zu kommen scheinen. Alles wirkt ulkig stilisiert, alt wie aus einem Märchen, auf eine interessante Weise ungewöhnlich. Und, klar, so seid auch ihr, die Bewohner dieses Landes. Farbenfroh, reich im Inneren, ihr esst gern und viel, ihr seid ein wenig ... stilisiert, ulkig. Und ja, weil es gar nicht anders sein kann, sind natürlich auch eure Häuser wie ihr. Wie ihr haben sie dicke Mauern, kleine Fenster. Eine wirklich gute Metapher.«

Zwei Abbilder Sloweniens

»Laura gefällt euch, Mateja und dir, stimmt's?«, fragte Kevlar.

Dabei erschien ein Lächeln in seinem Gesicht, was schon im Laufe unserer gemeinsamen Wanderung durch die Appalachen immer öfter der Fall gewesen war: fröhlich, aber zurückhaltend, als ob er mit niemandem etwas zu tun haben wolle. Jetzt war mir dieses Lächeln in seinem Gesicht schon vertraut.

»Klar gefällt sie uns, sie ist echt prima«, bestätigte ich ihm treuherzig. »Und vor allem ist nicht zu übersehen, dass es euch dreien super geht.«

»Kann mich nicht beklagen«, nickte er leicht, mit seinem Lächeln, das keine Anstalten machte zu verblassen. »Aber, sag mal, warum hast du mich hier hochgebracht? Wegen der Aussicht?«

Es war der vorletzte Tag ihres Besuchs. Aljaž und Lučka waren bereits mit Mateja zurückgekehrt und hatten sich danach auf eigene Faust auf den Weg zur nächsten Station ihrer Ferienodyssee gemacht. Mateja blieb diesmal zu Hause. Sie und Laura hatten sich so viel zu erzählen. Und so kamen Kevlar und ich zu dem Schluss, dass es wirklich seltsam gewesen wäre, wenn wir uns nicht wenigstens ein bisschen auf irgendeinem Steilhang die Beine vertreten hätten. Und wir mussten uns dazu gar nicht groß überreden. Auf meinem Lieblingsweg führte ich ihn auf den Berg Krim, ein beliebtes Ausflugsziel in der Nähe von Ljubljana.

»Ja, auch wegen der Aussicht sind wir hier«, pflichtete ich ihm auf dem Gipfel bei. »Schau mal, all das, was du von Nordosten über Osten und Süden bis nach Südwesten siehst«, sagte ich gestikulierend, »erinnert dich das an irgendwas?«

»Es ist wirklich wie in den Appalachen«, bejahte er meine Frage, die er erwartet hatte. »Kamm für Kamm nichts als bewaldete Berge, bis zum Horizont, und sie sehen auch genauso steil aus. Und wahrscheinlich sind sie genauso hoch? Wie weit über dem Meeresspiegel sind wir denn hier?«

»1100 Meter.«

»Und wie hoch ist dieser Gipfel da hinten im Süden, das ist der höchste dort, nicht wahr?«

»Ja, der Snežnik. 1800 Meter.«

»Okay, also ein klein wenig niedriger als die Appalachengipfel in unserem Süden und dennoch sind sie ihnen unglaublich ähnlich. Und dann noch die höheren Berge dort im Nordwesten,« wandte er sich um und zeigte in Richtung Karawanken, »die etwas mehr abgerundet und im Gipfelbereich kahl sind, die sehen genauso aus wie die Appalachen in New Hampshire, wie die White Mountains … Nur diese spitzzackigen und felsigen Berge im Norden und Westen, die sind anders. Ein bisschen unheimlich.«

»Schön wie der Mond, klar wie die Sonne, furchtgebietend wie Heerscharen mit Kriegsbannern.«

Er schaute mich eindringlich an.

»Das kenne ich, das ist aus dem *Hohelied*!«, sagte er nach einer Weile und sein zufriedenes Lächeln breitete sich aus und wurde ausgelassen albern. »Ihr habt sie echt gern, diese spitzen und felsigen Berge, stimmt's?«

»Nun ja, einigermaßen«, erwiderte ich lächelnd.

»Und euer langer Weg … die Transversale? Die kann man von hier doch bestimmt sehen?«

Ich nickte. »Auch deshalb sind wir auf den Krim gestiegen. Eines Tages könnte die Transversale nämlich einen Schlenker bis hierhin machen. Schau, vom Snežnik könnte man sie direkt bis zum Petelinjek anlegen, aber zunächst dort über die Javorniki-Hochebene und dann von da hinten die ganze Strecke bis hier. Und erst vom Krim aus würde sie dann über Bloke zum Petelinjek führen. Doch bislang verlaufen die Wege über diese Berge noch viel zu sehr auf Straßen, als dass solch eine Erweiterung sinnvoll wäre.«

»Okay, ich verstehe, aber … ist denn von hier aus die schon bestehende Trasse zu sehen?«

»Das ist der dritte Grund, warum wir hier sind«, nickte ich zufrieden. »Du stehst im Herzen der slowenischen Berge. Von hier kannst du sie fast alle sehen und auch fast die gesamte Transversale.«

»Was? Im Ernst?«

»Ja«, lächelte ich.

»Aber … hast du nicht gesagt, dass sie 1200 Kilometer lang ist?«

Ich zeigte ihm den ganzen Kreis, beginnend im Bergland von Polhov Gradec mit dessen höchstem Berg Tošč, den Mittelgebirgen Gorjanci und Posavsko hribovje auf der Mitte des Wegs, sowie den Julischen Alpen und dem voralpinen Bergland Škofjeloško hribovje gegen Ende.

»Unglaublich, nicht wahr? Was da an Weg zusammenkommt und doch hast du alles direkt zur Hand«, sagte ich abschließend.

»Echt kaum zu glauben, wenn ich es nicht mit eigenen Augen sehen würde«, stimmte er mir zu. »Wie weit ist es denn per Luftlinie bis zu diesem höchsten Berg im Süden?«

»Bis zum Snežnik?«

»Ja, den meine ich.«

Ich schaute kurz in der Wandernavigation auf meinem Handy nach. »Fast genau vierzig Kilometer. Und die spitzen und felsigen Gipfel im Norden, die Kamniker Alpen, sind auch nur so weit entfernt. Und bis zum Gorjanci-Mittelgebirgszug im Osten sind es ganze siebzig Kilometer. Wie zum Triglav im Westen. Und warte, es wird noch besser. All diese Berge befinden sich im Grunde genommen an einer Grenze. Die im Nordwesten, die dich an die White Mountains erinnern, an der Grenze zu Österreich. Und der Snežnik und die Gorjanci-Berge liegen an der Grenze zu Kroatien.«

»Verrückt«, entgegnete Kevlar kopfschüttelnd. »Laura hatte also recht, ihr seid echt wie aus Disney.«

*

Der Ausblick vom Krim förderte noch zahlreiche Erinnerungen aus den Appalachen zutage, dennoch waren wir lang vor dem Abschiedsabendessen zurück, zu dem wir uns verabredet hatten.

»Wonach steht dir der Sinn?«, fragte ich Kevlar daher.

»Mittlerweile tut es mir immer mehr leid, dass Laura und ich uns Ljubljana allein angeschaut haben. Bis zum Abendessen haben wir zwar nicht mehr viel Zeit, aber, wenn es dir nichts ausmacht … würdest du mir eine Sache zeigen, die ich ziemlich sicher übersehen hab und deiner Meinung nach unbedingt sehen muss?«

*

Wir standen mitten auf dem Platz der Republik.

»Ähm, das haben wir aber gesehen«, sagte Kevlar. »Wir fanden es auch ein wenig nichtssagend. Viel Beton und auch nichts Schönes, wenn du mich fragst.«

»Tja«, hielt ich schmunzelnd dagegen, »Tatsache ist, dass du hier von einem der Höhepunkte der ›Beton-Utopie‹

umgeben bist. So hat man die Architektur der jugoslawischen Moderne auf der vor Kurzem in der New Yorker MoMA-Galerie gezeigten Übersichtsausstellung bezeichnet.«

»Echt?«

»Ja, die Ausstellung ist angeblich auf ziemliches Interesse gestoßen und auch die Architektur selbst soll sehr gelobt worden sein. Aber eigentlich wollte ich dir etwas anderes erzählen, was ich wesentlich wichtiger finde.«

»Ja?«

»Worum es hier geht, verstand ich erst in Washington. Du weißt, dass Washington ein Schulbeispiel einer am Reißbrett entworfenen Hauptstadt ist, oder?«

»Klar, das fällt ja in meinen Arbeitsbereich.«

»Also, genau im Zentrum von Washington, dort auf der Nationalpromenade zwischen dem Kapitol und dem Lincoln Memorial, ist bei mir der Groschen gefallen, was man bei uns mit dem Platz der Republik zum Ausdruck bringen wollte. Auf der wunderschönen Esplanade von Washington und in ihrer Nähe ist doch alles versammelt, was euch und euer Land ausmacht. Wie in einer Ausstellung: Gerichtsgebäude und das Weiße Haus, Nationalgalerien und Museen, der Washingtoner Obelisk und das Korean War Memorial und so weiter. Hab ich recht?«

»Schöner hätte ich es nicht sagen können.«

»Und hier ist es im Grunde dasselbe, nur auf einer viel kleineren Fläche, und die Bedeutung der Botschaft ist auch konzentrierter. Das hier ist ein Abbild von Slowenien, hier sind alle seine wesentlichen Elemente.«

»Aha, natürlich, ich verstehe schon. Das dort vor uns ist das Parlament, stimmt's? Und rechts von uns ist ein Kaufhaus?«

»So ist es.«

»Interessant. Ein Kaufhaus als Banner nationaler Identität? Und diese beiden Hochhäuser gegenüber des Parlaments?«

»Links eine Bank und rechts die Firma Iskra. Feinmechanik, Elektronik.«

»Wow, echt? Und hinter den beiden Hochhäusern?«

»Das Kultur- und Kongresszentrum. Aber das befindet sich schon eher im Hintergrund. Ein dem engeren Kreis angegliedertes Mitglied. So wie zum Beispiel auf der anderen Seite, dort hinten, links vom Park beim Parlament, das Nationalmuseum.«

»Und die letzte Seite des Platzes wird fast vollständig von einem Denkmal für die Revolution eingenommen?«

»Ja, genau. Ein interessantes Abbild von Slowenien, nicht wahr? Und bis heute fast völlig unverändert. Der Platz ist mehr oder weniger so, wie er damals in den 1970er Jahren konzipiert wurde. Anfang der 1980er Jahre war das alles schon gebaut.«

»Das heißt, damals in den Siebzigern habt ihr Politik, Finanzen, Feinmechanik und Elektronik und natürlich die Revolution zu euren Grundpfeilern gemacht?«

»Richtig. Und im Hintergrund gibt es dann noch Kultur, Geschichte und andere derartige Dinge, die schon das Fundament unserer Identität bildeten, als wir noch keine eigenen Unternehmen und keine eigene Politik hatten. Die neuen Pfeiler unserer Gesellschaft werden diese altehrwürdigen Seiten des Slowenentums direkt unter ihre Schirmherrschaft nehmen. Sie kommen freilich auch gelegen. Sagen wir für einen Kongress. Außerdem können sich die Partner ausländischer Diplomaten mit ihnen beschäftigen und zum Beispiel eine 60.000 Jahre alte Neandertaler-Flöte und ein 5200 Jahre altes Rad und ähnlich eminente Relikte unserer Geschichte besichtigen.«

Kevlar lachte laut auf. »Verstehe, alles klar. Und heute, sagst du, seid ihr nicht mehr in der Lage, ein dermaßen starkes Selbstbild aufzubauen. Ist denn das alte nicht mehr in Ordnung?«

»Tja, dem Kaufhaus begann es, wenn ich mich recht erinnere, nach der Unabhängigkeit schlecht zu gehen. Jedenfalls wurde es von einer nationalen Supermarktkette übernommen. Diese wiederum wurde von einer kroatischen Kette gekauft. Da diese aber hoch verschuldet war, sind die Eigentümer jetzt … Banken? Russische? Glaube ich.«

»Und was ist mit diesem Gebäude, der Bank?«

»Die Bank vergab Kredite, von denen sie genau wusste, dass sie sie nicht zurückbekommen würde. Wir mussten das Unternehmen rekapitalisieren, sonst wäre alles zusammengebrochen. Später stellte sich heraus, dass wir wahrscheinlich zu viel hineingebuttert hatten. Daraufhin erklärte der Sprecher der Bank, dass mehr Geld nur gut für die Bank sei und worüber sich die Leute überhaupt so aufregten.«

Kevlar schnaubte verächtlich.

»Und das, was von Iskra übrig blieb, wurde in eine Reihe kleinerer Firmen aufgesplittert«, fuhr ich fort. »Einige von ihnen überlebten den Übergang, eine andere wurde durch den Zerfall von Iskra stärker und irgendeine dritte wuchs dadurch. Auf diesem Gebiet sind wir recht gut. Was jetzt in dem Gebäude ist, weiß ich nicht. Ich glaube, es gehört einer in der Schweiz registrierten Firma, genau wie die Tiefgarage unter uns.«

Fröhliches Hügelchen

Als ich auf den Weg zurückkehrte, war mein Kopf so voll, dass es darin erneut keinen Platz für Krško gab. Schade, denn es ist bestimmt irgendetwas Interessantes in dieser Stadt zu sehen. Zumindest haben sie dort eine Bibliothek, die zu den Dutzend schönsten in Slowenien zählt, was keine Kleinigkeit ist, denn um diesen Titel gibt es viel Konkurrenz.

Jedenfalls war mein Kopf voller Trassierungsprobleme. Zunächst hinsichtlich des Verlaufs der Route auf dem längeren Abschnitt von Krško nach Pohorje. Es war klar, dass sie nicht entlang des Slowenischen Bergwanderwegs fortgesetzt werden konnte. Der einzige logische nächste Abschnitt der Transversale ist, wie bereits erwähnt, das Mittelgebirge Posavsko hribovje, ein weiterer repräsentativer Teil der slowenischen Bergwelt. Es ist jedoch von Krško aus nur über den Mittelgebirgszug Bohor zu erreichen, und zwar über zwei verschiedene Kombinationen von markierten Wegen, die beide nicht gerade einladend sind und einen sehr hohen Anteil an Asphalt aufweisen. Schließlich entschied ich mich für die Variante, die mit möglichst wenig Umwegen Richtung Bohor führt: über die Hügel nördlich von Krško und dann weiter durch die Siedlung Senovo. Auch diese Variante erfordert viele Verbesserungen. Nicht nur, dass der Teil der Trasse, der momentan mehrheitlich auf Straßen verläuft, auf Wanderwege verlegt werden müsste. Auch beim Markieren sollte nicht mehr so sehr an Farbe gespart werden. Die Verbesserungen dürfen jedoch nicht dazu führen, dass der Weg zu abgelegen wird, wie es im Hügelland Brkini der Fall ist.

Die niedrigen, in engem Kontakt mit den Menschen der Gegend stehenden Hügel rund um Krško erinnern einen sehr anschaulich daran, dass man sich am äußersten Rand eines besonderen Gebiets Sloweniens befindet, das sich dem Transversalisten erstmals in der Region Bela krajina, genauer in Semič, zeigt: dem Gebiet der Weinberghäuschen; wirklich niedliche Häuschen, in denen gewöhnlich genügend Platz für einen kurzen Aufenthalt ist, die aber vor allem alles haben, was für die Herstellung und Lagerung von Wein notwendig ist. Sie liegen verstreut auf den sonnenseitigen Hängen der mustergültig gepflegten Weinberge.

Auch die Szenerien auf diesen Hügeln sind also wie aus einem Disney-Film, und schon allein damit weisen sie einen darauf hin, dass es keinen Sinn hat, maßlos über das allertypischste der slowenischen Laster zu schimpfen, das in der Gegend der Weinberghäuschen besonders ausgeprägt ist. Doch der Zorn Gottes angesichts dieses Lasters wird nicht nur durch die Schönheit der Aussicht auf die Weinbaugebiete gebremst. Es gibt auch etliche Menschen auf diesem Fleckchen Erde, denen ein gelegentliches Gläschen, etwa zu einem ausgezeichneten Mittag- oder Abendessen, völlig ausreicht. Gaumengenuss ist garantiert, denn unsere Schnapsbrenner, Braumeister und Winzer können nicht nur auf jahrhundertelange Erfahrungen und Kenntnisse zurückgreifen, sondern sind auch mit den neuesten Erkenntnissen ihrer Disziplinen vertraut. Sogar gute Freunde von mir gehören zum Kreis unserer besten Winzer und mit ihren Meisterwerken gebe ich gern vor einheimischen und ausländischen Gästen an. Und dieses unser Laster hat noch viele weitere sympathische Seiten. Ich kenne zum Beispiel einen unterhaltsamen Herrn im dritten Lebensabschnitt, der sich bei den Fernsehnachrichten regelmäßig ein Bier gönnt, damit es ihm leichter fällt, über den Irrsinn zu schimpfen, in den unsere Welt immer weiter abgleitet!

Auf der anderen Seite weilen aber auch viele Menschen unter uns, die mir ein englischer Wanderer so beschrieben hat: »Leider gibt es in eurem Land viele Menschen, die es nicht ertragen können, eine halbleere Flasche in Ruhe zu lassen, sie müssen sie einfach leeren.« Und die Statistik zeigt, dass er nicht unrecht hat. Bei uns trinkt jeder Einwohner über 15 Jahren pro Jahr im Durchschnitt so viel registrierten Alkohol, dass es, umgerechnet in ein gängiges Maß, fast 110 Litern Wein entspricht. Jeder. Über 15 Jahren. Damit reihen wir uns unter den fast 200 Ländern der Welt auf dem bedauernswerten 15. Platz ein.

Die Schätzungen über die Zahl der nicht registrierten alkoholischen Erzeugnisse gehen weit auseinander. Die Internationale Gesundheitsorganisation ist recht optimistisch, denn sie nimmt an, dass die Produktion »für den Eigenbedarf« in Slowenien knapp 10 Liter Wein pro Person über 15 Jahren beträgt. Andere Schätzungen liegen wesentlich höher und sprechen sogar von 50 oder mehr nicht registrierten Litern Wein pro Person. Und falls der gesamte Jahreskonsum tatsächlich 160 Liter pro Kopf erreicht, dann belegen wir auf der gerade erwähnten berüchtigten Rangliste bereits einen Spitzenplatz.

Über die genaue Menge des Konsums ließe sich durchaus streiten, nicht aber über die Tatsache, dass wir eine weit zurückreichende Tradition äußerst geschickter Alkoholwerbung haben. So sind schon vor langer Zeit viele Propagandaliedchen entstanden, mit denen sich die Menschen selbst von der Schönheit des Trinkens überzeugen wollten. Wie in dem bekannten Liedchen *Fröhliches Hügelchen*, das einige fälschlicherweise dem im 19. Jahrhundert populären Bischof Slomšek zuschreiben, obwohl er diese weit verbreitete Volksweise lediglich ein wenig versüßt hat: *Ein Hügelchen kauf ich mir, / Weinreben pflanz ich hier, / lade Freunde ein, / und trink noch allein.* Unser bekanntester Dichter France Prešeren erhob die Alkoholpropaganda gewissermaßen in den Stand der offiziellen Staatssymbole. Als Kenner der Volkstradition ließ er sie kunstvoll in die bereits zitierte *Zdravljica*, die heutige Nationalhymne, einfließen. Dieses Trinklied, dessen Strophen die Form eines Kelches haben, beginnt gleich mit einer Aufforderung zum Trinken: *Die Rebe hat nun wieder, / den süßen Lebetrunk beschert, / der uns're Pulse hebet / der Herzen uns und Augen klärt; / der ertränkt, / was da kränkt, / der Hoffnung in die Brust uns senkt.* Viele der hier angeführten vermeintlich wohltuenden Wirkungen des »Lebetrunks« sind in Wahrheit Krankheiten, die durch übermäßigen Alkoholkonsum verursacht werden, von Herz-Kreislauf-Problemen bis hin zu psychischen Störungen. Allein mit einer einfachen, von Prešeren meisterhaft umgesetzten Umkehrung werden sie als Vorzüge dargestellt. Doch dieses Beispiel seines Könnens wird meist nicht erwähnt, und selbst folgende Tatsache wird beim enthusiastischen Konsum des »edlen Tropfens« kaum in Betracht gezogen: Der Ärmste starb nämlich im Alter von nur 48 Jahren an den offensichtlichen Folgen des Alkoholismus.

Obwohl im Gebiet der Weinberghäuschen die mit der Alkoholabhängigkeit verbundenen Probleme besonders evident zum Vorschein treten, sind sie keinesfalls auf diesen Teil Sloweniens beschränkt. Dafür ist schon Prešeren ein gutes Exempel. Entlang der Transversale stößt man auf eine nicht zu übersehende Erscheinungsform einer allgemeinen Alkoholsucht, eine Gewohnheit, die sich in letzter Zeit zumindest in den Regionen Gorenjska, Primorska, Notranjska und Zasavje etabliert hat: Nach dem Vorbild diverser

Milchomaten, *Eieromaten* und ähnlicher Geräte, die bäuerliche Erzeugnisse feilbieten, erfand jemand mit dem charakteristischen Sarkasmus eines Trinkers einen sogenannten *Schnapsomat*. Diese »Automaten« für den Verkauf von Spirituosen haben, das muss man zugestehen, meist ein ästhetisch oder technisch derart fantasievolles Gehäuse, dass man sich fragt, was ihre Schöpfer sonst noch alles Schönes und Nützliches hätten herstellen können. Wenn man zum Beispiel bei einem dieser Schnapsomaten den Deckel anhebt, verwandelt er sich mithilfe von Scharnieren in einen Tisch, auf dem bereits ein Gläschen steht, das gleichzeitig als Messbecher dient. Bei einigen dieser Gerätschaften fungiert der Deckel sogar als Hebelmechanismus, der eine Flasche mit farbloser Flüssigkeit aus der Tiefe befördert. Wiederum bei einem anderen »Automaten« tut sich beim Hochziehen der Flasche ein Schlitz auf, in den das Geld für die eingeschenkte Menge zu stecken ist. In der Tat ist man dann ziemlich überrascht, dass die Vorrichtung nach erfolgter Bezahlung nicht auch noch eine steuerlich beglaubigte Rechnung ausspuckt.

Es ist immer interessant, sich bei diesen Geräten eine Weile hinzusetzen. Als ich bei einem eine kurze Jausenpause einlegte, irgendwo am Weg zwischen Krško und Trojane, zog eine wahre Zirkusparade durstiger Männer vorbei. Der erste kam mit einem Traktor angetuckert. Als er mich bemerkte, wurde er verlegen und begann mir, ohne vorher »Guten Tag« zu sagen, zu erklären, dass er Pilze sammeln gehe. Und er müsse einen für den Mut runterkippen, fügte er noch hinzu, was er dann auch tat. Kaum hatte sich der erste Kunde verzogen, kam der Besitzer des Schnapsomaten vorbei. Nachdem er einkassiert hatte, was seit seiner letzten Visite durch den Spalt gesickert war, bewies er eigenhändig, dass mit Qualitätskontrolle hier nicht gescherzt wird. Nach dem dritten Besucher war er dann nicht mehr da. Der fuhr auf einem Moped von anno dazumal vor und als er mich erspähte, wurde er noch verlegener als die ersten beiden Zecher und blökte: »Ist meine Ziege hier? Die suche ich nämlich, wissen Sie.« Wenn du in dieser Gegend Ziegen suchst, brauchst du anscheinend noch mehr Mut. Der vierte Besucher, diesmal ein Fußgänger, brauchte wohl am meisten Mut von allen. Er kam nämlich hier herauf, weil er vorhatte, seiner Frau beizubringen, dass sie morgen noch nicht ans Meer fahren würden.

Übermäßige Zecherei kommt freilich in der gesamten Bergwelt vor und ist keineswegs auf vereinzelte Schnapsomaten beschränkt. Unter einem bekannten Felsgipfel traf ich zum Beispiel einen Bergretter, ein netter Kerl, bis er nach dem vierten Bier anfing, mir auseinanderzulegen, wo genau ihn sein Status als Amateursäufer auf der Rangliste der Trinker einordne. Schon mit den Kindern war ich tief in den Wäldern von Dolenjska auf einen Mann gestoßen, der sich uns als Bergführer vorstellte und sich fraglos für alle Zeiten in Lučkas Gedächtnis eingeschrieben hat. Er hatte die Statur eines Bären und war auf der Suche nach interessanten Baumstümpfen und Wurzeln. Also bediente er die Winde seines Traktors, mit der er sie aus dem Boden zog, und andere gefährliche Maschinen, eine Kettensäge etwa. Aber dabei war er so beschwipst, dass er in typischer Trinkermanier von einem Fuß auf den anderen trat, als ob er die Hosen voll hätte. Und über Lučka geriet er richtig ins Schwärmen.

Auch die Berghütten bieten keine Zuflucht vor diesem Laster. Als ich zum Beispiel eines Morgens in den Karawanken bei einer ankam, saß eine größere Gruppe von Bergsteigern davor, anscheinend auf einer Vereins-Tour. Es war noch nicht einmal acht Uhr, doch die meisten klammerten sich schon an einer Bierflasche fest. Dass sie eine harte Nacht hinter sich hatten, stand außer Frage; ihre blutunterlaufenden Augen und verkaterten Köpfe sprachen Bände.

Oder jene Hütte, die so heruntergekommen aussah, dass ich das Mädchen hinter dem Schankpult ganz offen fragte, ob hier überhaupt jemand vorbeikommen würde.

»Ach, zu uns kommen sie vor allem von den Bauernhöfen aus dem Tal. Die Bauern … trinken halt gern was.«

»Aber«, wunderte ich mich, »ist es denn im Tal nicht günstiger als hier oben?«

»Unten gibt es fiese Polizisten, die ihnen Stress machen, wenn sie betrunken nachhause fahren«, erklärte sie. »Außerdem hat die Hütte Zimmer, wo sie schlafen können, wenn sie einen über den Durst getrunken haben.«

Allein schon solche Beispiele der »Tugendhaftigkeit« reichen völlig aus, um zum Urteil zu gelangen, dass hinter diesen dicken Mauern mit ihren kleinen Fenstern mal richtig durchgelüftet werden müsste. Das gilt vor allem im Zusammenhang mit dem Bergwandern, zu dessen Grundprinzipien übermäßiges Saufen und Alkoholismus so gar nicht passen, die sich aber beide auf unglaublich hässlich Weise in vielen Bereichen des Wandersports festgesetzt haben.

Das zeigt sich etwa auch daran, dass in zu vielen Hütten auf meine Frage, was es denn zu trinken gäbe, sofort eine lange Liste diverser Schnäpse heruntergeleiert wurde. Als ich anschließend dagegenhielt, dass ich echt durstig sei und keinen Alkohol wolle, erhielt ich wiederholte Male die folgende Reaktion: »Ach ja, na dann halt Bier.« Und dann beteten sie voller Stolz noch diese lange Liste herunter.

In den am wenigsten angenehmen Räumlichkeiten hinter diesen dicken Mauern wird sogar versucht, Trunkenheit mit den positiven Aspekten des Bergwanderns zu verbinden und mit manch schönen Dingen gleichzusetzen. So wie es dieses berühmte »Verkehrsschild« an einem beliebten Wanderweg im Mittelgebirge oberhalb von Škofja Loka tut, auf dem zu lesen ist: 1000 M. TAUGST DU WAS, TRINKST DU NUN EIN GLAS UND HAST SPAß, DA DER BERG DEINE SÜND' VERGAß. Übrigens ist das Schlimmste daran nicht einmal die Gleichsetzung von Alkohol, dem Wert eines Menschen und Freude. Noch niederträchtiger ist, dass als Ausrede fürs Zechen der alte Volksglaube missbraucht wird, dass man über 1000 Metern von Sünden befreit sei. Mit derartigen Aussprüchen rechtfertigte man früher eine Liebe, die im Tal aufgrund von Schichtzugehörigkeit, Streitereien oder Verklemmtheit untersagt war.

Aber neben vielen anderen Fenstern, die sich, ohne dabei unnötigen Radau zu machen, öffnen ließen, um unter den Bergsteigern hinsichtlich dieses Problems mal ein wenig durchzulüften, sollten wir vor allem mit der Tradition brechen, alkoholische Getränke zu bewerben. Selbst wenn diese Gewohnheit mit entsprechenden Volksweisen in eine unheimlich ehrwürdige Vergangenheit zurückreicht, ja sogar die Unterstützung manch eines kirchlichen Würdenträgers genossen haben mag, oder das Trinken vom größten slowenischen Dichter sozusagen in den Stand eines Nationalsymbols erhoben wurde, muss die Kampagne des Herstellers eines »erfrischenden Kräuterbitters« ja nicht ausgerechnet in den Bergen stattfinden.

Im Mittelgebirge Posavsko hribovje

Ja, es ist eine Herausforderung, sich seinen Weg durch das wilde, weglose Gelände in der Umgebung des Snežnik zu bahnen, sich durch das Baum-Makramee unter dem Gipfel des Turn nach oben zu kämpfen und durch die Brennnesseln im Gorjanci-Bergland zu stapfen. Doch dann wieder einen Wanderweg unter den Füßen zu haben! Einen vorbildlich markierten sogar! Gepflegt, wie es sich gehört! Ah, auf solchen Wegen kann sich der Mensch in Ruhe umsehen und manch angenehme Kleinigkeit bemerken. Selbst ganz gewöhnliche Dinge rücken dann wieder mehr ins Interesse, etwa Bäume. Wie könnte ich auf einem richtigen Bergwanderpfad einfach vorbeigehen, ohne den eigenartigen Holzknoten einer vielversprechenden Eiche zu kraulen, ohne die alte, knorrige Mutterbuche zu tätscheln und ohne für einen Moment die zitternden Blätter einer Eberesche, die allein auf einer grasbewachsenen Lichtung steht, durch meine Handfläche gleiten zu lassen.

Solch eine Eberesche ist auch das beste Beispiel dafür, wie sich neben den Wegwarten noch manch andere Hand darum verdient gemacht hat, dass es in den Bergen von Posavje so schön ist. Schon seit Urzeiten wachsen die Ebereschen inmitten der dortigen Bergwiesen. Wie an vielen anderen Orten Europas war nämlich auch hier der Aberglaube verbreitet, dass sie Krankheiten und das ganze übrige Hexenwerk vertreiben. Später stellte sich heraus, dass dieser Volksglaube durchaus eine sachliche Grundlage hat: Nicht nur, dass die Früchte der Eberesche diversem Federvieh und vielen anderen Tieren ungemein munden, anscheinend haben sie aufgrund der Fülle an Vitaminen und einigen anderen Stoffen sogar heilende Wirkungen. Kluge Farmer und

Jäger sorgen deshalb noch heute dafür, dass auf diesen Lichtungen die eine oder andere Eberesche wächst. Ohne ihre fleißigen Hände gäbe es sie schon längst nicht mehr. Da die Berge in Posavje nicht höher als die in den Mittelgebirgen von Notranjska und Dolenjska sind, der Spitzenreiter Kum ist nur etwas mehr als 1200 Meter hoch, wäre hier ohne menschliches Zutun alles von Wald bedeckt. So aber haben die Tiere reichlich Sommerfutter und gleichzeitig kommen die Lichtungen auch dem Transversalisten zupass, bieten sich ihm doch von den zahlreichen Gipfeln und Almen dieses Mittelgebirges viele herrliche Ausblicke auf die slowenische Bergwelt. Und auf dem kahlen Gipfel des Kum, dem ersten richtigen Aussichtspunkt nach dem Snežnik, kann man bei sonnigem Wetter bereits die ganze Sichel aus Karawanken, Kamniker und Julischen Alpen sehen, und auf der anderen, nähergelegenen Seite den bereits bewältigten Weg. Aus tiefstem Herzen erhebt sich dort oben ein Schrei in deiner Kehle, lang, durchdringend und hahnähnlich, der manch anderen Wanderer animiert, und so ertönen, wie bei einem verzögerten Echo, noch deren Schreie. Ja, das ist das Bergland von Posavje, hier triffst du sicherlich auf Wanderer, zumindest auf den berühmtesten Gipfeln und auf den beliebtesten Routen zu ihnen.

Die Schönheit dieser Gegend ist auch ein Verdienst anderer für den Erhalt der Natur sorgender Hände. Auf einem einsamen Felsgipfel namens Krvavica haben sie ein Schutzgebiet für den Wanderfalken eingerichtet. Dieser kann sich von seiner Größe her selbstverständlich nicht mit dem Seeadler messen, dafür ist er aber ohne Frage der schnellste Vogel, ja sogar das schnellste Tier der Welt. Vor allem, wenn man dort am verdächtig leeren Himmel einen ganz alltäglichen Vogel sieht, sagen wir eine Ringeltaube, gilt es schnell stehenzubleiben, sie genau im Fokus zu behalten und mit dem peripheren Sehen den weiteren Bereich über ihr zu beobachten. Mit etwas Glück – für den Beobachter, nicht für die Taube – wird es beiden den Atem rauben. Es ist so, als ob die Taube aus heiterem Himmel von einem Blitz getroffen würde: Aus der am wenigsten erwarteten Richtung schießt etwas mit einer derartigen Mordsgeschwindigkeit auf sie zu, dass du beim Zusammenprall, zumindest in deinem Kopf, ein »Puff« hörst. Dort, wo kurz zuvor die Taube war, schwebt jetzt nur noch eine Wolke aus Federn. Wesentlich weiter unten, bis wohin er nur einen Augenblick gebraucht hat, sucht nun ein anderer Vogel mit der Taube in seinen Krallen nach einem Landeplatz. Ein Wanderfalke soll mehr als 320 Stundenkilometer erreichen, wenn er sein Opfer im Sturzflug angreift, und selbst aus der Ferne jagt einem sein Blitzangriff einen Schauer ein; dieses Tier ist wirklich schnell wie ein Pfeil!

Viele interessante Dinge an den Hängen von Posavje gehen auch auf die Hände derjenigen zurück, die in den umliegenden Revieren tief unter der Erdoberfläche gruben und den Stolz über ihre Arbeit gern mit den Wanderern teilten. Der einzige Weg, der sich für den Aufstieg auf den Kum eignet, ist der aus der Ortschaft Zidani Most. Unmittelbar nach dem dortigen Bahnhofsgelände kann die Sava in einem speziellen Bergbaukarren überquert werden, der an einem Drahtseil hängt, das wiederum an beiden Flussufern mit einem manuell zu betreibenden Antriebsmechanismus verbunden ist. Doch die Hände der Knappen haben hier noch weitere Spuren hinterlassen. Zum Beispiel die Grubenbahn, die in einem der Gärten am Wegesrand steht:

Sie besteht aus einer Lokomotive und zwei typischen Waggons, an denen Dutzende von Bergbauwerkzeugen hängen. Auf einem der Waggons befinden sich sogar Metallreliefs von Lenin und Stalin, was davon zeugt, wie nah sich die Nachkriegsbehörden und die von proletarischer Identität geprägten Menschen dieser Gegend standen und wie man unmittelbar nach dem Krieg begann, sie noch enger an sich zu binden und zu stärken. Doch dann wurde diese Identität durch viele Dinge untergraben: die Schließung der zunehmend erschöpften Bergwerke, der Übergang in die staatliche Unabhängigkeit und ein anderes Gesellschaftssystem, der globale Prozess der Automatisierung körperlich anstrengender Arbeit und die Verlegung der Industrie in Dritte-Welt-Länder. Und das proletarische Bewusstsein in dieser Gegend verlagerte sich im Gegensatz zu dem von Idrija nicht in ausreichendem Maße in Richtung einer anspruchsvolleren Produktion, mit der man den Standort hätte erhalten und sogar ausbauen können. Einige der alten Fabriken haben freilich überlebt und laufen offenbar nicht schlecht, es gibt auch einige neue. Aber anscheinend nicht genug.

Die Probleme, die sie dadurch in den Tälern unterhalb vom Kum haben, sind auch entlang des Wegs sichtbar. Der industriell geprägte Stadtrand von Hrastnik mit dem verfallenen Herrenhaus und die Umgebung von Zidane Most sind keineswegs inspirierend. Außerdem spielt sich dort manch seltsame Szene ab. An der Straße fällt dir zum Beispiel ein Fahrzeug mit italienischem Kennzeichen auf, hinter dem einige deutsche Worte zu hören sind. Tatsächlich, ein muskulöser Dreißigjähriger erklärt seinem spindeldürren Freund etwas auf Deutsch. Der Dünne lehnt sich dann mitsamt seinem grünen Irokesenschnitt in den

Kofferraum des Autos und beginnt, irgendwelche Pakete zu zählen.

Welche Probleme es auch immer in den Tälern geben mag, sie sind zumindest teilweise für das spürbare Aufblühen des Lebens in den höheren Lagen dieser Gegend verantwortlich. Viele Bergbauernhöfe, die sich zuvor bereits in gelegentlich genutzte Wochenendhäuser verwandelt hatten, sind nun wieder dauerhaft bewohnt. Wieder andere Bauernhöfe, wo man nie aufgehört hat zu arbeiten, sind in letzter Zeit größer geworden. Ich sprach mit einer Familie, die in den letzten Jahrzehnten durch den Kauf aufgegebener Ländereien und langfristige Pachtverträge die von ihr bewirtschaftete Gesamtfläche auf neunzig Hektar erhöht hat. Für die zersplitterte slowenische Landwirtschaft ist das eine ganze Menge, und davon, so berichteten sie mir, können vier Generationen unter einem Dach leben. Vor allem aber sind nun wieder viele Bergbauernhöfe, auf denen früher nur so viel Landwirtschaft betrieben wurde, wie es die Arbeit im Tal zuließ, zum Leben erwacht. So führte ich ein Gespräch mit einem Ehepaar in den Fünfzigern, das sich nach Verlust der Arbeitsstelle wieder regelmäßiger mit Kleinigkeiten auf dem Hof beschäftigte. Jetzt kann es sich damit rühmen, die Wirtschaftsgebäude renoviert zu haben und eine Herde zu besitzen, die von ein paar Schafen auf mehr als vierzig verschiedene Nutztiere angewachsen ist.

Natürlich können nicht alle Bergbewohner auf solche Erfolgsgeschichten zurückblicken. Bei denen von der Parade vor dem Schnapsomaten läuft es bestimmt nicht so prächtig. Der bunte Sonderling, der mir einen ganzen Korb voll exotischer Glaubenssätze auftischte, hatte wohl auch seine Probleme. Insbesondere die Theorie, dass wir nicht vom Affen abstammen, sondern von Außerirdischen erschaffen wurden, hatte er sehr detailliert ausgearbeitet. Aber jenseits solcher gegenwärtigen Bauernbilder, die an die naturalistischen Schilderungen der slowenischen Bauernwelt des Schriftstellers Janko Kersnik aus dem 19. Jahrhundert erinnern, deren Spuren bis heute vielerorts erhalten sind, geht es den Menschen hier oben keinesfalls schlecht. Nicht zuletzt deshalb, weil sie es verstehen, sich in einer sehr ruhigen, aber auch hartnäckigen Art zu behaupten, wenn es nötig ist. Als sie kürzlich in einem der Täler unter ihnen versuchten, einen Industriezweig zu »veredeln«, der mit seinen hohen Schornsteinen auch auf den umliegenden Hügeln seinen Dreck abgeladen hätte, wussten sie sich zivilisiert, mit guten Argumenten, aber auch äußerst standhaft zu wehren. Gegen die Interessen des Kapitals und hochgestellter Beamter setzten sie ihr Recht durch.

Bäume und Gräser

Von Krško bis Trojane macht die Transversale nur 100 Kilometer, auf denen es drei längere Anstiegsabschnitte gibt, auf Bohor, Kum und Mrzlica, so dass mit einer Reihe kürzerer Steigungen auf den Zwischenkämmen sechs Höhenkilometer zusammenkommen. Das ist im Durchschnitt viel mehr als auf allen vorherigen Abschnitten, einschließlich der Überquerung des Snežnik. Nur ein paar Steigungen weniger erwarten einen auf dem nächsten größeren Teil der Strecke, von Trojane bis zur Ortschaft Mežica in der Region Koroška im Norden Sloweniens, wo sich auf 240 Kilometern dreizehn Kilometer Gesamtanstieg ansammeln.

Die verschiedenen Wege auf der Passage von Trojane nach Mežica haben einiges gemeinsam. Der Straßenanteil der Route bleibt hier weiterhin so lobenswert gering, wie es schon seit dem Bohor der Fall ist, doch die Wege steigen nun kontinuierlich von den Zwischentälern in höhere Mittelgebirgsregionen an. Dafür leben hier wieder weniger Menschen und knapp oberhalb der letzten Bergbauernhöfe beginnen ausgedehnte Almen, die leichter vor Überwucherung zu schützen sind als die tiefer liegenden. Sie befinden sich nämlich meist an der Baumgrenze, die dort irgendwo zwischen 1500 und 1800 Metern über dem Meeresspiegel liegt.

Gerade wegen seiner Lage ist dieser Teil der Transversale etwas ganz Besonderes. Die Hochwälder sind abgelegen genug, um große Schätze an seit mehreren Generationen wachsenden, brillanten Bäumen zu beherbergen, die bei der berühmten Edelholz-Auktion in Koroška Preise von bis zu 30.000 Euro pro Stück erzielen können. Geradezu faszinierend sind auch die Bäume auf den exponierten, unterhalb der Baumgrenze liegenden Bergrücken, über die einen der Weg meist führt. Sie sind Bedingungen ausgesetzt, die selbst für robuste Arten extrem sind. Infolge starker Winde oder Erdrutsche sind die aufgrund des gebremsten Wachstums untersetzten Stämme dieser Bäume ungewöhnlich deformiert oder verdreht und ihre Kronen durch Blitze mehrfach gespalten. Was sie noch interessanter macht, ist ihr hinterwäldlerischer, sturer Lebenswille, durch den sie sich auch zu verbünden wissen. Denn es stellt sich heraus, dass sie dort, wo die Naturgewalten ihre Wurzeln entblößt haben, miteinander verflochten, ja sogar regelrecht verknotet sind, um sich im Kollektiv leichter am Leben festklammern zu können. Und in ihrem Kampf ums Überleben stehen solche Bäume manchmal sogar buchstäblich zusammen: Ihre Stämme vereinen sich, um gemeinsam den feindlichen Elementen zu trotzen.

Deshalb ist der Schaden durch das stets stärker werdende und von der mittlerweile schon übermäßig aufgeheizten Atmosphäre immer weiter angetriebene Wüten der Natur umso größer; nicht einmal mehr so unzertrennlich verbundene und widerspenstige Bäume können es verkraften. Viele Bäume auf den malerischen Bergkämmen wurden bei den jüngsten Stürmen schwer beschädigt. Noch mehr schmerzt allerdings die vielerorts skrupellose Schadensbeseitigung. Bis vor Kurzem schlängelte sich der Weg auf einem der schönsten Bergrücken noch eng um die tollen Bäume herum, denn der Kamm dieses Bergrückens ist sehr schmal und seine Hänge äußerst steil; wenn die Steilhänge mal nicht senkrecht in die Tiefe abfallen, sind sie mit rutschigem Laub übersät. Deswegen musste man sich bei den Turnübungen zwischen den Stämmen nüchternen Schrittes fortbewegen. Dieser Grat war auch nicht so stark von den Sturmwinden in Mitleidenschaft gezogen worden wie andere, wo Kahlschlag die einzige Lösung darstellte. Und dennoch wurde hier ebenso grob saniert. Knapp unterhalb des Kamms hat man fast auf seiner gesamten Länge eine Forstweg-Schneise geschlagen. Dies allein hat den Reiz des einst aufregenden Wegs entlang des schmalen Bergrückens zerstört; dieser ist jetzt mit den Überresten des Holzeinschlags übersät. Daher geht es nun über langweilige, steinige und schlammige Forstwege. Die schönsten Bäume in der Umgebung wurden gefällt. Sogar solche, bei denen dies, den noch fest verwurzelten und gesunden Stümpfen nach zu urteilen, gar nicht nötig gewesen wäre.

Dennoch sind ein paar kürzere Spaliere von Grat-Bäumen stehengeblieben. Und zum Ausgleich für den Verlust von derart viel Schönem wächst auf diesem Teil des Wegs etwas anderes. Aufgrund der günstigen Lage und des durch die Nadelbäume angesäuerten Bodens sind hier nämlich die gesamten Hänge mit Beeren bedeckt, vor allem mit Heidel- und Preiselbeeren. Und da die aufgeklärte Gesetzgebung bei uns jedem das Pflücken dieser Früchte in begrenzten Mengen erlaubt, unabhängig davon, wem das Gelände gehört, tummeln sich hier oben viele Beerensammler. Selbst von weither reisen mehrere von ihnen in einem Auto an, um sich die Fahrtkosten zu teilen und durch den Verkauf des Gepflückten ihre magere Rente oder Sozialhilfe aufzubessern. Auch dem Transversalisten verkaufen sie gern etwas. Und rundet der den von ihnen verlangten Preis ordentlich nach oben auf, schmecken ihm ihre Beeren erst recht besonders lecker.

Natürlich sind die Früchte der Heidekrautgewächse auch gesund. Eine andere zierliche Pflanze zeugt davon, dass diese Gegend noch völlig unverschmutzt ist: Als hätten sie Bärte, hängen von den alten Bäumen Flechten herunter, alpine, isländische oder wie auch immer man sie nennen will, auf jeden Fall solche, die am empfindlichsten auf menschliche Schweinerei reagieren. Und doch ist es das alltäglichste unter allen Gewächsen der niedrigen Pflanzendecke, das den Weg am meisten verschönert, vor allem auf dem Stück von der Alm Travnik oberhalb von Ljubno bis zum Berg Košenjak (Hühnerkogel) über der Kleinstadt Dravograd. Hier reichen die Hänge schon vor den nackten Gipfelregionen so hoch, dass der Wald zusehends lichter wird und mehr Licht auf den Boden dringt. Gleichzeitig finden die Gräser hier genau den richtigen Boden vor. So gut wie in den Wäldern auf dem Weg zu den Kammwiesen und erst recht auf diesen, ergeht es ihnen nirgendwo sonst bei uns.

Einige haben kräftige, kurze Halme, die im Sommer, als schämten sie sich, von schütteren, verwehten, weißgrauen Ährchen umgeben sind. Stünden diese einfachen, zarten Pflänzlein nur vereinzelt in der Landschaft, würde der Wanderer sie sicher übersehen. Aber an einigen Hängen in Gipfelnähe, im Schutz der Bäume, gibt es so viele von ihnen, dass sie gewaltig Aufsehen erregen. Wo du auch hinschaust, überall zwischen den dunkelgrauen Säulen dieser Waldkathedrale ist alles mit einem luftigen Teppich aus grünen Halmen überzogen, die geradezu vor Leben schreien. Darüber schweben unzählige kleine weißgraue Ähren, so leicht, dass sie wie kichernde Wölkchen wirken. Vielleicht kribbeln sie deshalb so sehr an den Beinen, wenn du durch sie hindurch watest.

Weiter oben, besonders auf den kleineren Lichtungen zu Füßen der Bäume, sind die Gräser länger. Ob seidig oder sehnig, ihnen allen ist gemein, dass sie mit genau der richtigen Menge an Nährstoffen gesättigt sind und sich daher träge übereinander betten und es dem Wind überlassen, sie auf seine Weise zu ordnen und das ohnehin schon wunderschöne Grasgeflecht entlang des Wegs zu außergewöhnlich perfekten Wirbeln zu formen, die einen an van Goghs *Sternennacht* denken lassen: die Farben der Gräser dick aufgetragen, die Wirbel so wahnsinnig glücklich und dennoch irgendwie wehmütig, wie am Nachthimmel des Meisters. Alles ist so schön und so vergänglich zugleich, ein derartiges Gefühl ergreift einen beim Anblick beider. Nur dass in der *Sternennacht* ein tiefes Blau wirbelt, auf den Hügeln dagegen Grün auf Grün auf Grün; ein Grün, das nicht nur hypnotisch, sondern auch seltsam beruhigend wirkt. Es sagt dir: Alles ist so schön und so vergänglich, dass es immer wieder neu wachsen kann und deshalb unsterblich ist.

Berg-Graffitis

Die lange Strecke zwischen Trojane und Mežica hat viele Gemeinsamkeiten, aber gleichzeitig sticht auf einzelnen Abschnitten natürlich auch etwas ganz Einzigartiges hervor. Auf dem einleitenden Teilstück, von Trojane nach Pohorje, steht zum Beispiel die erste kleine Prüfung an, die man ohne Wanderstöcke bewerkstelligen muss. Der Rogatec, der sich einige hundert Meter über den Almen erhebt, ist nämlich nichts weiter als steiler Fels, und von Süden führt der als sehr anspruchsvoll gekennzeichnete Weg hinauf. Da die Almen unterhalb dieses Gipfels auch bei weniger geübten Wanderern beliebt sind, wurde der Schwierigkeitsgrad wohl absichtlich übertrieben. Aber auch wenn der südliche Anstieg auf den Rogatec nicht gerade die höchste Stufe auf der traditionell dreistufigen Schwierigkeitsskala aufweist, so doch definitiv die zweithöchste; anspruchsvoll ist dieser Aufstieg auf jeden Fall. Und auch zu Beginn des Abstiegs an seiner Nordostflanke gilt es ein wenig vorsichtig zu sein. Wer mit Höhenangst zu kämpfen hat, sollte diesen Gipfel besser überspringen und den Weg nehmen, der unterhalb der ausgesetzten Variante über den sanften Auslauf des Berges führt.

Auf der Passage von Trojane nach Pohorje sehnte ich mich oft nach den Wanderwegen des Posavje-Berglands zurück. Der von Süden, aus Zentralslowenien kommende E6 ist von Trojane bis zum Sattel unter der Ostseite des voralpinen Hochplateaus Menina in keinem besseren Zustand als im Brkini-Hügelland. Auf verschiedenen Almen waren einige der über die Weidezäune führenden Trittstufen dermaßen verwittert, dass sie just in dem Moment nachgaben, als ich mich ganz oben im Spreizschritt befand. Der

Kontakt mit dem unter Strom stehenden Draht war daher besonders unangenehm. Die Wegweiser wiesen hier immer wieder in die falsche Richtung, gerade so viel, dass jemand ihnen durchaus Glauben schenken und dann lange herumirren könnte. Besonders die Wege rund um Ljubno waren schlecht markiert und sogar zugewachsen, und in der Umgebung von Slovenj Gradec war ich recht oft auf Straßen unterwegs. Ganz zu schweigen von der furchtbaren Forststraße, die zum ersten Pohorje-Gipfel oberhalb von Slovenj Gradec führt, obwohl sich daneben ein sehr einladender Pfad eine ganze Weile lang durch den Wald schlängelt.

Der miserable Zustand der Wege hat mich überrascht, schließlich war dies einst eine der besten Wandergegenden Sloweniens: Vom Travnik bis zum Wasserfall Šumik folgt die Transversale einem Weg, der bereits auf ihrer alten Hälfte zu ihr gehörte und noch vor ihrer offiziellen Eröffnung angelegt wurde. Noch überraschender ist jedoch, dass gerade auf diesem Teil der Strecke, vor allem zwischen dem Rogatec und den ersten Hängen des Pohorje-Gebirges, der Konflikt so stark ausgeprägt ist, zu dem es in letzter Zeit immer häufiger mit Radfahrern kommt, auch in anderen Gegenden des Landes. Schon während ich mit den Kindern im Gorjanci-Bergland unterwegs war, trachteten uns zwei Radfahrer buchstäblich nach dem Leben, als sie uns auf dem steilsten Stück des dicht bewachsenen, engen Wanderpfads entgegensausten. Ich mag gar nicht daran denken, was Aljaž passiert wäre, der beim Anblick des wild heranschießenden Paars wie gelähmt vor Angst war, wenn ich ihn nicht im letzten Moment ins Dickicht am Wegesrand geschubst hätte.

Nicht lange danach, auf dem Kum, hatte ich eine kurze Debatte mit zwei anderen Radfahrern, die dachten, ich würde ihnen ausweichen, als sie auf einem ebenso schmalen Wanderweg auf mich zustürzten. Die Regeln sind halt glasklar. In die Pedalen tretende Nutzer der Wege dürfen nur auf solchen fahren, die breit genug und auf ihrer gesamten Breite befahrbar sind. Nicht aber dort herumrasen, wo es ihnen verboten ist, und dann sogar noch staubaufwirbelnd vom aufsteigenden Wanderer erwarten, dass er angesichts der drohenden Nahbegegnung mit ihrem Drahtesel rasch in die Büsche am Wegesrand springt. Jedenfalls gab es nirgendwo mehr von diesen unangenehmen Begegnungen als zwischen dem Rogatec und den ersten Pohorje-Hängen, denn offensichtlich werden sie hier durch das Geschäft mit den Radtouren dazu ermutigt. Auf den Wegen dieses Streckenabschnitts kamen mir mehrmals wahre Fahrradkolonnen entgegen.

Zumindest ich interpretiere diese unangenehmen Überraschungen als Anzeichen einer Krise des auf das Wandern bezogenen Bewusstseins in diesen Gegenden. Neben schlecht gepflegten Wegen und organisiertem Fahrradterrorismus deutet meiner Ansicht nach noch manch anderes darauf hin. Beispielsweise die Berg-Graffitis. Diese Inschriften entlang der Wege durch die slowenischen Berge sind auf allen möglichen Botschaftsträgern zu finden, von Metall über Holz bis hin zu Stein, einige sind hineingeschnitzt, andere mit verschiedensten Verzierungen versehen oder auch nicht; manchmal sind es nur einfarbige Buchstaben auf einem Felsen. Die Vielfalt ihrer Formen zeigt fraglos, wie viel Freude die Wanderer mit ihnen haben, und zwar schon so lange, dass sie zu einer der schönsten Komponenten des Bergsports bei uns geworden sind. Und überall wird sogar darauf achtgegeben, dass es nicht zu viele von ihnen gibt. Sie bieten aber nicht nur kurzzeitig etwas Abwechslung auf der Tour, sondern sind auch ein beredtes Zeugnis der Eigenheiten der Identität der jeweilligen Bergregion und der dort herrschenden Geisteshaltung. Beides erstklassig zum Ausdruck zu bringen, gelingt zum Beispiel einer Reihe von Graffitis unterhalb des Berges Mrzlica, die eine Art Wanderer-Kreuzweg im Zasavje-Stil bilden. Auf einem von ihnen ist zu lesen: *Im Januar 2006 brach sich Milan an dieser Stelle wegen einem verrückten Hund, rutschigem Eis und einigen Gläsern Heidelbeerschnaps die elfte Rippe. Die Heilung dauerte drei Wochen. Jetzt ist alles wieder beim Alten. Er hat nichts daraus gelernt. Amen.*

Die Besonderheiten und die Geisteshaltung der Wanderer im Bergland Škofjeloško hribovje verdeutlicht die folgende Proklamation, das Werk eines Menschen, der sogar mit Worten so sparsam umgeht, wie es auch sonst für die Bewohner dieses Teils von Slowenien typisch ist: *DAS IST DER BLEGOŠ, KEINE MÜLLKIPPE!* Oder diese nicht weit davon entfernte Inschrift, die ein noch deutlicheres Bild von den dortigen Menschen vermittelt: *In unserer Hütte auf dem Blegoš kochen wir gut. Probiert unser Angebot, ihr werdet zufrieden sein. DIE VORRÄTE AUS DEM RUCKSACK SIND NUR FÜR UNTERWEGS!*

Indem sie irgendein allgemein verbreitetes Grundprinzip abwandeln, spiegeln solche Graffitis das lokale Bergsteigerbewusstsein wider. So wie die beiden obigen Variationen der bekannten Formulierungen: *Bring deinen Müll ins Tal* und *Sitzt du im Lokal, dann bestell auch was.* Auf eine der besten Varianten eines solchen Grundprinzips bin ich bei meiner Wanderung oberhalb von Dravograd in der Region Koroška gestoßen. Wie bei didaktischen Appellen zur Einhaltung der Bergethik üblich, griff auch dieser auf schwungvolle Rhythmen und Reime zurück, die schon unsere Aufklärer zur Verbreitung ihrer Lehren nutzten. Doch der Schöpfer des Dravograd-Graffiti bereicherte diese aufklärerische Tradition noch um typische Merkmale der Kleinkind-Poesie, die sich organisch in seine Lehre einfügen. Letztendlich müssen solche Lektionen ja auch nur einigen »Hosenscheißern« beigebracht werden: *Lieber Gast / mach Rast / genieß die Sicht / ins Herz lass Licht // Nimm den 'Rucksack von deinem Rücken / lass dich von Speis und Trank entzücken / happilein und trinke fein // Sing und pfeif ruhig laut vor Glück, DEIN MÜLL ABER MUSS INS TAL ZURÜCK!!! // Damit lang sauber bleibt unsere Natur, befolg auch du brav diesen Schwur!*

Doch trotz all dieser exzellenten Graffitis bleiben auch nach dieser Tour durch Slowenien diejenigen aus der Region Primorska, die in vielerlei Hinsicht an Haikus erinnern, unübertroffen, zumindest für mich. Mit sehr wenigen Worten, aber großer Prägnanz und semantischer Offenheit artikulieren sie auf brillante Weise die grundlegendsten Wandererfahrungen. Wie zum Beispiel das Graffiti, das mitten auf dem steilsten Anstieg zum Nanos plötzlich direkt über mir auftauchte: *Je öfter hieroben, umso mehr ich dich mag.* Wow. Acht Wörter, doch so viele Botschaften. Das gilt erst recht für das Graffiti, das unweit vom gerade zitierten zu finden ist. Genau an der Stelle, an der es tatsächlich schön wäre, auf jemanden zu warten (obwohl dies keinesfalls die einzige Bedeutungsebene dieses wunderbaren Gedankenblitzes ist), stößt man auf die Inschrift: *Wart hier Jungchen, dann kommt s'Mädchen.*

Mit solchen Spitzenleistungen wanderlyrischer Schaffenskraft können sich die Graffitis auf dem Abschnitt von Trojane bis zum Pohorje-Gebirge leider nicht messen. Einige weisen sogar Kennzeichen der phantasmagorischen

Religiosität des barocken Manierismus auf. Andere wiederum bieten dem Vorbeigehenden die Möglichkeit, sich in ein Büchlein »einzuschreiben«. Und manche sind, was ihre Interpunktion, Metrik und Aussage betreffen, ziemlich rätselhaft. Wie das folgende, bei dem dir letztlich echt nicht mehr klar ist, wo du denn nun eigentlich langlaufen sollst – vielleicht über die Weide? *BIST DU EIN ECHTES KIND DER NATUR / GEH ZU FUSS, WO WEIDEND SICH REIHN / SCHAFE, PFERDE, KÜHE NUR UND NEIN / STÖR NICHT DEN FRIEDEN DER NATUR.*

Slovenj Gradec

Die etwas breitere Straße namens Glavni trg (Hauptplatz) ist nur um die fünfhundert Meter lang. Doch im zeitlichen Sinn reicht der Blick des Besuchers auch in dieser kleinen Stadt, wie in vielen anderen auf diesem Fleckchen Erde, wesentlich weiter. Schon an der Hauptstraße sind die zahlreichen Spuren Österreich-Ungarns von vor anderthalb Jahrhunderten nicht zu übersehen, und an den im rechten Winkel von ihr abzweigenden Straßen findet sich hie und da auch ein Abglanz aus der wirklich fernen Vergangenheit. So wie in der Kirche St. Elisabeth, wo die Gotik hinter etwas Barock deutlich sichtbar ist, darunter einige Überreste des ursprünglichen romanischen Gebäudes.

Die Relikte aus der Tiefe der Zeit, an denen der Blick bei Besichtigung einer Stadt hängen bleibt, stammen in der Regel aus jenen Perioden, in denen es ihr gut ging. Daher ist es umso interessanter, dass die 1980er Jahre eine besonders ausgeprägte Schicht in der sich im Stadtbild von Slovenj Gradec widerspiegelnden Zeitdimension darstellen. Allerdings nicht in Bezug auf die Architektur. Die 80er haben sich im Zentrum in Form von kleinen Privatgeschäften erhalten, die sich im Zuge der Abkehr vom Sozialismus, zu Beginn des Unabhängigkeitsprozesses in den Städten zu vermehren begannen. Während anderswo der Bau von Einkaufszentren am Stadtrand und der Zusammenschluss einheimischer sowie die Ankunft ausländischer Händler zur Dezimierung derartiger Läden und zum Sterben der Stadtkerne beigetragen haben, wimmelt es in Slovenj Gradec nur so von typischen Geschäften aus den 80ern, zum Beispiel Modeboutiquen mit Namen, die mittlerweile schon retro sind: Evelina, Nejc und Madame Mimi.

Ist die Konservierung der jüngeren Vergangenheit hier vielleicht deshalb so evident, weil nach den 1980er Jahren alles stagnierte? Wenn dem so ist, dann muss es aber vor Kurzem einen kräftigen Schub nach vorn gegeben haben. Nicht nur, dass das Stadtzentrum schön zurechtgemacht ist – neues Pflaster, renovierte Fassaden, junge Bäume bilden langsam eine Allee und sogar eines der wunderbaren Pferde des berühmten slowenischen Bildhauers Oskar Kogoj steht dort mitten auf dem Platz! Auch so manch ein kleiner Laden wurde mit beträchtlichen Investitionen und trotz der bereits bestehenden Konkurrenz wiederbelebt. Zusätzlich zum ausgebuchten Hotel im Stadtkern, einem Hostel außerhalb vom Zentrum und wahrscheinlich noch weiteren Unterkunftskapazitäten steht dem Besucher an der Hauptstraße nun ein weiteres Hotel zur Verfügung, das genau zur Zeit meines Aufenthalts eröffnet wurde. Und eine seiner Etagen, die nicht weniger sorgfältig hergerichtet ist als diejenigen für die wohlhabenderen Gäste, fungiert als geldbeutelfreundliches Hostel für Wanderer, mit allen notwendigen Annehmlichkeiten.

Auch sonst mangelte es nicht an Anzeichen dafür, dass es Slovenj Gradec nicht schlecht geht. Im Zentrum wimmelte es abends derart, als hätte das Städtchen erheblich mehr als 7000 Einwohner. Die unterschiedlichsten Gastronomiebetriebe, von Bars und Konditoreien bis zu Kneipen und Restaurants, waren alle rappelvoll. Ich hätte wahrscheinlich gar kein Dach über dem Kopf bekommen, wenn dieses Hotel nicht gerade eröffnet worden wäre. Fragte ich Einheimische, was ihrer Meinung nach dafür verantwortlich sei, dass es so gut laufe, waren sie sich meistens einig: Der Schneeball wurde von den ortsansässigen Zulieferbetrieben der deutschen Automobilindustrie ins Rollen gebracht und im Laufe der Zeit zu einer Kugel, an die sich noch manch anderes drangehängt hat. Vor den Toren der Stadt war mir zum Beispiel ein raumschiffartiges Gebäude aufgefallen. Man erklärte mir, dass es sich dabei um eine Legebatterie handelt, die jemand von der anderen Seite der Grenze hier aufgebaut hat. Ich wunderte mich. Wurde in letzter Zeit nicht mehrmals im Fernsehen darüber gejammert, dass immer mehr Menschen aus Koroška nach Österreich abwandern? Weil das Leben dort so viel schöner sei? Meine Gesprächspartner lächelten mich geschmeichelt an. Ach, diese Zeitungsenten, erwiderten sie, genau das Gegenteil sei der Fall. Immer mehr Österreicher kämen hierher und sie gingen sogar in Markengeschäfte, die es auf ihrer Seite der Grenze auch gäbe, weil sie ein größeres Angebot hätten und manche Dinge auf jeden Fall billiger seien.

Eine weitere Sache, die zur Lebendigkeit von Slovenj Gradec beiträgt, ist der Sport. Freilich ist es unter unseren Kleinstädten keine Seltenheit, dass sie ihre Identität im Bereich der Körperkultur verankern. Oftmals ist diese Verankerung sehr spezifisch, um die Einzigartigkeit der Stadt so gut wie möglich zum Ausdruck zu bringen, aber auch deshalb, damit sich benachbarte Orte nicht in die Quere kommen. Dies zeigt sich auch in den Orten, die die Transversale auf diesem Abschnitt durchquert. Ljubno ist bei uns für seine Skisprungschanzen und vor allem für seine Skisprung-Weltcup-Veranstaltung der Damen berühmt; in Ravne erzählte man mir, dass man dort am häufigsten Schwimmer zu Gast hat; in Slovenj Gradec ist die Wahl offensichtlich auf den Jugend-Fußball gefallen, die meisten der gastierenden Teams kommen aus dem Gebiet des ehemaligen Jugoslawien.

Auch das Nachtleben hat seinen Anteil an der Vitalität von Slovenj Gradec. In jener Nacht wurden auf dem

Hauptplatz bekanntere Lieder gespielt, im Atrium des Regionalmuseums klang es, passend zum anspruchsvolleren Publikum, nach Jazz und »Welt«-Musik. Natürlich waren die Einheimischen immer wieder aufs Neue amüsiert, wenn ich mich über diesen Trubel wunderte, und beeilten sich, mir in aller Bescheidenheit zu versichern, dass ihre Stadt sonst ruhiger, fast verschlafen sei. Dass ich zufällig gerade an einem solchen Tag gekommen sei. Es fiel mir sehr schwer das zu glauben. Schon stand nämlich das internationale Kurzfilmfestival *Shots* vor der Tür. Als eine Art Vorbereitung darauf fand am nächsten Vormittag das Animationsfilmfestival *Zebra* mit allen möglichen Begleitaktivitäten statt, etwa Workshops für Jugendliche. Und sie werden auch von jungen Leuten geleitet, denn die Stadt gibt sich Mühe, sie zu halten, und es sieht so aus, dass ihr das glückt.

Sicher, all dieser Trubel geht auf eine längere Tradition zurück, auf alle möglichen Punkte in der Zeitdimension des Stadtzentrums, an denen das Auge hängen bleibt. Das Kino hier gehört zu den Gründungsmitgliedern des slowenischen Kunstkino-Netzwerks, dem es zu Beginn dieses Jahrhunderts gelungen ist, in einer Handvoll Kleinstädte Kinos zu erhalten und sie auf Kunstfilme umzustellen. Auch die Begeisterung für Musik ist hier nicht von gestern. Sie sind sehr stolz auf ihren Kunstlied-Komponisten vom Ende des 19. Jahrhunderts, nach dem man in Wien sogar eine Straße benannt hat: die Hugo-Wolf-Gasse. Außerdem ist Slovenj Gradec bekannt für seine Malertradition. Und es gibt eine Galerie mit ambitionierten Ausstellungsprojekten und einer bedeutenden ständigen Sammlung. Zur Zeit meines Besuchs wurde eine thematische Ausstellung zeitgenössischer slowenischer Kunst gezeigt, mit vielen erlesenen Künstlern, von Metka Kraševec bis Uroš Weinberger, die viel zu schnell verging, aber vielleicht war das auch nur mein Gefühl, weil ich es kaum erwarten konnte, die ständige Sammlung zu sehen, schließlich hängen dort Bilder von Jože Tisnikar.

Egal, wie oft ich sie gesehen habe, jedes Mal überraschten sie mich, jedes Mal waren sie live noch kraftvoller. Diese toten, leeren Hintergründe in mittelalterlichen, surrealen Farben. Diese Raben – schwer, schwarzgefiedert wie die Sünde, mit mächtigen Schnäbeln –, sich lautlos fortbewegend und mit forschendem Blick in ihren großen, menschlichen Augen. Und diese plumpen Szenen zwischen einfachen Leuten, in denen die gedrungenen Körper wie Marionetten menschlicher Triebe wirken, knollige Gesichter, aus denen Schreckliches strahlt. Genau jene Dinge, die hinter kleinen, fest verschlossenen Fensterläden, hinter dicken Mauern geheim gehalten werden. Ausgelassene Lustbarkeit ohne jegliche Freude. Die stumpfe Ohnmacht unermesslicher Verzweiflung im Angesicht der Flasche, der Dämpfe. Wut, so alt und unversöhnlich, dass sie die Gesichter zu mürrischen Masken verzerrt hat. Begierde, in deren pelzigem Gesicht sich ein spöttisches Lächeln verbirgt, aus dem tote Augen glotzen.

Das ist einer der Vorzüge, denen der wahre Transversalist zuteilwird, nickte ich mir damals zu. Das ist einer der Vorzüge, die du dir erkämpfst, wenn du einen der langen Wege mehr oder weniger an einem Stück begehst. Voll und ganz tauchst du in das Land ein, das der Weg spiegelt. Erst dann siehst du etwas, was du bei einer kurzen Tour übersehen hast, obwohl es so augenscheinlich ist. Wie einige Dinge auf diesen unglaublichen Leinwänden, die du dir in dieser Galerie und anderswo schon so oft angeschaut hast. Auch deshalb, weil du gespürt hast, dass auf ihnen noch etwas sein muss, das dir entgangen ist. Jetzt weißt du, was es war. Klar, es kann ja gar nicht anders sein. Schließlich hat Tisnikar sich und seine Leute gemalt, und deshalb sind diese Bilder so kraftvoll. Sie sind grundehrlich. Das ist der Grund, warum du unterwegs so oft unter deinen Landsleuten einen vagen, schwachen Abglanz dieser Bilder wahrgenommen hast. Und daher registrierst du nun auch auf den Gesichtern der Berge und Täler von Koroška immer öfter Überreste von Tisnikars Gesichtern.

Abglanz. Überreste. Weit seid ihr gekommen, schießt es dir durch den Kopf: du, dein Volk, mitsamt Tisnikar und seinen Landsleuten aus Koroška. Und einigermaßen in die richtige Richtung. Vielleicht sind wir noch nicht ganz dort, wo es gut wäre zu landen, aber wir könnten recht bald dort ankommen. Nur noch ein paar weitere so entschlossene Schritte, wie sie Slovenj Gradec in letzter Zeit gegangen ist.

Ekstase des Lebens

So sehr der Regen den Kindern und mir ausgewichen war, desto mehr begann er auf mich niederzuprasseln, sobald sie mich allein durch die Berge umherirren ließen. Auf dem Bohor hatte es schon ordentlich gegossen, auf der Alm Menina war das Wetter ebenfalls schlecht gewesen, und auch auf dem Smrekovec hatte es genieselt. Doch erst im Pohorje-Mittelgebirge hat sich der Regen richtig ausgetobt. So heftig bin ich bei uns schon lange nicht mehr durchgespült worden.

Die Strecke von Slovenj Gradec bis zum ersten Pohorje-Gipfel ist, wie gesagt, nicht sehr inspirierend. Aber schon bald nach diesem ersten Anstieg rief ich aus: Was die Anhänger von Bergprozessionen, die sich nur bei Sonnenschein in den Bergen zeigen, nicht alles verpassen! Wie seltsam, nur sonniges Wetter schön zu nennen! Als ob es im Regen nicht klasse wäre! Natürlich, auf irgendeinem ausgesetzten Gipfel oder Grat hat man dann nichts verloren, aber mitten im Sommer in den weiten Pohorje-Wäldern, wo der Boden schon völlig getränkt ist, weil unter deinen Füßen zur Abwechslung mal undurchlässiges, magmatisches Gestein liegt – wie super es dort bei einem solchen Wolkenbruch ist! Wo das Gelände abschüssig ist, graben kleine Stromschnellen und Wasserfälle aus Regenwasser mehrere Meter tiefe Furchen in den Weg. Der sanft gewellte zentrale Teil des Pohorje-Gebirges, zwischen den höchsten Punkten in der Umgebung von Kope, hat sich in einen See verwandelt. Es hat überhaupt keinen Sinn, dem Wasser auszuweichen, du p(l)atschst einfach geradeaus durch die tiefen Pfützen, anders geht es eh nicht. Manchmal stampfst du mit dem Fuß absichtlich ein wenig auf den Boden, so dass dir Wasser, Fichtennadeln und die durchweichte schwarze Erde bis zur Nase spritzen! Damit du auch richtig schön schmutzig, nicht nur beharrt bist, und endgültig wie der böse, furchteinflößende Wilderer Bedanec aus dem bei uns in Slowenien legendären Bergfilm *Kekec* ausschaust.

Und getreu der Parole ebendieses Bedanec: »*Noch lebendiger! Noch stärker!*«, beginnst du lachend noch wilder mit den Füßen in den Pfützen herumzuplatschen. »*Noch verrückter, noch hopsender!*«

Auch eine Pause in einer der Hütten, in denen man noch weiß, wie man ein echtes Pohorje-Omelett zubereitet, ist der Lebensfreude gewiss zuträglich, denn hier serviert man dir ein kleines Gebirge aus Schlagsahne und Preiselbeermarmelade, das aus einem in der Mitte zusammengefalteten Biskuitboden quilt, dessen Teig aus sechs Löffeln Mehl, sechs Löffeln Wasser und sechs Eiern besteht. Ja, sechs.

Nach so einer Jause bist du eins, zwei, drei beim Črno jezero (Schwarzen See). Er sieht ganz anders aus als in meiner Erinnerung. In letzterer spiegeln sich die schwarzen Tannen auf einer fast unbeweglichen Oberfläche, dazwischen, kaum wahrnehmbar wogend, der blaue Himmel, und im Vordergrund das sich mit seinen goldenen Halmen über all dem beugende Schilf. Doch nun ist die Umgebung des Sees hinter dem Vorhang aus dem unablässig niederprasselnden Regen zu einem formlosen Hintergrund verschwommen, und der See selbst kocht förmlich unter dem unaufhaltsamen Ansturm der Regentropfen. Trotz des Regengusses bin ich: ergriffen, elektrisiert!

Anschließend folgt eine dieser forstwirtschaftlichen Baumschulen, bei denen man zugestehen muss, dass auch so ein Wald etwas Schönes an sich haben kann. Er wird zwar keineswegs naturnah, geschweige denn wie ein Urwald behandelt, aber dennoch lassen sich auch für solch eine Baumschule lobende Worte finden. Immerhin sind die Fichten in ordentlichen Reihen angeordnet, als säßen sie auf Schulbänken, die einzelnen Parzellen, oft sogar quadratisch, wie Klassenzimmer. Dort die erste Klasse, gepflanzt vor noch nicht einmal zehn Jahren, noch ganz jung. In der nächsten Parzelle sitzen die schon vierzigjährigen Fichten, kurz vorm Ende ihrer Schulzeit und ihrer Reifeprüfung, dann ein Kahlschlag, sprich Abiturjahrgang, danach eine zweite Klasse und nach diesem Muster geht es weiter. Es ist also alles wie aus dem Lehrbuch, selbst wenn man einen kleinen Abstecher vom markierten Weg macht, zwischen den immer ideal luftigen Baumreihen, ist alles vorbildlich in Schuss. Vor allem ist alles so manierlich gepflegt, wie es, dem Lehrbuch zufolge, in Bezug auf die anderen Nutzer des Waldes sein soll. Kein einziger Ast liegt auf dem Wanderweg, nicht einmal ein Zweig, und man sieht, dass man bei der Fällung bewusst die Bäume mit Markierungen übersprungen hat, um das Wandervergnügen nicht zu trüben.

Nach dieser vorbildlichen Holzfarm ist es nicht mehr weit bis zur wichtigen Abzweigung oberhalb vom Wasserfall Šumik. Der Zustiegsweg aus Maribor führt nach rechts, die Transversale biegt links in ihren Kreis ab. Einer der Wege an dieser Kreuzung führt auch direkt zu den Stromschnellen und Wasserfällen, die unbedingt einen Besuch wert sind. Der Kontrast zwischen den dunklen Pohorje-Felsblöcken im Bachbett und den Bäumen des Šumik-Reservats ist schon bei den kleineren Kaskaden eindrucksvoll und wird bei den richtigen Wasserfällen noch brillanter. Allerdings ist der Weg zu ihnen ein weiterer von denen, die sicherheitshalber mit Blick auf unerfahrene Wanderer als sehr schwierig gekennzeichnet sind, und schwierig sind sie auf jeden Fall. Dies ist für einen alpenunerfahrenen Transversalisten vor dem Eintritt in die alpine Welt, der sich der slowenische lange Weg immer weiter nähert, bereits die zweite Bewährungsprobe, um zu testen, ob er die dort auf ihn wartenden Schwierigkeiten meistern kann.

Im Regen war der Abstieg zu den Wasserfällen besonders waghalsig; ich musste auf dem nassen Granit und den glitschigen Wurzeln ganz schön vorsichtig sein. Und der Aufstieg war auch ein Spaß. Als ich zum Ausgangspunkt zurückkehrte, hatte ich noch eine Wanderung zum Gipfel des Klopni vrh vor mir, auf der mir trotz des federnden Rhythmus meiner Schritte ein wenig die Kälte in die Glieder fuhr. Ich war so durchnässt, dass das Wasser an mir herunterrann. Aber bald hörte es auf zu regnen, dafür wehte dieser frische Bergwind, der gern auf das Ende von starken Regengüssen folgt. Und dann, auf der anderen Seite des Klopni vrh, schon weit in Richtung der Siedlung Lovrenc, erinnerte mich der Weg wieder daran, wie super es ist, im Regen zu laufen. Die Szenen, wenn sich die Wolken verziehen und die Sonne wieder scheint, sind einfach immer spektakulär.

Es war schon spät, im tiefen Schatten eines Abhangs, im Dunkel der dichten Baumkronen. Doch plötzlich brach, wie durch ein Sieb, das flammend rote Licht der untergehenden Sonne durch, die hinter den Wolken hervorschaute, so dass der Hang augenblicklich mit auflodernden Flecken übersät war, als wären es die Funken eines großen Brandes, die nun im Wind um mich herum tanzten. Ihr Licht ließ auch die Nebelschlieren des letzten Regens aufleuchten, die wie langsam von der Glut aufsteigender Rauch zwischen den Bäumen hindurchkrochen. Es war so, als stünde ich am Rande eines gewaltigen Waldbrandes, und angesichts dieser Szenerie war auch ich ganz am Rande meiner selbst: Ich fing einen dieser Funken und umschloss ihn mit meiner Hand, er flackerte in seiner Schale auf, und die Handfläche wurde durch dieses Licht transparent, und das Blut begann zu glühen und in genau demselben Rot wie die Flammen zu strahlen.

»Ich bin eine rote Rakete, ich entzünde mich, brenne ...«, brachen aus mir die Worte unseres geliebten Dichters Srečko Kosovel hervor. Doch dann schwenkte seine *Rote Rakete* – in der Originalversion ist das Gedicht eine Vision der Ekstase des Todes – ein wenig auf ihre eigene Flugbahn ab und wurde zu einer ekstatischen Beschwörung des Lebens. *»Keinesfalls verlöscht meine Glut! / Ja, ich mit der brennenden Hand! / Ja, ich mit dem quirligen Blut! / Ja, ich mit dem Herzen in Brand!«*

Bis Dravograd

Ab der Siedlung Lovrenc habe ich es etwas eilig, denn in vier Tagen steht das Wiedersehen mit Marnie und Hansel auf dem Programm und ich muss ja auch noch nachhause kommen. Vorher will ich es noch bis zur Ortschaft Mežica schaffen. Von dort ab kenne ich den Weg aus dem Effeff und kann meine beiden amerikanischen Freunde führen. Doch mit den Wegen, die sich bis dahin ineinander verflechten, bin ich nicht so vertraut. Ich habe mehr als genug Arbeit mit mir selbst und den technisch-praktischen Trassierungsaufgaben.

Wegen der Eile kann ich in Lovrenc nur ein paar Eindrücke sammeln. Auch hier gibt es Menschen, die sich, nachdem sie ihre Arbeit in den Fabriken verloren hatten, an ihrem Land festklammerten. Und die Kirche und das Pfarrhaus sind wie aus dem Drama *Hlapci* (*Knechte*) von Ivan Cankar. Man kann sich gut vorstellen, wie der Pfarrer morgens streng aus diesem düsteren Quader heraustritt und gebieterisch über das abgelegene Tal zu seinen Füßen blickt. Aber das war natürlich nur ein Abglanz irgendeiner Szene aus der Zeit der vorvergangenen Jahrhundertwende, die sich in mein noch im Schlaf verharrendes Bewusstsein geschlichen hatte. Das morgendliche Treiben in dem weitläufigen Zentrum des weitläufigen Ortes hat nämlich etwas Gutmütiges und Heimeliges an sich. Jeder scheint jeden zu kennen, man wechselt gern ein paar Worte und lächelt sich gegenseitig an. Im Zentrum von Lovrenc geht es in der Tat recht lebendig zu, was in vielen größeren Städten nicht der Fall ist, wo so viel Leben in die unpersönlicheren Einkaufszentren an ihren Rändern abgeflossen ist und kein neues Leben für den alten Stadtkern gefunden wurde.

Schon liegt Lovrenc hinter mir und ich steige im Gebiet des Streuweilers Rdeči Breg auf. Auch seine Hänge wurden vor Kurzem von einem heftigen Sturm heimgesucht, dem Windbruch und daraufhin noch Wellen von verschiedenen Parasiten folgten, von Pilzen bis zu Käfern. Der Schaden ist wahrscheinlich nicht so schlimm, wie es vom Weg den Anschein hat, aber er ist dennoch sehr erheblich und nicht zu vernachlässigen. Denn diese Gegend ist ein wahres Waldlaboratorium, das vom ehemaligen Besitzer eines großen Teils dieser Wälder, einem Herrn Glantschnigg, ins Leben gerufen wurde. Gegen Ende des 19. und zu Beginn des 20. Jahrhunderts wurden auf seinem Grundstück eine ganze Reihe exotischer Bäume gepflanzt: Douglasien, Scheinzypressen, Sitka-Fichten, Omorika-Fichten, Kaukasische Tannen, Zierbelkiefern, Japanische Lärchen und Seidenkiefern. All diese Exoten dürften als ansprechende Dekoration für seinen Wald und sein Jagdhaus gedient haben, aber sicher ließ er sie auch aus Interesse daran pflanzen, welche von ihnen hier gedeihen würden. Genau diese Frage ist heutzutage umso wichtiger, weil es nicht mehr darum geht, neue Nischen für die Holzverarbeitung zu finden, sondern Antworten auf den Klimawandel. Denn der verheißt für die derzeit in diesen Gebieten am häufigsten vorkommenden Baumarten, in erster Linie Buche und Fichte, nichts Gutes. Es wäre daher ratsam zu wissen, welche Arten unter den veränderten Bedingungen besser gedeihen. Und darin liegt die Bedeutung der Folgen des letzten Unwetters im Laboratorium Rdeči Breg. Auf jeden Fall hat der Wind oder der darauffolgende Parasitenbefall den Buchen und Fichten übel mitgespielt. Und die Eichen? Ein dort stehender, über vierhundert Jahre alter Riese war hässlich entblättert und sogar mehrere größere Äste waren abgebrochen. Aber auch viele stämmige, schon über hundert Jahre alte Exoten sind nicht besser davongekommen. Die Kombination der jüngsten Katastrophen hat sogar den letzten zehn Sitka-Fichten den Garaus gemacht, und auch keine einzige Seidenkiefer ist übriggeblieben.

Auf dem Abstieg zur Drava (Drau) kann man wieder ein wenig aufatmen, denn der wütende Wind hat diese Hänge verschont. Die Erinnerungen an die ruinierten Waldgebiete werden dann durch den weiteren Verlauf der Route vollends vertrieben. Zunächst geht es ein kurzes Stück an der Drava entlang und schon steigt man wieder steile Hänge hinauf, kommt knapp unterhalb der Grenze zur Bergwelt an einsamen Bauernhöfen und einigen Weilern vorbei, bis man den knapp über tausend Meter hohen Kapunar (Kapuner) erreicht, den höchsten Gipfel des an Österreich grenzenden Mittelgebirgszugs Kozjak (Poßruck). Nachdem man dessen Hauptkamm bis zu seinem westlichen Ende gefolgt ist, fällt der Weg etwa 500 Meter in den sehr treffend benannten Bistriški jarek (vom Bach Bistrica gebildeter Graben) ab, bevor es wieder tausend Höhenmeter bis zum 1522 Meter hohen Košenjak (Hühnerkogel) hinaufgeht.

Die Eindrücke in dieser Gegend können manchmal schmerzhaft sein, da sie sicherlich eine der ärmsten ist, die man auf der Transversale durchquert. So sieht man ab und zu eine Szene, die vor dem Hintergrund des vorbeiziehenden Himmels fast wie ein Bild auf einer von Tisnikars Leinwänden wirkt. Aber zu den Überbleibseln alter slowenischer Nöte gesellen sich heute auch solche, die noch vor wenigen Jahrzehnten undenkbar waren. Bei einer Pause unterhalte ich mich zum Beispiel mit einem jungen Paar, das auf eine Reihe von Hindernissen gestoßen ist, die sehr typisch für die heutige Zeit sind. Trotz ihrer Diplome konnten sie nur Arbeit finden, die auch ungelernte Kräfte verrichten können. Zum Teil, sagen sie, liegt das daran, dass das Studium, das bei uns zwar lobenswerterweise nichts kostet, nicht genug reguliert wird. Ein kostenloses Studium in einem solchen Ausmaß an Fakultäten anzubieten, die ein paar Dutzend Mal mehr Studierende ausbilden, als der Staat benötigt, funktioniert fraglos nicht besonders gut. Sollte man nicht lieber die Zahl der Einschreibungen dort begrenzen, wo sie zu hoch ist, und sie dort fördern, wo sie zu niedrig ist? Und dem jungen Paar zufolge gibt es noch einen weiteren Grund, warum sie keine ihrer Ausbildung entsprechende Stelle finden, obwohl sie seit mehr als einem Jahrzehnt danach suchen. Und zwar die echt merkwürdige, allzu weit verbreitete Vorstellung davon, wie bei uns Jobs vermittelt werden, worüber man aber nur im Euphemismus spricht. Gemeint ist die Vorstellung, dass man »Beziehungen haben« muss, um sich einen Job zu sichern. Und die haben die beiden, wie viele andere aus einem weniger wohlhabenden Umfeld, eben nicht. Hinzu kommt, dass es nicht einmal selbstverständlich ist, solche Leute »ohne Beziehungen« für einfachere Arbeiten auch zu bezahlen; er hat sich angeblich schon den Lohn für eine halbes Jahr Fliesenlegen von der Backe gekratzt. Daher werden sie bald endgültig auswandern. Sie ist schon seit einem Jahr überwiegend in Deutschland, wo ihr eine Festanstellung in ihrem Fachbereich angeboten wurde, und auch er wird dort trotz seines Diploms eine handwerkliche Tätigkeit aufnehmen. Besser bezahlt und vor allem mit höherer Garantie, seinen Lohn zu erhalten.

Wie sich diese Gegenden leeren, und das schon seit langem, zeigt sich am deutlichsten in den zahlreichen Weilern am Rande der Bergwelt, deren alte Kirchen für eine so bescheidene Zahl von Häusern ungewöhnlich groß sind. Zumindest die Bauernhöfe, die auf den Hängen des Kozjak und Košenjak noch stehen, vermitteln nicht den Eindruck, dass es ihnen schlecht geht. Etliche, wie auch einige örtliche Kirchen, werden sogar renoviert. Noch mehr begeistern die uralten, mächtigen Linden. Sie wachsen dort, wo einst wahrscheinlich der Mittelpunkt dieser Dörfer war, aber auch an vielen anderen Stellen, zum Beispiel direkt neben den Kirchen. Hier gibt man also schon seit Jahrhunderten offen die eigene Identität preis, denn wir haben die Linde zu unserem Baum auserkoren und nicht die germanische Eiche. Und es scheint, dass sie es auch auf diesen Grenzhügeln, nach vielen Jahrhunderten der Betonung ihrer Identität, geschafft haben, vorbildlich mit ihren Nachbarn zusammenzuleben. Dass den Menschen nicht nach Streit zumute ist, beweist unter anderem die alljährliche Prozession von beiden Seiten der Grenze zu einer dieser alten Kirchen, die auf einer Höhe von über 1300 Metern steht. Ihr Namensgeber, der Heilige Urban, wird für so manche Dinge empfohlen und eignet sich gut für den gemeinsamen Besuch, schließlich ist er vor allem für seine Vorliebe für Wein und Weinberge bekannt. Aber man hört wohl bei der Zeremonie häufig auch Fürbitten für gegenseitigen Respekt und sogar für Eintracht bei manchen gemeinsamen Aufgaben.

Trotzdem spürt man die Grenze. Der österreichische Fernwanderweg 03, auch Südalpenweg genannt, der von den Karnischen Alpen bis nach Bad Radkersburg führt, bleibt stets auf österreichischem Gebiet. Mal auf der einen, mal auf der anderen Seite, meistens aber direkt auf der Grenze verläuft der Pot prijateljstva / Freundschaftsweg. Während sich die ehemaligen Grenzwege, die mittlerweile Wanderwege sind, fast ausschließlich auf der slowenischen

Seite entlangziehen. Auf ihnen stößt man auf das eine oder andere Denkmal für die Menschen, die von den Patrouillen beim Überqueren der Grenze ertappt wurden. Noch immer stehen dort militärische Anlagen, einige mit Wachturm, von dem die Grenzsoldaten nach verdächtigen Spaziergängern Ausschau gehalten haben.

All diese Routen sind interessant, manche aufgrund ihrer Geschichte sogar lehrreich, und die meisten sehr gut gepflegt und markiert. Umso mehr Vergnügen hat es bereitet, aus dieser Mischung die beste Variante für die Transversale zusammenzustellen, die hier gleichzeitig den typisch slowenischen Pragmatismus offenbart: Auf ihrer Seite ist noch etwas von »uns« übrig, murmelt der lange Weg hier in seinen Bart, und den Nachnamen auf einem der Friedhöfe nach zu urteilen, ist auch auf unserer Seite noch etwas von »ihnen« übrig; warum sollte sie dann nicht einfach die natürlichsten Übergänge wählen und sich mal zu der einen mal zu der anderen Seite hinüberbeugen, um ja keinen wichtigen Schwerpunkt zu verpassen. Diese Kombinatorik nimmt beim Trassieren freilich etwas mehr Zeit in Anspruch, die Ergebnisse sind dafür oft umso begeisternder. Sonst würde der Weg zum Beispiel nicht auf der österreichischen Seite des Kozjak (Poßruck) an dieser unbewirteten Hütte vorbeiführen.

Ihr Beispiel verdient Beachtung, denn gerade die Hütten in den slowenischen Mittelgebirgen haben mit ziemlichen Problemen zu kämpfen. Auf der Transversale bestätigt sich das insbesondere auf dem Abschnitt von Posavje nach Mežica, wo sich das Bergwandern bis Mitte des letzten Jahrhunderts viel besser etabliert hatte als in der südlichen Hälfte des slowenischen Berglandes. Auf der 480 Kilometer langen Strecke nach Krško stießen die Kinder und ich lediglich auf vier geöffnete Hütten. Auf den 340 Kilometern von Krško nach Mežica gibt es dagegen mehr als zwanzig, die zumindest während der Hauptwandersaison, von Mitte Mai bis Anfang Oktober, durchgehend geöffnet sind. Doch in der zweiten Hälfte des 20. Jahrhunderts verloren viele Hütten durch die massive Ausbreitung des menschlichen Einflusses in das hohe Mittelgebirge, das vorher vielerorts nur zu Fuß erreichbar war, ihre Bedeutung. Heute kann man mit dem Auto bis vor die Tür der meisten dieser Hütten fahren, so dass es praktisch kaum noch Nachfrage nach ihren Übernachtungskapazitäten gibt.

Trotz der günstigen Preise, insbesondere für einen Schlafplatz im Bettenlager und für Alpenvereinsmitglieder, hatte ich überall ein Gruppenzimmer für mich allein. Nur zwei- oder dreimal schlief eine Einzelperson, ein Paar oder eine Familie in einem anderen Zimmer. Natürlich genoss ich die Einsamkeit und sehnte mich kein bisschen danach, mir die ganze Nacht von zehn Bettnachbarn ins Ohr schnarchen zu lassen, doch in diesen Luxusgenuss mischte sich auch eine gehörige Portion Schuldgefühl, denn finanziell ist solch ein Zustand sicher nicht tragbar. Wahrscheinlich werden nur die Berghütten tatsächlich überleben, die sich in eine Art Stützpunkt für Ausflügler und Erholungssuchende und für außerschulische Aktivitäten verwandeln, wobei sich auch bei ihnen die Frage stellt, wie viel Wanderidentität sie dann noch haben werden. Viele werden diese Transition sicherlich nicht überleben, bei einigen Hütten sind die Lichter schon ausgegangen und ich vermisste sie bereits auf meiner Begehung der Transversale; besonders die auf dem Klopni vrh und die Gašparjeva koča oberhalb von Zidani Most.

Eine geradezu wunderbare Lösung für die Lücken im Netz der Bergunterkünfte wären solche ohne Hüttenwart, wie die oben erwähnte auf der österreichischen Seite. Das Wichtigste hat sie gleich nebenan, eine Quelle. Da sie nicht weit unterhalb des Gipfels liegt und der unterirdische Wasserspeicher in den Sommermonaten vermutlich versiegt, hat man vor dem Rinnsal ein ansehnliches Becken gebaut, so dass es zumindest nicht an stehendem Wasser mangelt. Die wichtigste Nebensache befindet sich direkt neben der Hütte, eine gemauerte Feuerstelle, und daran angeschlossen sogar ein kleines Vordach, unter dem freundlicherweise Holzscheite aufgestapelt wurden. Und in der Hütte selbst ist es, als würde man einen intimen Himmel betreten. Es gibt nur einen einzigen kleinen holzgetäfelten Raum, aber es ist alles da, sogar ein kleiner Ofen aus Gusseisen, um es auch im Winter warm zu haben, und eine Kerze für weniger gut ausgerüstete Bergsteiger, oder eher romantisch veranlagte, denn es ist zweifellos schöner im flackernden Kerzenlicht zärtliche Gefühle zu bekennen als im weißen Strahl einer Leuchtdiode. Und auch alle wesentlichen Regeln der kurzen Hausordnung an der Wand, die das Personal ersetzt, sind einem umgehend kristallklar.

Bewirtung trauert man in solchen Hütten jedenfalls nicht nach. Aber wenn jemand meint, dass sich bei uns Unterkünfte ohne Schankpult im Gegensatz zu österreichischen Hütten dieses Typs nicht halten würden, kann man sich in den Mittelgebirgen auch an einem noch asketischeren Schutzhütten-Modell orientieren. Beispielsweise dem der amerikanischen Wildnis: drei Holzwände mit einem Dach und ein sich über dem Boden erhebendes Podest als Schlafraum. Oder nicht einmal das, und es wird nur ein Platz zum Zelten, ohne die manchen Wanderern lästige vorherige Reservierung zur Verfügung gestellt. Außerdem müssen sich derartige Unterkünfte nicht unbedingt direkt am Weg befinden, sie können auch einen Kilometer von ihm entfernt sein. Hauptsache es gibt Wasser in der Nähe, zumindest ein paar Tropfen, und aus ersichtlichen Gründen sollten sie in einiger Entfernung von Straßen und besiedelten Gebieten liegen.

Für welche Art von Unterkünften auch immer man sich entscheidet, vielerorts sind sie schon jetzt unbedingt notwendig. Gerade mitten im Pohorje-Gebirge, in der Hütte beim Klopni vrh, übernachteten immer viele der jüngsten Nachwuchs-Wanderer, die auf ihre erste Mehrtagestour mitgenommen wurden. Jetzt müssen sie recht lang weiterwatscheln, was nicht das Beste für ihren ersten Eindruck von den Bergen und damit für die Zukunft des Bergsteigens ist. Und bestimmt fehlen auch anderswo auf der alten Hälfte der Transversale zumindest einfache Behausungen, zum Beispiel unter den nördlichen Felswänden des Golaki-Massivs und entlang vieler Wege im südlichen Teil unseres Berglandes, wo die Hütten nie Fuß gefasst haben. Mindestens ein paar Dutzend solcher Unterstände oder Lagerstellen kämen dort im Moment sehr zupass, und das Ganze würde sicher nicht so viel kosten wie die Renovierung einer der alten Hütten, was in einigen Fällen mehr als notwendig wäre.

*

Etwas ganz Besonderes an diesem Abschnitt war für mich das enge Bachtal Bistriški jarek. An dessen tiefster Stelle, kurz vor der Grenze zu Österreich, hatten die Pfadfinder, bei denen ich meine Jause einnahm, ihr Lager aufgeschlagen. Sie nahmen mich sehr freundlich in ihre Reihen auf, und natürlich waren es fähige und muntere Kinder in genau dem Alter, dass mir auf einmal bewusst wurde, wie ich unter ihnen nach den Gesichtern meiner Kinder suchte. Als ob ich die beiden ein wenig vermissen würde. Doch bald darauf fühlte ich mich selbst wieder wie ein Kind. Im Lager waren selbstverständlich auch Erwachsene, und aus dem neugierigen und gesprächigen Knäuel um mich herum trat eine junggebliebene Dame heraus, die sich als eine jener Skifahrerinnen entpuppte, für die in meiner Jugend der Schulunterricht unterbrochen wurde! Wenn ein Weltcuprennen auf dem Programm stand, vor allem, wenn unsere Skifahrer an der Reihe waren, drängten wir uns alle in der Aula der Schule, unter dem kleinen, hoch unter der Decke hängenden Fernsehbildschirm. Dort freuten wir uns während des Unterrichts über die Erfolge »auf den weißen Steilhängen« und bejammerten das Unglück verpasster Medaillenchancen. Diese kollektive Begeisterung war in den 1980er Jahren natürlich Teil des erwachenden Nationalbewusstseins und der Vorbereitungen auf die Unabhängigkeit. Und nun stand ein Teil dieser meiner Jugend direkt vor mir und ich schwatzte mit ihr.

Da wir uns so viel zu erzählen hatten, verging die Zeit wie im Flug. Mitten am Nachmittag fiel mir ein, dass ich an diesem Tag noch ein ganzes Stück laufen musste, wenn ich mich an das vereinbarte Treffen mit meinen Freunden halten wollte. Das machte eine Tempoerhöhung erforderlich, denn vor mir lag eine Vertikale von tausend Höhenmetern bis zum Gipfel des Košenjak. Aber, Hand aufs Herz, nach etwa der Hälfte dieses Anstiegs gehen die Beine von allein weiter. Hier beginnt nämlich der halbkreisförmige Hauptkamm dieses herrlichen Massivs und der an ihm entlangführende Weg ist einer unserer schönsten.

Überraschung

Mit der einen oder anderen Pause nahm die Festlegung der Trasse ab der Ortschaft Lovrenc so viel Zeit in Anspruch, dass ich erst sehr spät am zweiten der drei für die Strecke bis Mežica angepeilten Tage vom Košenjak zur Kleinstadt Dravograd abstieg. Und es lag nicht nur an der zu kurzen Nacht, offenbar hatte mich die ganze Müdigkeit der vorangegangenen Tage eingeholt, denn am nächsten Morgen war ich völlig benommen und durcheinander. Die Beine, zum Beispiel, wollten nicht in die Unterhose. Und als ich das Hemd anzog, dachte ich über irgendetwas nach und merkte dann, dass ich es mittlerweile wieder ausgezogen hatte. Ein wenig besorgt verschob ich daher meine Pläne und ließ es mir erst einmal gutgehen: Ich gönnte mir ein paar Stunden an einem Frühstücksbuffet. Nachdem ich mich langsam durch den kleinen, auf meinem Teller aufgestapelten Berg gefuttert und das Essen mit reichlich Kaffee heruntergespült hatte, ging es mir merklich besser. Sogar meine Gedanken wurden mit der Zeit wieder klarer. Zumindest insoweit, dass mir dämmerte, dass ich es an diesem Tag nicht mehr nach Mežica schaffen würde und es sehr unklug wäre, sich jetzt durch Hetzerei zu verausgaben. Schließlich wollte ich meine beiden Freunde ja über den Teil der Transversale führen, der schon einen Vorgeschmack aufs Hochgebirge bietet und dann noch über den ersten der echten Alpenabschnitte. Dann geht es halt bis Mežica im Spazierschritt weiter! Und die beiden Freunde fliegen ja erst morgen ein … Wenn ich einen Tag dranhängen würde …

»Ja natürlich, mach ruhig langsam! Dann hol ich die beiden halt vom Flughafen ab, und gegen Abend dann noch dich aus Mežica«, willigte Mateja sofort ein, als ich sie anrief. »Und du hast dir echt nichts Schlimmeres eingefangen? Du hast nicht gekotzt, oder?«

Unser Gespräch zog sich noch eine Weile hin. Danach musste ich nämlich mindestens zweimal hintereinander für jedes einzelne Krankheitssymptom bestätigen, und zwar ohne zu zögern, dass ich es nicht habe. Matejas Verhör und ihre Fragen nach eigenartigen Symptomen munterten mich noch ein wenig mehr auf. Schon bei »Gangränen an den Extremitäten« und »rektalen Blutungen« musste ich lachen. Bei »eitrigem Ausfluss aus geschwollenen Lymphknoten« schnallte ich endlich, dass ich im Verdacht stand, mich mit der Pest infiziert zu haben.

Wieder ziemlich gefasst, beschloss ich, auch Dravograd ein Stündchen zu widmen. Ich wollte vor allem durch eine weitere der typischen Wohnhaussiedlungen spazieren, die insbesondere in der Zeit zwischen den sechziger und achtziger Jahren des letzten Jahrhunderts von den Stadtzentren aus nach außen wuchsen. Die Siedlung von Dravograd hat, wie manch andere auch, eine hervorragende Lage. Sie befindet sich in unmittelbarer Nähe des Stadtkerns, jedoch etwas oberhalb davon, an den sonnenseitigen unteren Hängen des Košenjak mit einem angenehm heimeligen Ausblick ins Tal. Eine solche Siedlung ähnelt in vielerlei Hinsicht anderen ihrer Art in der westlichen Welt. Oft sind sie auf eine typische, sauber-manierliche und nahezu makellose Weise angelegt. Dennoch gibt es in dieser Hinsicht Unterschiede zwischen unseren und ausländischen Siedlungen dieses Typs, denn bei Letzteren habe ich noch nie so viele bizarre Ausnahmen gesehen. Da gab es zum Beispiel vor Slovenj Gradec diesen Garten voller Quasi-Rokoko-Brunnen, und eine Gipsjungfrau mit schamhaft entblößter Brust fand sich dort auch. Darüber hinaus versuchte alles andere in diesem

Garten und Haus demselben »Thema« zu folgen, alles war irgendwie milchig beige und grau und pastellweiß. Und natürlich Zwerge, unglaublich, was diese Schlingel in den Gärten alles anstellen. Etwa mit Pilzen: Dass sie in ihnen leben, wissen wir ja schon, doch sie rauchen sie auch, dabei sehr seltsam grinsend, und lauern ihnen sogar mit krimineller Energie auf! Und die Fassaden, für die ohnehin gern ein eiscremefarbener Anstrich gewählt wird, haben manchmal noch verrücktere Kolorierungen. Aber noch besser ist es, wenn sich jemand auf die bereits herausstechende Fassade noch ein Fresko pinseln lässt. Wie auf der des stechend lila- und zuckersüß rosafarbenen Hauses vor Krško, auf die noch ein Fenster und ein daraus hervorspähender Pink Panther gemalt wurde. Damit kein Zweifel daran besteht, dass man sich bei der Farbskala der Fassade von einem Zeichentrickfilm für Kinder hat inspirieren lassen. Und selbstverständlich sieht man in den Schlafsiedlungen des Westens auch keine gemauerten Grillvorrichtungen, schon gar nicht in solchen Mengen; gegen Cevapcici und ähnliche Speisen aus den anderen Republiken des ehemaligen Jugoslawien haben wir auf diesem Fleckchen Erde nicht rebelliert und sie trotz der Loslösung gern bei uns aufgenommen.

Auch die Gärten solcher Viertel ähneln bei uns nur auf den ersten Blick denen in anderen westlichen Ländern. Denn die wesentlich großzügiger bemessenen slowenischen Grundstücke sind keineswegs nur für Rasenflächen, Zierbäume und -sträucher sowie Swimmingpools vorgesehen. Nein, nein. All dies ist hier von eher untergeordneter Bedeutung. Im Einklang mit den Wurzeln der Eigentümer müssen ihre Häuser ihre Verbundenheit mit der Scholle sowohl in praktischer (Beete mit Salat und anderen Gartengewächsen!) als auch in ästhetischer Hinsicht (Blumen auf den Fensterbänken!) zum Ausdruck bringen. Mit ein paar Kiwi- oder Aronia-Pflanzen im Obstgarten unterstreicht man gern seine landwirtschaftliche Begabung und Weitsicht. Und die Häuser dieser Schlafsiedlungen unterscheiden sich von ihrer Größe her erst recht von den weiter im Westen gebauten. Viele slowenische Häuser sind mit ihren drei- oder vierhundert Quadratmetern alles andere als Einfamilienhäuser. Damit fördern sie das traditionelle Zusammenleben mehrerer Generationen unter einem Dach, das im ländlichen Umfeld vielleicht noch Sinn machen mag, im städtischen Umfeld dagegen wohl eher nicht.

Als ich ins Zentrum von Dravograd zurückkehrte, hielt ich mich dort nicht lange auf, da es aufgrund der Grenznähe und des Fehlens einer Umgehungsstraße sehr vom Transitverkehr geprägt ist. Wenigstens fiel mir noch auf, dass die örtliche Obrigkeit anscheinend einen guten Sinn für Humor hat, denn sie wählte als ihren Sitz das Gebäude, in dem sich während des Zweiten Weltkriegs die berüchtigten Folterkammern der Gestapo befanden. Und bevor ich die Stadt endgültig verließ, erregte noch eine Gruppe Radfahrer, die am Straßenrand hielten, meine Aufmerksamkeit. Da mir schon vorher vorbeisausende Radler aufgefallen waren, sprach ich sie schnell an. Es stellte sich heraus, dass es einen durch Dravograd führenden Fahrradweg gibt, der die ganze Zeit auf relativ unstrapaziösem Gelände verläuft, da er der Drava folgt, und zwar von ihrer Quelle in Italien bis nach Maribor. Sie empfahlen mir ihr Radabenteuer als sehr angenehmen, kurzen Erholungsurlaub.

Mit der Trasse von Dravograd bis zur Stadt Ravne na Koroškem habe ich mich nicht allzu viel herumgeschlagen. Ich habe mich in Wanderklamotten geworfen und bin einfach der naheliegendsten Verbindung über den Berg Šteharnikov vrh gefolgt, obwohl sie einem ziemlich viel Geduld abverlangt; nicht nur wegen der Kahlschlag-Lichtungen, wo alles mit den Resten der Abholzung tapeziert war, worüber ich mich zuvor schon mit freundlichen Wandersleuten aus Dravograd unterhalten hatte, sondern auch, weil man zu viel auf Straßen unterwegs ist. Aber wenn der Weg auf die Seite von Ravne hinüberschwenkt, ist es gleich viel angenehmer.

Ich bin bei dieser Einschätzung bestimmt nicht voreingenommen, muss aber zugeben, dass ich Ravne seit jeher zugeneigt gegenüberstehe. Und das geht nicht allein auf Erinnerungen an eine verflossene Liebe zurück, sondern hat sicherlich auch damit zu tun, dass die dortige Bibliothek zu unseren schönsten zählt, obwohl es wirklich nicht leicht ist, sich diese Spitzenposition zu erkämpfen. In Ravne haben sie es geschafft, indem man die Bibliothek in einem ehemaligen Schloss unterbrachte, das zuvor nicht nur renoviert wurde, sondern man integrierte auch einige gewagte moderne Elemente in die alte Architektur. Diese ermöglichen dem Gebäude eine viel größere Funktionalität, aber vor allem schaffen sie einen interessanten Kontrast zum Alten und passen gleichzeitig, wie von Zauberhand, so unglaublich gut dazu. Von außen und von innen eine großartige und oft überraschende Bibliothek! Und bestimmt ist Ravne auch deshalb etwas Besonderes für mich, weil es mich an Pittsburgh erinnert. Na ja, eher an das Modell von Pittsburgh, aber trotzdem: Es gibt dort so viele Täler, enge Schluchten und Klammen, und zwischen, ja sogar in ihnen ein Puzzle aus Stadtvierteln, jedes mit seinen eigenen Besonderheiten. Die erwähnte Bibliothek bildet zusammen mit dem Gymnasium ein Bildungs- und Kulturzentrum, daneben befindet sich ein noch wesentlich ausgedehnteres

Sportareal. Dem folgt eine Schlucht mit einer Vorstadtsiedlung und ein allein mit Wohnblöcken bebautes Flachstück. Wie in Pittsburgh halt.

Bei einem Spaziergang durch Ravne lohnt es sich, wie gesagt, bei der Bibliothek Halt zu machen, aber auch das erwähnte Wohnblockflachstück sollte man sich nicht entgehen lassen. Hier sind nämlich so viele Stile dieser Art von Betonbauten an einem Ort versammelt, dass du, wie in einer Art Freilichtmuseum, einen guten Überblick über den Teil der »Betonutopie« bekommst, der – im Gegensatz zur Mischung aus Kommerz und Gedenkstätte auf dem Platz der Republik in Ljubljana – ganz Wohnquartier-Charakter hat. Und gleichzeitig erhältst du einen sehr guten Einblick in die Lebensweise eines Drittels der slowenischen Bevölkerung, denn so viele von uns leben in solchen Siedlungen, die wiederum keineswegs mit ihren Verwandten im Westen gleichzusetzen sind, schon gar nicht mit den dortigen Ghettos.

*

Den Abend verbrachte ich in dem fast brandneuen Hostel in Ravne, das ebenfalls einige interessante architektonische Akzente hat, und grübelte über das letzte Stück der Route nach Mežica nach. Ich konnte einfach keine Wegführung finden, mit der ich zufrieden war. Am ehesten bot sich noch an, eine große Kurve in Richtung des bereits umgangenen Berges Plešivec zu machen und erst von dort weiter nach Leše zu wandern. Aber angesichts der Tatsache, dass dieser Schlenker nichts Besonderes bietet und einen Großteil Straßenanteil hat, wäre es eine völlig unnötige Verlängerung. Am nächsten Morgen marschierte ich daher einfach durchs Tal weiter zum Städtchen Prevalje und von dort hinauf nach Leše. Auf diesem Teilstück gab es zwar weniger Straßenanteil als auf dem zuvor beschriebenen Schlenker, aber auch dieser Abschnitt der Transversale fleht geradezu darum, dass die örtlichen Meister einen Vorschlag für eine sinnvolle Verbesserung unterbreiten.

Auf dem gegenwärtigen Weg von Ravne nach Mežica beginnt der um einiges angenehmere Teil kurz vor der Siedlung Leše mit ihrer ehemaligen Kohlengrube, die Beihilfe zur Entstehung der Eisenindustrie in dieser Gegend geleistet hat. Überhaupt ist die Transversale ab Leše, wo sie unbedingt hinführen muss, großartig. Denn hier ist der Ausgangspunkt eines der ältesten »Kessel«, in denen sich die Grundbestandteile der späteren slowenischen Identität vermischt haben, und Bruchstücke dieser Elemente sind aufgrund der jahrhundertelangen Stagnation der Entwicklung teilweise erhalten geblieben. Die ungewöhnliche Mischung aus altgläubigen, christlichen und weltlichen Überlieferungen unterschiedlichster Herkunft, mittelalterlicher Logik und bäuerlichem Barock kommt sehr sympathisch in der Volkssage zum Vorschein, die an die Anhöhe zwischen Leše und Mežica gebunden ist. Dort sollen einst die sogenannten *Žalik*-Frauen gelebt haben, deren Name wohl eine Lehnübersetzung des deutschen Adjektivs *selig* ist; bei diesen Frauen handelt es sich zwar nicht um die Seelen der Verstorbenen, aber sie haben eindeutig einige ihrer Eigenschaften. Ihre geheimnisvoll undefinierten besonderen Fähigkeiten tragen sicherlich zur spannenden Unbestimmtheit der Identitäten dieser Frauen bei. Vor allem scheinen sie trotz der vermeintlichen Unlogik ihrer Ratschläge sehr gut vorhersagen zu können, wann verschiedene Nahrungspflanzen, von Hülsenfrüchten bis zu Getreide, ausgesät werden sollten. Wie in der an die Anhöhe zwischen Leše und Mežica gebundenen Erzählung. Darin rät eine der *seligen* Frauen dem Besitzer des Bauernhofs, Ackerbohnen auf dem verschneiten Gelände zu säen, von dem alles Richtung Mežica herunterrollt. Aber dann wachsen dort so viele Bohnen, dass sie nicht mehr wissen, wohin damit. Derartige landwirtschaftliche Ratschläge lassen vermuten, dass die *Selig*-Frauen ihre Wurzeln noch woanders haben. Umso mehr spricht dafür allerdings ihre Kleidung – lange weiße Gewänder –, wegen der sie auch weiße Frauen genannt wurden; dieses Motiv beruht sicher auf den Priesterinnen der vorchristlichen Glaubenstraditionen. In die Geschichte fließt auch etwas volkstümlicher Humor ein – die *selige* Frau kommt, um dem Besitzer des Hofes beizubringen, wie man im Bett sät – und sie erzählt vom Triumph des Christentums. Denn freilich fragt die Ehefrau des Hofbesitzers den geistlichen Hirten, was sie mit dem weiblichen Gast im Ehebett tun soll, und der Pfarrer weiß sie sehr gut zu beraten. Letztendlich gibt er uns mit seinem Ratschlag noch einen interessanten Einblick in die damaligen Vereinbarungen über die Beziehungen zwischen Männern und Frauen. Die Frau in der Erzählung könne die ungewöhnliche Besucherin ganz einfach aus dem Bett bekommen. Eine *Selig*-Frau lasse nämlich immer ihren Haarzopf von der Bettkante hängen. Die Ehefrau müsse ihn nur schön ordentlich auf das Bett legen, dann würde die Besucherin aufstehen, niemals zurückkehren und folgende Abschiedsworte von sich geben: »*Ich bin nicht sein Eheweib, dass ich in meiner Gänze neben ihm liegen kann.*« Die Männer, so scheint es, hatten einst neben der eigenen ganz gern noch eine »selige Frau«, doch die hatte längst nicht solche Rechte wie die echte.

Mit dem Surfen nach den Wurzeln dieses Motivs verkürzte ich die Wartezeit in Mežica. Trotz meines späten Aufbruchs aus Ravne und meines gemächlichen Schrittes war ich nämlich schon am frühen Nachmittag dort angekommen und hatte mich in der an den lokalen Supermarkt angeschlossenen, typischen Kneipe niedergelassen. Sie war billig, hatte eine solide Internetverbindung und die soziale Struktur der Besucher war interessant: vor allem wegen der Familien, die sich hier nach dem Lebensmitteleinkauf eine rituelle Auszeit gönnten. Gerade als es anfing ein wenig langweilig zu werden, erhielt ich eine Nachricht von Mateja. Sie teilte mir mit, dass sie gleich da sei, und wollte wissen, wo genau ich warte. Nur eine halbe Stunde später wedelte ich schon mit den Händen, da ein Golf auf den Parkplatz bog, der aufgrund seiner Feuersalamander-Farben nur meiner sein konnte. Umso überraschter war ich, als die getönte Scheibe auf der Fahrerseite heruntergelassen wurde und mich jemand lächelnd anschaute ... Marnie?

»Üüüüberraschung!«, rief sie mir auch dieses Mal freudestrahlend zu.

Atempause

»Aber … wie?«, stammelte ich. »Und das auch noch mit meinem … mit meinem …«

Sie lächelte mich an, wie nur sie es kann, wenn ich so plappere. Dann führte sie mich wie einen alten Mann zum Auto, half mir, meinen Rucksack abzunehmen und im Kofferraum zu verstauen, wobei sie die ganze Zeit fröhlich erklärte: Wie nett es von Mateja gewesen sei, sie und Hansel vom Flughafen abzuholen. Wie Mateja ihr gesagt habe, dass sie es vorziehe, nicht mit »Lady« angesprochen zu werden, und sie automatisch antwortete: »Oh, danke, Lady!« Wie Mateja auf dem Weg vom Flughafen zu uns nachhause geäußert habe, dass sie im Grunde genommen keine Lust habe, mich abzuholen und auf den guten Einfall gekommen sei, dass sie mir doch gemeinsam »einen Streich spielen« könnten.

»Aber, jetzt wart mal!«, unterbrach ich sie und schnüffelte misstrauisch am Auto. Doch es roch nicht nach überhitzter Kupplung. »Du kannst doch nur Automatik fahren.«

»Was?«, reagierte sie völlig verblüfft. »Also so was, schließlich bin ich eine waschechte Hinterwäldlerin! Du weißt doch, dass wir mit einem Geländewagen-Schaltknüppel in der Hand auf die Welt kommen! Und auch die Forstmaschinen haben Pedale und Hebel und die sind um einiges kniffliger als die von Autos. Ha! Hast du etwa gedacht, dass ich das nicht draufhabe?«

Marnie hatte zweifelsohne einiges drauf. Fast hätte ich ihr gestattet, auch noch zurückzufahren. Aber natürlich ist das *mein* Auto.

»Aha, habt ihr zwei zu diesem Wagen irgendeine besondere Beziehung?«, schmunzelte sie, als sie sich auf den Beifahrersitz setzte.

»Warum?«, gab ich lächelnd zurück.

»Ach, was weiß ich. Wegen der Farbe, die ist so … sehr golden und sehr schwarz.«

»Offiziell heißt sie ›Kurkumagelb‹«, erwiderte ich laut auflachend und korrigierte die Position von Sitz und Spiegeln.

»Na eben«, sagte sie. »Und dieses Auto hat auch eine ziemlich gute Beschleunigung, nicht wahr? Es ist genau richtig für einen … jugendlichen Herrn«, brach sie in Lachen aus.

»Ach, Marnie«, seufzte ich. »Du findest wirklich immer die richtigen Worte. Aber ich werde dir trotzdem erzählen, wie wir zu diesem Wagen gekommen sind. Auch zu seinem Vorgänger hatten wir eine sehr persönliche Bindung. Da er aus Tschechien stammte, nannte ich ihn »meine Tschechin«. Aber leider ist ihre Liebe zu mir nach vielen Jahren Beziehung buchstäblich in Flammen aufgegangen.«

»Was? Also …«

»Ja, unter der Motorhaube quoll dicker Rauch hervor … und ich war damals gerade mitten drin, den Roman zu promoten, und fuhr fast jeden Tag kreuz und quer durch Slowenien. Als wir mit den Kindern bei der Werkstatt warteten, um zu sehen, ob meine Tschechin noch zu retten ist, zeigte Lučka auf das Schaufenster des nahen Ausstellungssalons, auf genau diesen Wagen, und sagte: ›Oh, pfui! Papa, schau mal! Hast du schon mal so ein hässliches Auto gesehen?‹«

Marnie lachte auf. »Deine Kinder sind echt goldig!«

»Im wahrsten Sinne«, entgegnete ich nach kurzem Nachdenken. »Jedenfalls tat mir dieses arme Ding leid, es war offensichtlich, dass man es nur verspottete und niemand das Waisenkind haben wollte, denn trotz seines springlebendigen Motors wurde es mit einem Rabatt angeboten!«

»Oje!«

»Ja! Und in dieser Gegend, Marnie, ist das eine Kombination, die dich zu ewiger Liebe verdammt: auf Autos stehen wir ohnehin, noch zärtlichere Gefühle hegen wir gegenüber Rabatten, und für arme Waisenkinder haben wir erst recht einen ganz besonderen Platz in unserem Herzen.«

Marnie, selbst mehr oder weniger ohne Eltern aufgewachsen, ihr Hansel ebenfalls, schaute mich eine Weile nur an.

»Du bist auch goldig«, sagte sie dann, »und bist genau derselbe geblieben.«

Nun fuhr ich lieber los und fokussierte mich auf die Straße. Denn wenn man Marnie zu lange anschaut, vor allem, wenn sie währenddessen noch so etwas zu einem sagt, wird einem gern etwas schwindlig zumute.

»Wo ist eigentlich Hansel?«, fragte ich sie, während ich auf der Ideallinie durch die erste der vielen Kurven auf dem Weg von Koroška in Richtung zuhause fuhr.

»Er hat Mateja gefragt, ob er sich ein wenig hinlegen darf«, erläuterte sie. »Er ist direkt vom Krankenhaus zum Flughafen gekommen, nach ich weiß nicht wie vielen Nachtschichten. Sie schinden ihn echt ganz schön. Trotzdem hat er im Flugzeug kaum geschlafen, weil er sich so auf diesen Urlaub gefreut hat«, sagte sie lachend.

»Ah, Reisefieber! Wie lange hat er eigentlich noch bis zum Ende seiner Facharztausbildung? Die Hälfte hat er jetzt hinter sich, oder?«

»Ja, er hat noch zwei Jahre.«

»Und wie geht es dir?«

»Ich bin der Boss«, antwortete sie mit schelmischer Heiterkeit, »alle lieben mich und zittern vor mir.«

»Kann mir gut vorstellen, wie du sie um den kleinen Finger wickelst«, lachte ich.

Mit einer solchen Reisegefährtin verging die Fahrt von Mežica natürlich rasch, trotz unseres Halts in Trojane. Während unserer Plauderei hatte sich Marnie nämlich derart begeistert einigen Snacks gewidmet, dass ich es für sinnvoll hielt, sie mit einem ganz besonderen Element lokaler Folklore bekannt zu machen. Zu Zeiten, als über den Pass bei Trojane nur eine gewöhnliche Straße führte, machten es sich die Leute zur Gewohnheit, dort anzuhalten und einen üppigen »trojanischen« Krapfen zu verputzen. Natürlich brachten sie den Ihrigen, die sie zu Hause gelassen hatten, »als Vergebungsgabe« noch den einen oder anderen mit. Und dieser Brauch hat sich erhalten, obwohl es mittlerweile eine Autobahn gibt, die den Pass und die Krapfen umfährt. Wenn man es nicht allzu eilig hat, macht man hier eine kurze Pause.

Wie dem auch sei, nachdem wir zuhause angekommen waren und Hansel aufgewacht war, tischte Mateja mithilfe der Kinder ein klassisches slowenisches Menü auf, das uns alle wieder zu Kräften kommen ließ: Rindssuppe mit Klößen, Schweinebraten mit Bratkartoffeln und Feldsalat mit hartgekochtem Eiern. Zum Nachtisch gab es die Krapfen aus Trojane, die während der Heimfahrt Marnies Begeisterung entkommen waren. So wurde das Abendessen noch köstlicher. Noch großartiger war der anschließende Plausch am Tisch in unserem kleinen Garten. Angenehm war auch die Sommernacht, weich und samtig.

*

Unser Häuschen ist wie das aus dem Gedicht *Iščemo hišico* (*Wir suchen ein Häuschen*) der slowenischen Lyrikerin Anja Štefan: schön wie ein Schloss, doch klein wie eine Kate.

Und in jenen Tagen tummelten sich darin eindeutig zu viele Leute angesichts der ganzen noch zu erledigenden Dinge, die sich angehäuft hatten.

Die Kinder waren mal wieder auf Durchreise zwischen zwei ihrer Sommerabenteuer, was allein schon jede Menge Arbeit bedeutete. Und als ich Marnie und Hansel ein Dach über dem Kopf angeboten hatte, musste ich ihnen das nicht zweimal sagen. Und auf mich wartete ein ganzer Rattenschwanz von Kleinigkeiten, die ein Zwischenstopp typischerweise nach sich zieht, vom Auffüllen der Reisevorräte bis zum Wäschewaschen. Und ein weiterer Rattenschwanz von Trassierungs-Kleinigkeiten, die man nur an seinem Computer in Ruhe erledigen kann. Und schlussendlich musste ich ja auch einen erheblichen Teil der Ausrüstung auswechseln.

Wie gesagt, von Idrija bis zum Mittelgebirge Posavsko hribovje gibt es erprobtermaßen keine bessere Art, die Transversale zu begehen, als im Wildnisstil. Und bestimmt kommt der Transversalist mit der entsprechenden Ausrüstung sogar auf dem noch größeren Teil unserer großen Tour, vom Berg Porezen bis zur Streusiedlung Robanov kot, ganz gut durch. Doch danach, also von den Kamniker bis zum Ende der Julischen Alpen, ist Alpinausrüstung angesagt. Alles, was bisher der Selbstversorgung gedient hat, muss raus, von den Koch- bis zu den Schlafutensilien. Nur ein Teil der Knabber- und Notvorräte darf im Rucksack bleiben. Je geringer dessen Gewicht, desto weniger zieht er dich von der Felswand weg. Und für das Hochgebirge wird auch eine andere Ausrüstung benötigt. Wenn du kein Zelt mehr hast, muss eine metallisierte Rettungsfolie im Rucksack sein. Sie ist nicht schwer, aber unentbehrlich, wenn du unter einem Überhang festsitzt, möglicherweise noch über

Nacht und bei Regen. Auch das eine oder andere wärmere Kleidungsstück ist erforderlich. Und da du jetzt nicht mehr auf dem in den slowenischen Mittelgebirgen vorherrschenden Untergrund aus Erde, Blättern und Wurzeln unterwegs bist, sondern in felsigem Gelände, brauchst du ganz andere Sohlen. Und so weiter.

Kurzum, in unserem Häuschen waren absolut zu viele Leute für dermaßen viele Erledigungen. Also sattelten die Kinder ihre Drahtesel, um als Führer zu fungieren, und unsere beiden Gäste bekamen Matejas und mein Fahrrad. Mateja stattete sie noch mit Zubehör und Decken für ein Picknick im Tivoli-Park oder in dem Feucht- und Naturschutzgebiet Ljubljansko barje aus, und dann rief ich auch schon: »Bis heute Abend!« Und atmete erleichtert auf.

Nur gut, dass die Kinder am Tag danach ihre Urlaubspläne weiter in die Tat umgesetzt haben. Den beiden ging nämlich schnell auf, dass Marnie und Hansel ihnen alles kaufen würden, was sie sich wünschten. So zeigten ihnen die Lümmel nicht nur die »beste Eisdiele der Welt«. Es sei angeblich auch unbedingt notwendig, die »berühmten gerösteten Maiskolben bei der Tromostovje-Brücke« zu begutachten, sich ein »obligatorisches Mittagessen auf dem Markt« zu gönnen, für den Nachtisch einen Abstecher in die »Bäckerei der Nachkommen von Meister *Mišmaš*« zu unternehmen und noch so manch andere derartige Dinge; ein Picknick haben sie überhaupt nicht gemacht, war wohl auch nicht nötig! Doch meine beiden Freunde schwangen sich auch am Folgetag mit Freude wieder auf die Sättel und schauten sich noch allein etwas an. Eines der Museen, das sie am Abend nicht genug loben konnten, war das Plečnikova hiša, das Haus des berühmten slowenischen Architekten Jože Plečnik.

»Was für ein Architekt! Was für ein Mensch!«, jauchzte Marnie, als wir wieder am Gartentisch zusammensaßen. »Wusstet ihr, dass er absichtlich ein zu kurzes Bett hatte, damit er nicht versehentlich auf der faulen Haut liegen würde?«

»Ein wahnsinnig religiöser Mann, ein bisschen verrückt, aber auf eine sehr nette Art«, schloss sich Hansel ihrer Begeisterung an, »im Grunde so wie Gaudí, nicht wahr? Nur dass der sich mehr von der Gotik inspirieren ließ und Plečnik … von der Antike?«

»Ja, von der Antike und natürlich von diversen Strömungen des Fin de Siècle, an der Wende vom 19. zum 20. Jahrhundert«, nickte Mateja. »Aber wenn du mich fragst, war sein größtes Talent, dass er es verstand, seine Vorbilder so anzupassen, dass sich seine Architektur unglaublich raffiniert in unseren ganzen Barock einfügt. Der wiederum selbst recht spezifisch ist, einfacher, volkstümlicher, sympathischer.«

»Kann mir vorstellen, dass ihm das auf die Nerven gegangen ist«, lachte Hansel, »volkstümlich und sympathisch sind nicht gerade Plečniks Adjektive, oder?«

»Ach wo«, entgegnete Mateja kopfschüttelnd. »Außerdem hat sich bei uns der Barock des 17. und 18. Jahrhunderts bis Anfang des 20. Jahrhunderts mit dem sogenannten Bauernbarock fortgesetzt. Mit schwerfälligen, plumpen Bauten mit etwas schlichtem Dekor, der den Barockstil nachahmt, mit Gebäuden mit …«

»Mit dicken Mauern und kleinen Fenstern«, fiel ich ihr ins Wort.

»Mit dicken Mauern und kleinen Fenstern«, bejahte Mateja nickend. »Mit all dem musst du hier bei uns koexistieren können, anders geht es nicht. Plečniks Architektur ist im Hinblick auf diese Koexistenz eine wahre Guerilla-Architektur, und dennoch integriert sie sich in ihre Umgebung, aber ganz anders, irgendwie verbindet sie alles in ihrer Umgebung und gibt ihr so viel Tiefe. Dort, wo etwas von Plečnik steht, wird alles um uns herum Teil derselben Geschichte, die weit in unsere Vergangenheit reicht. Deshalb wirken viele seiner Gebäude fast wie ein Querschnitt einer archäologischen Fundstätte, in deren Schichten sich etliche größere und kleinere Überreste der Vergangenheit befinden.«

»Aber wirklich!«, nickte Hansel. »Genau solch ein Gefühl bekommt man in eurer Nationalbibliothek!«

»Und erst recht in Križanke!«, fügte Marnie hinzu.

»Ja, erst recht in Križanke«, stimmte Hansel zu. »Dort ist es echt sympathisch, aber gleichzeitig geht es so ernst zu wie in einer heiligen Stätte. Alle verstummen, wenn sie diesen Innenhof betreten, als wären sie in einer Kirche.«

Verwüstung

Für kurze Zeit schließen sich dem Transversalisten auf seinem Weg gern Freunde an. Doch die diesbezüglichen Geschichten sind keinesfalls besonders ermutigend und so war auch meine erste derartige Erfahrung. Damals hatte ich schon um die 2000 Kilometer der Appalachen hinter mir und mein Freund, eigentlich seit jeher ein vielseitiger Sportler, konnte einfach nicht mit mir mithalten. Als ich mit Hansel und Marnie abmachte, dass sie mich auf einem Teil meines Wegs begleiten, hatte ich daher mehrfach betont, dass sie gut vorbereitet kommen sollen.

Meine Bedenken, wie es uns ergehen würde, wuchsen, als immer mehr darauf hindeutete, dass wir unseren gemeinsamen Weg mit der Peca (Petzen) beginnen würden. Nicht nur, dass dies der erste Zweitausender auf der in Ljubljana beginnenden Runde ist, auf der kurzen Strecke von Mežica nach Robanov kot folgen der Peca auch noch zwei weitere Gipfel, die mit ihrer Höhe alle bisherigen übertreffen, einschließlich dem Snežnik. Und gleichzeitig weist dieser Abschnitt beträchtlich mehr Steilstücke auf als alle vorherigen; hier kommt auf einem durchschnittlichen Kilometer gleich dreimal so viel Anstieg zusammen wie auf der sanften Erholungsetappe zwischen Razdrto und Ilirska Bistrica. Doch am Ende sagte ich mir, dass so ein Beginn des gemeinsamen Wegs vielleicht sogar der beste ist. Dann zeigt sich wenigstens, ob die beiden Freunde über genug Kondition und so manch anderes verfügen, was für den darauffolgenden Teil der Transversale sogar noch wichtiger wird, denn nach Robanov kot beginnt das wahre Hochgebirge.

Marnie und Hansel hatten ohne Frage Wort gehalten und waren in ausgezeichneter Form. Als ich die beiden dafür bei einer kurzen Pause auf dem Anstieg zur Peca lobte, beeilte sich Hansel zu betonen, dass Marnie viel leichter damit fertigwerde.

»Sie spaziert ja auch jeden Tag beruflich im Wald herum …«, neckte er sie ein wenig, wogegen sie lachend protestierte: »Also so was! Jeden Tag bin ich mit dem Fahrrad ins Büro gefahren!« Dann wandte sie sich mir zu: »Zwanzig Kilometer in jede Richtung. Und jeden Tag war ich auch in irgendeiner Gegend unterwegs, wo Forstarbeiten im Gang waren, und habe mir zu Fuß alles schön angeschaut. Nun, das war wirklich beruflich«, sagte sie stirnrunzelnd, »damit ich sehe, wie die Jungs tatsächlich arbeiten. Einige von ihnen sind dann im Schnellverfahren aus meinem Wald geflogen!«

»Marnie hat einen Mordsspaß daran, Boss zu sein«, erläuterte mir Hansel hinter vorgehaltener Hand. »Aber wie auch immer, während sie also *beruflich im Wald herumspaziert*, bin ich nach all den Nacht- und Bereitschaftsdiensten und den ganzen Quälereien seitens der ›richtigen‹ Ärzte und einiger lästiger Oberschwestern … Nach dem Ganzen kriechst du nachhause, das kannst du mir glauben. Doch ich habe mich danach trotzdem noch auf den nächstgelegenen Berg gekämpft! Den du kennst!« Es drehte sich um einen der Gipfel auf dem Appalachian Trail.

»Da rauf aus dem Tal? Jeden Tag?«

»Nicht ganz, vielleicht vier- oder fünfmal pro Woche.«

»Super!«

Nach einer Jause in der Hütte weiter oben am Berg besuchten wir selbstverständlich noch die Höhle von Kralj Matjaž (König Matjaž), Symbol der slowenischen Sehnsucht nach eigener Macht. Doch trotz all dieser Pausen und trotz der 1600 Meter Höhenunterschied seit Mežica kamen wir erstklassig voran. Es war noch nicht einmal ein Uhr und wir standen bereits auf dem Gipfel der Peca. Die Aussicht war zwar nicht weiß Gott was. Infolge der vielen Feuchtigkeit in der Luft versteckten sich alle weiter entfernten Bergkämme in schmierigen Wolkenmassen, die Regen verhießen. Im Westen konnten wir zwar noch eine Reihe von Bergspitzen im weiten Massiv der Peca ausmachen, dann den nach Süden hin abfallenden Weg bis zum großen und von vielen Bächen durchfurchten Amphitheater unter uns. Auf der Südseite dieses bewaldeten Halbkreises erhob sich seine andere Flanke, der Rücken der 1900 Meter hohen Olševa (Ouschewa). Von der hinter ihr befindlichen Raduha war nur gelegentlich ein Umriss zu sehen.

Marnie war trotz der kürzlichen Pause auf dem Gipfel wieder hungrig und kramte als Erstes einen Proteinriegel aus ihrem Rucksack. Als sie sich schließlich dem eingeschränkten Ausblick zuwandte, wurde sie schnell immer nachdenklicher. Fast schon besorgt blickte sie durch den trüben Wolkenvorhang in Richtung der fernen Wälder, die das Amphitheater zur Olševa überzogen. Und als wir den Kamm der Peca überquerten und unter die Baumgrenze hinabstiegen, wurde ihr Blick immer entsetzter. Die Verwüstung dort unten war schrecklich.

Ich hatte diese Verödung schon vorher gesehen und mit Waldbesitzern und Förstern darüber gesprochen. Auch hier war dafür zum einen der Orkanwind verantwortlich, der innerhalb von zwei Jahren zweimal hintereinander so viel Schaden angerichtet hat, dass nach Angaben von Bergbauern in diesem an beide Länder grenzenden Massiv insgesamt über eine Million Kubikmeter umgestürzter Bäume zu verzeichnen sind. Nicht weniger schmerzhaft war der Anblick, als wir gegen Abend von der Olševa abstiegen.

Hier hatten die beiden erwähnten Unwetter die Hänge knapp unterhalb der Waldgrenze stark in Mitleidenschaft gezogen, genau jene schönen Bäume, die sonst eigentlich gemeinschaftlich den Elementen trotzen. Und die gleichen Szenen wiederholten sich am nächsten Tag bei Überquerung der Raduha. Ihre nördlichen Hänge hatten es noch gut verkraftet, aber in den südlich und westlich gelegenen Wäldern sah es fürchterlich aus, sowohl im forstwirtschaftlichen Baumbestand als auch unter den alten Bäumen.

Am nächsten Tag hielten die Wolken Wort und zogen sich zusammen. Morgens, unter den Nordhängen der Raduha, zerbrach ich mir noch eine Weile den Kopf darüber, ob wir sie überqueren sollten oder nicht. Die Raduha gehört nämlich ganz gewiss zu den Gipfeln, auf denen man während eines Gewitters nicht sein möchte. Doch danach sah es nicht aus, eher nach anhaltendem Regen, und so riet ich zu einem zügigen Marsch ohne Unterbrechungen, schon gar nicht auf dem kahlen Gipfel.

Sobald wir unseren Abstieg von der Raduha begannen, fing es auch schon an zu nieseln. Als wir die berühmte Snežna jama (Schneehöhle) erreichten, die höchstgelegene touristische Schauhöhle Sloweniens, wollten wir nur noch so schnell wie möglich ins Tal gelangen. Das Nieseln hatte sich nämlich in einen erbarmungslosen Platzregen verwandelt. Der 1400 Meter lange Abstieg, der ab dem oberen Drittel wirklich steil ist, bescherte uns eine dieser herrlich furchteinflößenden Bergsteigererfahrungen. Der Weg an sich ist zwar nicht besonders anspruchsvoll, obwohl er als solcher gekennzeichnet ist, aber wenn man im Regen absteigt, verdient er dieses Label allemal. Was die Mischung aus glitschigem Laub, schleimigen Wurzeln und rutschigen Steinen angeht, kenne zumindest ich keine Sohlen, denen ich voll und ganz vertrauen würde. Bei solchen Bedingungen würde man sich zusätzlich zu den wenigen vorhandenen und überaus notwendigen Eisentrittstiften und Stahlseilen an einigen Stellen durchaus noch ein oder zwei Geländer wünschen.

Nach knapp vier bis fünf Stunden Aufstieg auf die Raduha und diesem abenteuerlichen Abstieg hatten wir erst einmal genug und beschlossen den Rest des Tages im Trockenen zu verbringen, denn im Regen gibt es in der Umgebung von Robanov kot eh nichts zu tun. Nachdem wir etwas abgetropft waren, hatten wir genug Zeit, uns ein wenig über all das Gesehene zu unterhalten. Marnie stellte eine Tüte mit getrockneten Mangos und eine weitere mit gesalzenen Cashewnüssen vor sich hin, dann sah sie mich eindringlich an und forderte mich auf zu berichten, wo überall ich mit den Kindern schon eine solche Verwüstung wie in den Wäldern der Raduha erlebt hätte und was die Ursachen dafür seien. Ich war kurz davor, ihre ungewöhnliche Leidenschaft für Snacks zu kommentieren, besonders in einer so widersprüchlichen Kombination. Aber eigentlich wollte ich schon lang die Beschreibung des Zustands unserer Wälder loswerden, und das tat ich dann auch gern.

»Also, wir haben Probleme mit einer ganzen Reihe von unterschiedlichen Wetterextremen«, fasste ich schließlich zusammen. »Mit Eisregen, mit Orkanböen und auch mit Trockenheit, wegen der es vor allem im Süden oft zu Bränden kommt. Bei höheren Temperaturen sind auch verschiedene Schädlinge ein zunehmendes Problem. Vor ein oder zwei Jahrzehnten gab es zum Beispiel keine Borkenkäfer oberhalb von neunhundert Metern, jetzt greifen sie bis an die Baumgrenze an. Und oft ist die Zerstörung im Wald umso schlimmer, weil sich diese Probleme gegenseitig verstärken …«

»Klar«, fiel mir Marnie mit einer Hand vor ihrem vollen Mund ins Wort, »beschädigte Bäume sind ein ausgezeichneter Nährboden für alle Arten von Ungeziefer, und Trockenheit schwächt die Widerstandskraft des Waldes ebenfalls.«

»Genauso ist es. Kein Wunder also, dass die Statistiken wirklich erschreckend sind. Hört euch das an.« Ich starrte auf mein Telefon, auf dem ich ein Dokument mit Notizen gespeichert hatte. »In den 1960er Jahren mussten in unserem Land wegen aller Unwetter weniger als eine halbe Million Kubikmeter Holz geschlagen werden, im gesamten Jahrzehnt. In den Siebzigern waren es bereits mehr als eine halbe Million. In den Achtzigern mehr als eine Million. In den Neunzigern waren es anderthalb Millionen, dann dreieinhalb Millionen, und im letzten Jahrzehnt kann der Schaden eines einzigen Unwetters den Gesamtschaden aller Unwetter von den Sechzigern bis zu den Neunzigern übertreffen: In den letzten zehn Jahren sind mehr als zwanzig Millionen Kubikmeter Holzeinschlag angefallen! Der Schaden ist verheerend, allein in finanzieller Hinsicht hat er sich in diesem Jahrzehnt auf fast vierhundert Millionen Euro summiert. Ihr habt ja selbst gesehen, was für ein unersetzlicher Verlust zum Beispiel am Übergang zur Baumgrenze entstanden ist.«

»Und all das passiert ... warum eigentlich?«, fragte Hansel?

»Weil die globale Erwärmung bei uns anscheinend umso größere Auswirkungen hat. Bestimmt wisst ihr, um wie viel Grad die globale Durchschnittstemperatur im Vergleich zu der Zeit vor der industriellen Revolution bereits angestiegen ist?«

»Um rund ein Grad Celsius«, feuerte Marnie ab. »Und hier?«

»Zweieinhalb.«

»Nein!«

»Doch. Und nicht nur bei uns, ähnliche Probleme lassen sich in ganz Mitteleuropa beobachten.«

Schnell schluckte sie einen Bissen herunter.

»Schon im College wurde uns gesagt, dass es bei der globalen Erwärmung zu großen Unterschieden zwischen den verschiedenen Regionen der Welt kommt«, entgegnete sie daraufhin. »Du hast ja gesehen, wie es in den Wäldern an unserem Ende Amerikas, an der Ostküste, aussieht. Nur der besonders zusammengesetzte Wald, der sich seit der letzten Eiszeit auf den höchsten Gipfeln im Süden der Appalachen gehalten hat, wird angegriffen, ansonsten ist die globale Erwärmung bei uns praktisch nicht spürbar. Nur mehr Niederschlag gibt es ist im Durchschnitt – in der gesamten Geschichte der Messungen gab es nur drei so regenreiche Jahre wie 2017, als wir zusammen in den Appalachen waren. Alle drei nach dem Jahr 2000. Doch solch ein Wetter tut dem Wald freilich nur gut, er wächst sogar besser. Aber das hier bei euch ist echt übel!«

»Das Schlimmste ist, dass man nicht weiß, wie es weitergeht«, fügte ich hinzu. »Einigen Computermodellen zufolge dürften sich unsere dominierenden Baumarten, Buche und Fichte, auf über 1000 beziehungsweise 1300 Meter über dem Meeresspiegel zurückziehen. Und das bereits bis zum Jahr 2080. Was an ihre Stelle treten wird, ist nicht bekannt. Neuerdings heißt es, die Wetterbedingungen würden einigen anderen Arten gelegen kommen, doch viele glauben nicht daran. Denn eine solche Art soll beispielsweise die Eiche sein, die aber bereits von einem Parasiten befallen wird, der neu in unserer Region ist und dem es gefallen würde, wenn das Klima noch etwas wärmer wird. Niemand weiß, was passieren wird.«

»Ich hoffe, dass wenigstens irgendwas wächst«, schüttelte Marnie den Kopf. »Erinnerst du dich daran, was ich dir über die Folgen des gewaltigen Kahlschlags in den Appalachen erzählt habe? Die Baumwurzeln stabilisieren die Hänge, die ohne sie gern ins Rutschen geraten. Vor allem so steile und bröckelige wie in euren Bergen rutschen schnell ins Tal ab. Ohne Bäume darauf werden so viele Nährstoffe von den Hängen gespült, dass alles in den Bächen und Flüssen stirbt, man kann sogar ganz ohne Trinkwasser bleiben. Ohne Wald, besonders ohne Bergwald, sähe es bei euch grauenhaft aus.«

»Ja. Wir haben wahrscheinlich schon jetzt Glück, dass unsere Wälder noch in einem so guten Zustand sind.«

»Weißt du, genau deshalb bin ich so erstaunt über all diese Fällungen und umgestürzten Bäume. Schließlich habe ich über euch als Beispiel guter Praxis gelesen, weil ihr die von Wald bedeckte Fläche so stark vergrößert habt.«

»Nicht nur die Fläche«, ergänzte ich beipflichtend. »Ich sag euch mal, was ich über eure Wälder gelesen habe: dass ihr seit Ende der fünfziger Jahre ihre Gesamtholzmasse um 230 Prozent gesteigert habt. Habt ihr eine Idee, wie groß die Steigerung bei uns ist?«

Meine Freunde lächelten mich an.

»Sag es einfach«, erwiderte Hansel.

»320 Prozent, haha!«, hob ich triumphierend die Hände. »Aber wie du schon sagst, Marnie«, fuhr ich ernster fort, »auch bei der Waldquote stehen wir gut da. Bis Ende des 19. Jahrhunderts war sie auf 36 Prozent gesunken, kaum ein Drittel Sloweniens war bewaldet, jetzt sind es fast zwei! Wir liegen an dritter Stelle in Europa, gleich hinter Schweden und Finnland, das, wenn ich mich recht erinnere, etwas mehr als 70 Prozent Wald hat.«

»Wow, bravo!«, applaudierte Marnie aus tiefstem Herzen.

»Und weil die Wälder in einem so guten Zustand sind, hat sich auch der jährliche Holzmassezuwachs vergrößert …«, knüpfte ich an. »Ah, hier habe ich diese Zahlen. In den Fünfzigern nahm die Holzmasse um weniger als drei Millionen Kubikmeter pro Jahr zu. Mittlerweile um fast neun Millionen. Jedes Jahr!«

»Hm«, äußerte Hansel nachdenklich. »Ist das nicht seltsam? Gibt es vielleicht nur deshalb mehr Verlust, weil einfach mehr Holz im Wald ist?«

»Nein, leider nicht. Seit dem Zweiten Weltkrieg ist die Holzmasse um 320 Prozent gewachsen, und die Schäden haben im ungefähr gleichen Zeitraum um … Uff. Um mehr als das Vierzigfache zugenommen! Die Schäden müssen nur noch um das Vierfache zunehmen, dann haben sie das Wachstum eingeholt!«

»Ich hoffe wirklich, dass es nicht so weit kommt«, sagte Marnie. »Nicht nur, weil es für euch schrecklichen Ärger bedeuten würde, es wäre auch ungerecht. Dadurch, dass ihr die Wälder so sehr gestärkt habt, habt ihr genau das getan, was alle tun sollten, und die Hälfte des Problems der globalen Erwärmung wäre gelöst. Sogar die schwierigere Hälfte.«

Damit verwirrte sie mich ein wenig. Hansel lächelte mich freundlich an.

»Du kennst doch Marnie«, sagte er auflachend. »Natürlich weiß sie, wie man die Welt retten kann.«

»Sie weiß, wie man das Problem der globalen Erwärmung lösen kann?«, drehte ich mich wieder zu ihr um. »Dann lass mal hören!«

»So kompliziert ist es gar nicht«, entgegnete sie, »aber man kann es auch nicht in aller Kürze erklären. Und im

Moment beschäftigt mich eigentlich etwas anderes. Könnten wir uns erstmal darauf einigen, wie es morgen weitergeht?«

Murmeltiere, Gämsen und Steinböcke

Marnie, Hansel und ich waren damals erst gemeinsam im südlichen Teil des Appalachian Trail gewandert, hatten uns dann getrennt und trafen uns später im Norden wieder, der für seine engen Schluchten bekannt ist. Ich hatte nicht vergessen, dass Hansel die Steilhänge des Nordens herrlich fand und Marnie ihnen gegenüber eine geteilte Meinung hatte. Sie möge sie zwar, weil sie ein wenig gefährlich seien, sagte sie. Aber sie verdächtige sie, fügte sie hinzu, dass sie ihr wirklich irgendetwas anhaben wollen.

Dieser Weg von der Raduha war denen in den nördlichen Appalachen sehr ähnlich, vor allem bei Regen. Mitten im Abstieg erwähnte ich, dass der nächste Anstieg, der von Robanov kot, sicher anspruchsvoller sei, obwohl man ihn mit dem gleichen Schwierigkeitsgrad bewertet habe. Das brachte Marnie ins Grübeln. Nicht, dass es keinen Spaß gemacht hätte, sagte sie jetzt, wo wir im Trockenen waren. Es sei geradezu romantisch gewesen. Alte Bäume, jeder vom Orkanwind in seine eigene Richtung gebogen. Regenvorhänge und Nebelschwaden. Alles habe glänzend zu dem Gefühl gepasst, dass man auf diesen unverschämt glitschigen Hängen aus Versehen auch draufgehen könnte, meinte sie. Und genau deswegen hatte sie sich unterwegs an etwas erinnert … »Hat nicht jemand erwähnt, dass einer der unbestreitbaren Vorzüge der Transversale darin besteht, dass sie für alle gedacht ist? Und wie ist es jetzt damit?«

Dieses Stichwort kam mir wie gerufen, denn ich hatte schon längere Zeit Antworten auf derartige Fragen zusammengebastelt, und insgeheim hatte ich sie genau von Marnie erwartet. Und jetzt war es auch höchste Zeit für Antworten, denn unterhalb der Raduha schließt sich die

Trasse wieder der alten Hälfte an. Und die steht vielerorts in den Kamniker und Julischen Alpen in erheblichem Widerspruch zu dem menschlichen und sinnvollen Prinzip des eingangs erwähnten Ivan Šumljak, wonach jeder mit etwas Willen dazu in der Lage sein sollte, diese große Tour zu machen. Aber anspruchsvolle und sehr anspruchsvolle Wege sind halt nicht jedermanns Sache.

»Deshalb denke ich auch, dass die Transversale auf solchen Abschnitten mehrere Varianten haben sollte, zum Beispiel von der Raduha«, bemerkte ich und begann mit dem Finger auf die Karte zu zeigen, die ich auf dem Tisch ausgebreitet hatte. »Anstatt beim Abstieg von der Südflanke ins westliche Felsgelände abzubiegen, hätten wir auch auf einem sanfteren Weg weiter Richtung Süden gehen können, ganz bis nach Luče. Von hier aus wäre es auf einem nicht anspruchsvolleren Weg weitergegangen, der von Süden kommend zur Alm Korošica hochführt. Wir hingegen sind der steileren Variante gefolgt, die uns bis zum Orientierungspunkt Rogovilc in der Nähe des gleichnamigen Gasthauses gebracht hat, und von hier aus geht es aus dem Tal Robanov kot über die definitiv schwierige Nordroute weiter bis Korošica.« Ich hielt einen Moment inne, und als ihre Blicke von der Karte zurück zu mir wanderten, ergänzte ich: »Mir ist noch etwas anderes zu diesen Varianten eingefallen, das es jedem erlauben würde, die Transversale zu gehen. Ich bin mir nur nicht sicher, ob das nicht zu kindisch ist. Das habe ich mir halt ausgedacht, als ich mit den Kindern unterwegs war …«

»Sag ruhig«, ermutigte mich Marnie über meine Verlegenheit lächelnd.

»Ich dachte, diese Varianten – weniger anspruchsvoll, anspruchsvoller und sehr anspruchsvoll – könnten eine Art

Maskottchen haben. Die erste wäre zum Beispiel der Weg des mutigen Murmeltiers, die anspruchsvollere Variante der Weg der geschickten Gams und die sehr anspruchsvolle Option der Weg des schneidigen Steinbocks.«

Zumindest Marnie und Hansel fanden die Idee großartig und es störte sie nicht im Geringsten, dass sie ein bisschen kindisch war.

»Alle sind mutig, nicht wahr?«, schmunzelte Hansel.

»So ist es«, bestätigte ich. »Denn jeder, der die Transversale geht, ist eben echt prima und super. Egal, wie unterschiedlich wir sind. Das Murmeltier wird es nicht genießen, mitten in einer Felswand zu sein, genauso wie ein Steinbock sich auf einer Alm eher langweilen wird, und die Gämsen sind irgendwo dazwischen. Und mit diesen Varianten bekommt diese große Tour noch eine weitere großartige Seite. Jeder muss dann in ihrem Verlauf mehrmals den für ihn gerade passenden Weg wählen. Was, wenn ihr mich fragt, eine ausgezeichnete Metapher für das Leben ist, wenn nicht sogar eine hervorragende Übung dafür.«

Meine Freunde hielten dies für einen noch besseren Gedanken. Gekauft, sagten sie, diese Transversale werde zweifellos zu einem wahren Kult, wenn sie solch tiefgründige Lehren biete. Aber dann fiel Marnie etwas ein. Sie interessierte sich für das Prinzip der Wahl, das meinen Worten zufolge eine so große Bedeutung hat. Ob sie denn keine Wahl habe, oder was? Dieser sanftere Weg führe zwar weit herum, aber wir sollten morgen auf direkter Linie hochsteigen? Was, wenn das ein bisschen zu viel für sie sei?

»Hm«, äußerte ich nachdenklich, »was sagst du dazu, Hansel?«

»Zum morgigen Weg über die Felsen? Ich freu mich richtig drauf! Erst recht, wenn das Wetter so mitspielt, wie sie vorhersagen. In dem Fall wird das bestimmt eine meiner schönsten Erinnerungen dieser Ferien!«

Nach Hansels Bekundung von Begeisterung wandte ich mich wieder Marnie zu.

»Wenn ihr euch mir schon früher angeschlossen hättet, hättest du dich an einer kürzeren Variante eines solchen Wegs mit Trittstiften und Stahlseilen versuchen können, zum Beispiel beim Wasserfall Šumnik. Aber nicht schlimm, jetzt machst du das halt auf einem längeren Weg. Und ich glaube, du wirst es nicht bereuen. Du bist um die halbe Welt geflogen und dann erklimmst du nicht einen einzigen der berühmten Wege durch die Alpenwände? Und der aus dem Tal Robanov kot ist wirklich nicht so schwierig. Ja, objektiv gesehen, ist er sicherlich anspruchsvoller als der heutige von der Raduha. Aber du weißt ja, der Abstieg ist immer etwas aufregender als der Aufstieg und der Regen hat es heute für uns sicher noch schwieriger gemacht. Außerdem kommen wir schon vor der Alm Korošica zu einer Abzweigung, wo du zwischen einer Variante für Steinböcke und einer für Murmeltiere und Gämsen wählen kannst.«

»Okay, okay«, gab sie unter dem Ansturm der Argumente nach. »Wenn du denkst, ich schaffe es, dann glaube ich es auch. Eigentlich quengele ich ja nur, damit mich nicht wieder *jemand* auf einen völlig verrückten Weg schleift«, wobei sie Hansel ansah. »Etwa dieser *Jemand*«, sie funkelte ihn erneut an, »der mich davon überzeugt hat, mit ihm auf eine Winterbesteigung des Katahdin zu gehen. Auf dem Knife Edge Trail! Bei minus zwanzig Grad! Und es schneite auch noch!«

Der Mount Katahdin, der letzte Gipfel des Appalachian Trail, hat unter Bergsteigern an der amerikanischen Ostküste einen fast schon mythischen Status. Der Aufstieg über den Grat mit dem malerischen Namen Knife Edge

(Messers Schneide) ist selbst bei gutem Wetter eine Herausforderung. Er ist so schmal, wie sein Name vermuten lässt, die Abgründe darunter sind entsprechend tief, und gemäß der Wildnis-Tradition gibt es auf dieser Route überhaupt keine Sicherungen. Nicht, dass Stahlseile im tiefen Schnee des Winters von Maine etwas nützen würden.

Hansel verteidigte sich so, dass er nur noch tiefer in Teufels Küche geriet. Er verkündete nämlich, dass es gar nicht wirklich geschneit, sondern lediglich ein heftiger Wind geblasen habe, so dass es einem nur so vorgekommen sei, als schneie es. Auch deshalb tat er mir jetzt ein bisschen leid, aber noch mehr, weil ich ihn gut verstand. Es ist ohnehin schon so schön in den Bergen. Wäre es da nicht geradezu wie im Himmel, noch jemanden, den man liebt, an seiner Seite zu haben. Aber leider sind wir nicht alle für alles zu haben. Manch eine Liebe hat keine Zeit, die ganzen Ferien mit dir in den Bergen zu verbringen, und eine andere wiederum bekommt an den etwas ausgesetzteren Steilhängen einen Ohnmachtsanfall. Also erzählte ich Hansel eine bekannte Warngeschichte, die ich seit meiner Kindheit oft und in vielen Versionen gehört hatte.

»Am besten gefällt mir die kürzeste Version dieser Geschichte, die ist am wenigsten grausam«, begann ich. »Sie geht folgendermaßen: Eines Tages steigt eine junge Familie auf einem dieser berüchtigten Alpenwege auf, die wirklich sehr anspruchsvoll sind. Die Mutter bekam schon allein bei dem Gedanken an diese Wände schweißige Hände. Aber der Vater überzeugte sie damit, dass sogar ihre beiden Kleinen es schaffen würden, also warum sie nicht. Und so kletterten sie schließlich über diesen Weg, bis der Mutter schwindlig wurde und die beiden Kleinen ohne sie zurückblieben. Ende.«

Marnie keuchte entsetzt auf.

»Eine sehr bedeutungsvolle Geschichte«, brachte sie dann hervor, »nicht wahr, Hansel?«

»Na gut«, erwiderte er, »vielleicht steckt in diesen Varianten der Transversale noch ein weiterer wunderbarer Gedanke. Einer, der für jemanden wichtig ist, der kein Problem damit hat, genau das Richtige für sich zu finden: einen Weg, einen Job und noch etwas anderes, sagen wir eine Freundin«, grinste er. »Zusätzlich zu all diesem genau Richtigen muss er dann noch lernen, wie er es schlauerweise so hindreht, dass es auch für sie passt, stimmt's?«

Marnie fand, dass das sehr schön gesagt war.

*

Der nächste Tag war wie bestellt. Unten das leuchtende Grün der Gräser, darüber eine Schicht dunkelgrüner Nadelbäume, dann noch dieses ganz besondere Grau der Felswände, deren Ränder hoch oben mit einem dünnen Band von fast weißem Hellblau umzeichnet waren, das dann sofort in ein Blau überging, ein immer tiefer und tiefer werdendes Blau. Was für eine Farbpalette!

Natürlich war es auch angenehm kühl, vor allem mitten in der Wand, durch die der steilste Teil des von Robanov kot kommenden Wegs verläuft; ein herrlicher Tag zum Aufsteigen! Diese Begeisterung teilten allerdings nur Hansel und ich, denn schon im Zustieg hatte Marnie diese besondere graue Schicht der Palette sehr misstrauisch beäugt. Und am Fuße der Wand, zwischen dem ersten Felsgestein, wurden ihre Bewegungen dann fürchterlich steif. Etwas besser wurde es erst, als Hansel ihr vor den ersten Eisenstiften und Stahlseilen versicherte, dass er die ganze Zeit direkt hinter ihr sein und auf sie aufpassen würde. Aber was ihr bei weitem am meisten geholfen hat, war, als er ihr kurz darauf riet, sich nur auf die Bewegungen ihrer Arme und Beine zu konzentrieren, und hinzufügte: »Weißt du, schau einfach nicht nach unten, schau auf keinen Fall nach unten!«

Das ärgerte sie so sehr, dass sie ihre Angst fast vergaß.

Als wir eine Art Aussichtskanzel erreichten, wo wir kurz anhielten, zogen Hansel und ich es daher vor, das Panorama ganz im Stillen zu genießen.

»Wahnsinnig schön, nicht wahr?«, fragte ich ihn fast im Flüsterton.

»Super!«, bestätigte er mir von Herzen, aber ebenso leise.

»Wie findest du den Weg denn?«, erkundigte ich mich verhohlen.

»Noch besser als die Aussicht!«, brach er in gedämpfte Begeisterung aus. »Nein, im Ernst, ich finde die Wegführung großartig, und vor allem gewöhnt man sich unglaublich schnell an euer Eisen. Wahrscheinlich deshalb, weil es so durchdacht in die Wand gehämmert ist, an genau den richtigen Stellen!«

»Wenn es nur nicht so viele herausgerissene Haken geben würde«, murmelte Marnie hinter unserem Rücken. Als wir uns überrascht zu ihr umdrehten, lächelte sie sogar ein wenig. »Was, habt ihr etwa gedacht, ich könnte euch nicht hören, wenn ihr einen Meter von mir entfernt wie zwei Verliebte gurrt?«

Auch kurz nachdem wir aus der Felswand raus waren und der Weg durch Bergkiefern führte, die man tatsächlich ein bisschen zurechtstutzen könnte, entfuhren Marnie noch ein paar bissige Worte. Denn die den Weg überwuchernden Kiefern, die wir im Vorbeigehen streiften, waren noch getränkt vom Regen des Vortags, so dass wir schon nach ein paar Schritten klitschnass waren.

Hier erreicht die Trasse ein Hochplateau und flacht ab. Auf dem Plateau gibt es auch einige größere und kleinere Gipfel, aber dazwischen, von der Baumgrenze bis auf 1800 Meter über dem Meeresspiegel, sanft gewellte Weideflächen. Marnie hatte daher bald wieder viel bessere Laune. Auch der Aufstieg auf den höchsten Berg dieser Hochebene, dessen Spitze an deren nördlichen Rand herausragt, die 2350 Meter hohe Ojstrica, gefiel ihr. Den weniger Kletterei erfordernden Weg hinauf genoss sie sogar. Sie grinste über das am Wegesrand stehende Miniaturmodell des Aljažev stolp (Aljaž-Turm) – das Original, das sich auf dem Gipfel des Triglav befindet und bei Unwettern Unterschlupf bietet, ist ein wichtiges Symbol Sloweniens – und bestaunte das natürliche Fenster in der Felswand, von wo aus man sehr gut direkt in das tausend Meter tiefer liegende Tal Robanov kot hinunterschauen kann. Allerdings zog es sie so gar nicht in dessen Nähe, um einen Blick hindurch zu werfen.

Leider wurden wir trotz des perfekten Morgens nicht mit der sonst brillanten Aussicht von der Ojstrica belohnt. Nach den Regenfällen vom Vortag war die Wetterlage immer noch instabil. Unter dem Druck der Sommersonne löste sich die Feuchtigkeit aus dem aufgeweichten Boden, stieg geschwind auf und verband sich zu Wolken, die sich ausgerechnet rund um die Bergspitzen sammelten. Der aussichtsreiche Gipfel der Ojstrica war daher in dichten Nebel gehüllt.

»Ach, mach dir keine Sorgen«, winkte Marnie angesichts meines diesbezüglichen Missfallens mit der Hand ab. »Wenigstens ist dann nicht zu sehen, worauf wir uns einlassen. Denn anscheinend steigen wir ja auf der anderen Seite ab, dort wo es so mordssteil hinunter geht?«

Der kurze Weg von der Ojstrica bis zu der Abzweigung, wo die Variante für Steinböcke beginnt, war eigentlich nicht schlimm, aber Marnie hatte genug von solchen Abstiegen und ließ uns das auch wissen. Sobald wir ganz aus dem Nebel raus und in der warmen Bergsonne waren, schlug ich daher eine Jausenpause vor.

»Na, sagt mal«, ermunterte ich sie, als mein Mund wieder leer genug war. »Wie einigen wir uns denn jetzt für den weiteren Weg? Hier rechts setzt sich die Trasse der Transversale fort, die in mehreren Abschnitten wirklich sehr anspruchsvoll ist. Sie ist also eigentlich nur etwas für echte Steinböcke. Die einfachere Variante führt nach links und über Wege, die in einigen kurzen Passagen anspruchsvoll sein sollen, es aber nicht wirklich sind. Diese Variante ist daher hervorragend für Gämsen geeignet, aber auch Murmeltiere können sie bewältigen, für sie ist sie sogar viel lohnender.«

Hansel hat bis hierher wahrscheinlich intensiv darüber nachgedacht, wie er es drehen kann, damit es für Marnie passt. Sie hatten sich wohl auch in ihrem Zimmer darüber unterhalten, nachdem wir ins Bett gegangen waren, denn Marnie schaute ihn jetzt nur erwartungsvoll an, und Hansel meinte, dass es doch ganz offenkundig sei: Marnie möchte einen auf Murmeltier machen, vielleicht ein bisschen auf Gams, er auf jeden Fall Steinbock. »Und was ist mit dir«, fragte er mich.

»Nun, mich reizt natürlich mehr die Steinbock-Variante, weil sie echt super ist. Aber ich habe sie schon begangen und werde das sicherlich irgendwann wiederholen«, dachte ich laut nach. »Eigentlich müsste ich die Variante für Murmeltiere und Gämsen machen, weil ich einen kleineren Teil davon noch nicht kenne. Dieser kurze Abschnitt ist aber bestimmt in Ordnung, denn es handelt sich um einen bekannten Weg und ich kann ihn mir jederzeit anschauen.

Also, ihr seid die Gäste, ist doch klar, dass ich mich so drehen werde, wie es euch am besten passt.«

Hansel erwiderte, dass das sehr freundlich von mir sei und ihnen die Sache erleichtere. Er würde nämlich gern weiter einen auf Steinbock machen und das allein. Man wisse ja nie, das könnte für längere Zeit seine letzte Gelegenheit sein, mal ganz in Ruhe ein wenig Dampf abzulassen. Die ganze notwendige Ausrüstung habe er sowieso dabei. Er habe sich sogar den GPS-Track der Transversale auf sein Handy geladen. Der müsse er ja einfach nur folgen, oder?

Das erwies sich als rhetorische Frage, denn noch bevor ich Atem geholt hatte, fuhr er fort: »Schlussendlich muss ich allein weitergehen, denn Marnie kann nicht ohne Begleitung durch die Berge laufen, erst recht nicht jetzt. Du begleitest sie doch, stimmt's? Damit sie nicht allein ist.«

Ich starrte ihn immer verwunderter an. Warum denkt er, dass er das eine ganze Weile nicht mehr machen kann? Und warum ist er so besorgt wegen Marnie, *erst recht jetzt*? Und auch Marnie selbst, freilich sind Wanderer ständig hungrig, aber diese ihre Begeisterung fürs Essen und vor allem für diese ungewöhnlichen Geschmacksmischungen …

Anscheinend stand mir ins Gesicht geschrieben, wie alles langsam an seinen Platz fiel, denn besonders Marnie beobachtete mich nun mit immer erwartungsfroherer und strahlenderer Miene. Als es bei mir endlich klick machte, nickte sie mir voller Begeisterung und vollends glücklich zu.

»Ja! Wir haben es kurz vor unserer Abreise erfahren!«

Zur Kokra

Nachdem sich Überraschung und Freude gelegt hatten, musste ich ein wenig die Stirn runzeln. Wie sich die beiden das vorgestellt hätten, fragte ich sie. Schwanger durchs Hochgebirge, das ist also einfach so okay, junger Herr Doktor?

Hansel war schließlich sogar eingeschnappt und Marnie entgegnete aufgebracht, wofür ich ihn denn halten würde. Selbstverständlich habe Hansel sofort eine Untersuchung bei einer echt prima Gynäkologin in die Wege geleitet und alles sei super. Es gäbe nichts Besseres, habe wohl auch diese Frau Doktor dazu gemeint, als dass sich die Mama im ersten Trimester so viel bewegt, wie es ihr guttut. Und falls ich das zufälligerweise noch nicht gehört hätte, manch eine gehe auch noch in der vierzigsten Woche in die Berge!

Natürlich gab ich nicht sofort klein bei, doch im Anschluss haben sie jedes einzelne meiner Bedenken entkräftet. Ich erfuhr sogar, dass die Schwangerschaft durch viel Gehen leichter zu ertragen ist und die Übelkeit derjenigen ähnelt, mit der auch der Transversalist morgens aufwacht; solche Dinge seien jetzt für Marnie ein Klacks. Nur diese Kletterei, sagte sie schlussendlich, bereite ihr Sorgen. Auf sehr anspruchsvollen Wegen wolle sie auf keinen Fall gehen.

Ich schüttelte den Kopf. »Na klar, dass du die Variante für Murmeltiere nimmst, etwas anderes kommt gar nicht in Frage. Und auch die Entfernungen werden wir verkürzen, so viel, wie wir am ersten Tag gemacht haben, ist bestimmt nicht in Ordnung.« Nur gut, dass wir am zweiten Tag hauptsächlich gesessen haben! »Du«, wandte ich mich Hansel zu, »musst mir aber noch einmal erläutern, warum es eine so gute Idee ist, dass du allein weitergehst!«

Letzten Endes überzeugte er mich. Und das nicht mit einem Schwall von Argumenten. Als ich ihn anblickte, erinnerte ich mich, wie es ist, wenn du ein frischgebackener Familienvater bist. Wenn du ständig ohne Geld und mit Arbeit zugeschüttet bist, dass du kaum den Kopf über Wasser hältst. Und dann noch die Brecherei über die Schulter, die Windeln, deren Füllung manchmal eine sehr interessante Farbe haben, die Schlaflosigkeit. Klar, soll der junge Mann ruhig ein paar Tage allein mit sich auf den wildesten Wegen der Kamniker Alpen sein, schmunzelte ich schließlich in mich hinein. Eine Übung in Furchtlosigkeit dürfte ihm ganz gelegen kommen.

Aber bevor wir unserer Wege gingen, mussten wir uns noch auf so einiges Praktisches einigen. Da sich die beiden Varianten in mancherlei Hinsicht unterscheiden, war die Abstimmung gar nicht so einfach. Zum Beispiel mussten wir für beide ausrechnen, welche Distanz wir auf jeden Fall bewältigen können. Als wir ihren Besuch vereinbart hatten, war Hansel nämlich plötzlich eingefallen, dass Venedig »sozusagen in Slowenien« liegt. Es stellte sich heraus, dass es seit jeher sein Herzenswunsch war, es zu sehen. Sie hatten schon einige Reservierungen für den zweiten Teil ihres Kurzurlaubs getätigt und damit auch festgelegt, wann sie weiterreisen müssen.

Zu guter Letzt beschlossen wir, dass Hansel bis Jezersko geht, bis wohin es von der Ojstrica eine dreieinhalbtägige Wanderung mit etwas Kletterei ist. Marnie und ich hatten vor, bis zum unterhalb von Jezersko liegenden Tal des Flusses Kokra zu kommen. Vor uns beiden lag an diesem Tag also nur noch der Abstieg nach Kamniška Bistrica und am folgenden Tag würden wir den Grintovec erklimmen und daraufhin zur Kokra absteigen. Wenn alles nach Plan läuft, würde uns Mateja dort übermorgen Vormittag einsammeln. Einen Tag später holen wir dann Hansel in Jezersko ab. Abgemacht!

Hansel hatte es ziemlich eilig, da er bis zum Abend noch ein gehöriges Wegstück vor sich hatte. Deswegen verabschiedeten wir uns schnell und ich machte mich mit Marnie langsam auf den Weg zur Alm Korošica. Und weil es von dort nur noch gute zwei Stunden bis Kamniška Bistrica sind, zeigte ich ihr auch noch die nahe Alm Petkove njive.

Die sollte man sich nicht entgehen lassen. Ähnlich wie bei der Korošica-Alm wird auch die Alm Petkove njive zum Tal hin von einer Moräne, einer Barriere aus Fels- und Schuttgeröll, abgeschlossen, hinter der sich ein malerischer See gebildet hat. Allerdings nicht aus Wasser. Das von den umliegenden Bergen fließende Wasser lagerte hier lediglich so viele kleine Steine auf den beiden Almen ab, dass sie das Becken hinter der Moräne überfluteten und eine große, ebene Fläche schufen, wie die Oberfläche eines Sees. Auf der Korošica wird diese völlig eingeebnete Fläche jedes Jahr von dem fleißigen Melkvieh dermaßen gründlich abgeweidet, dass sie wie ein englischer Rasen aussieht und danach tatsächlich als richtiger Fußballplatz dient. Die Wiesen der Petkove njive sind noch viel umfangreicher, so dass dieser steinerne See umso beeindruckender ist. Da sich die Alm abseits aller bekannten Wege befindet und offenbar nicht beweidet wird, liegt der See weiterhin vollkommen ruhig da, und seine Oberfläche ist mit einem Teppich aus Berggräsern und Blumen bedeckt, noch schöner als der englische Rasen. Er hinterlässt auch deshalb einen wesentlich stärkeren

Eindruck, weil er tiefer liegt als der bei der Korošica-Alm, aber unter denselben felsigen Bergrücken; wie Handflächen wölben sich die mächtigen Wände um die grüne Ebene, und die beiden markanten Gipfel auf beiden Seiten tragen Namen, wegen der sie trotz ihrer Schroffheit gut in dieses schützende Bild passen: Lučka Baba (Luče-Großmutter) und Lučki Dedec (Luče-Großvater).

Die ganze Szene war also geradezu wie geschaffen für Marnie und mich, um noch etwas zu den Neuigkeiten zu sagen, die sie und Hansel bis zur Ojstrica für sich behalten hatten.

»Stimmt«, erinnerte ich mich, nachdem wir schon eine Weile geplaudert hatten, »irgendwie hatte ich den Eindruck, dass du nichts gegen eine Heirat hast. Nicht, dass mich das was angeht, aber dennoch – wie sieht es denn damit aus?«

»Es ging etwas zu schnell«, sagte sie lächelnd. »Du weißt ja, Hansel wollte schon nach dem Appalachian Hals über Kopf heiraten. Aber ich hielt es für klug, dass er zunächst seine Spezialisierung macht. Dass wir einige Zeit zusammenleben und sehen, ob wir uns auch im Alltagsleben gefallen, nicht nur in den Bergen.« Nach einem kurzen Schweigen fügte sie hinzu: »Und natürlich schwammen wir nicht gerade im Geld, und ich will einen richtigen Diamanten oder nichts.«

Ich erwiderte ihr Lächeln.

»Und?«

»Ach, was weiß ich. Hansel hat danach nie wieder vom Heiraten gesprochen. Andererseits kam es mir sehr eigenartig vor, wie ihm wirklich ganz kurz vor unserer Abreise urplötzlich einfiel, dass er schon immer Venedig sehen wollte.«

»Aber echt«, schmunzelte ich. »Ihr beiden seid immer voller irgendwelcher Überraschungen.«

Wir blickten uns ein oder zwei Augenblicke an.

»Du bist der Allererste, dem wir es erzählt haben«, sagte sie schließlich.

»Wow, wirklich?«

»Ja. Ihr Slowenen seid doch Katholiken, oder nicht?«

»Ähm, ja. Nun, ich denke, wir sind eher eigentümliche Katholiken. Wenn ich mich richtig erinnere, deklarierten sich bei der letzten Volkszählung etwa zwei Drittel von uns als Katholiken. Aber diejenigen, die wenigstens annähernd jeden Sonntag zur Messe gehen, machen, soweit ich weiß, kaum ein Fünftel aus, wahrscheinlich nicht einmal das.«

»Okay, aber ihr versteht, sagen wir mal, was eine Taufe ist?«

»Ja, denn das ist es, was an unserem Katholizismus in letzter Zeit so interessant ist. Für die Mehrheit ist die Religion selbst offenbar zweitrangig geworden, ihre größten Feiertage aber keinesfalls. Obwohl die Kirchen normalerweise leer sind, kann man die meisten zum Beispiel zu Ostern und selbstverständlich zu Weihnachten kaum betreten, so voll sind sie. Klar, schließlich sind dies uralte Feiertage, die wir als Höhepunkt des Frühlings und der Wintersonnenwende schon seit Jahrtausenden feiern. Und natürlich sind sogar für Nicht-Gläubige die kirchlichen Rituale, die nicht die allgemeine Zeit bestimmen, sondern deine persönliche, fast schon etwas Obligatorisches: Geburt, Hochzeit, Beerdigung.«

»Schön«, meinte Marnie. »Wir Menschen haben eben ein Bedürfnis nach solchen Ritualen, stimmt's? Selbst solch eine Atheistin wie ich. Es würde mir so viel bedeuten, wenn Hansel und ich heiraten, und zwar so, wie es sich gehört.

Um unsere Willensäußerung zu bekräftigen, um der Hoffnung willen, dass weiterhin alles so bleibt, wie es sein soll. Und manche dieser Rituale sind auch sehr praktisch«, wobei sie mich wieder direkt ansah. »Zum Beispiel, wenn mir und Hansel etwas zustößt, du weißt ja, wir beide sind eher allein auf der Welt. Deshalb habe ich mich gefragt, ob ihr bei euch Paten kennt. Weil Hansel und ich dachten, wir fragen dich mal … Würdest du? Bitte?«

*

Ich habe es ja gesagt, auf der Alm Petkove njive ist es wirklich schön. Und schön ist es auch auf der Strecke nach Kamniška Bistrica. Erst recht nach so einem Gespräch würde ich am liebsten auf der direktesten Linie dorthin hinunterklettern. Dies würde bedeuten, zunächst auf einem unmarkierten Weg auf die erwähnte Moräne zu steigen. Anschließend ginge es steil hinab auf einem wilden Pfad, wo man fast immer ein seltenes Tier oder eine außergewöhnliche Blume erspähen kann. Aber zu dem Bachbett weiter unten, in dem sich das Wasser des Orglice-Wasserfalls sammelt, müsste man sich an einem Seil hinunterhangeln, und ich würde mir nicht einmal trauen, Hansel dort entlang zu führen, geschweige denn Marnie. Und überhaupt. Der Weg, der von Korošica über den Pass Presedljaj führt, ist wesentlich gutmütiger und ebenfalls sehr schön.

Das Wetter, das viel freundlicher als bei unserem Abstieg von der Raduha war, trug das Seinige dazu bei. Marnie war von diesem Weg nach Kamniška Bistrica sehr angetan. Besonders nach dem Presedljaj. Ihr fiel zum Beispiel auf, wie er einen manchmal absichtlich auf einen Abweg führt, den man nicht verpassen sollte. Nicht nur, weil es an den Kehren der aus heiterem Himmel auftauchenden Wegkrümmungen immer irgendetwas gibt, das einem den Atem verschlägt. Auch wegen der großartigen und ab und zu etwas beängstigenden Ausblicke, die Zeugnis von der exzellenten Streckenführung ablegen. Mit einem Mal befindest du dich am Rand irgendeiner namenlosen tiefen Senke, um die der Weg ganz leichtfüßig einen Bogen gemacht hat, oder vor der brüchigen Felswand des Rzenik, die er wie zufällig umgangen hat.

Der den Lučki Dedec und noch weitere Gipfel in seinem Kamm umgehende Weg führt einen genau unter den bereits erwähnten Wasserfall Orglice. Rund um den Wasserfall und im nahen Tal der Kamniška Bistrica gibt es noch manch interessante Dinge zu sehen. Unweit von Orglice befindet sich beispielsweise ein Denkmal zum Gedenken an einen amerikanischen Piloten, das wir unbedingt besuchen mussten. Die dahinter verborgene Geschichte ist zweifelsohne sehr typisch für diese Art der Verbundenheit mit Amerika. Während des Zweiten Weltkriegs wurden etliche amerikanische Flugzeuge über Slowenien abgeschossen, und die Partisanen waren stets sehr bemüht, die überlebende Besatzung zu retten. Sicherlich aus verschiedenen Gründen, aber an der hingebungsvollen Rettung der abgestürzten Luftfahrer zeigte sich auch, dass den meisten Partisanen der russische Kommunismus nicht am nächsten stand; mit den oft sehr riskanten Rettungsaktionen wollten sie gewiss auch deutlich machen, dass sie immer noch Amerikas Verbündete sind. Auf jeden Fall gelang es den Deutschen nur zwei der zehn Besatzungsmitglieder des auf dem Hang einer der umliegenden Almen abgestürzten Flugzeugs gefangen zu nehmen. Die beiden Toten begruben die Partisanen neben dem Flugzeugwrack, und von den sechs Geretteten wurden zwei im Partisanenlazarett gesund gepflegt, das sich in der Nähe des Orglice-Wasserfalls befand.

Derartige Rettungsaktionen bildeten die Grundlage für einen der Höhepunkte des slowenischen Kinos, *Dolina miru* (*Tal des Friedens*). Dieses Kriegsdrama verdiente sich 1957 eine Nominierung für die Goldene Palme und John Kitzmiller, in der Rolle des abgestürzten amerikanischen Luftfahrers, war der erste schwarze Schauspieler, der in Cannes den Preis für den besten Darsteller gewann. Mittlerweile hat der Film bereits eine sympathische Patina angesetzt, so dass es eine Freude ist, ihn anzuschauen, besonders die gefühlsbetonten Szenen zwischen dem schwarzen Soldaten und den slowenischen Waisenkindern. Aber vor allem habe ich Marnie davon erzählt, weil er so viele interessante Gedankenwendungen und Anspielungen enthält.

»Natürlich sind sie einigermaßen politisch bedingt. Der Film wurde gedreht, kurz nachdem sich unsere Nachkriegsregierung mit ihren russischen Paten zerstritten hatte. Damals passte ihr die hingebungsvolle Rettung eurer Luftfahrer gut in den Kram, um damit die Verbundenheit zu Amerika zu betonen. Nicht nur in dem Sinn, dass wir viele abgestürzte Flugzeugbesatzungsmitglieder gerettet haben, das wurde sogar bescheiden in den Hintergrund gerückt. Vielmehr hat man hervorgehoben, wie ihr uns geholfen habt; im Vordergrund steht nämlich ein dunkelhäutiger Amerikaner, der auf der Flucht vor den Deutschen auf zwei slowenische Waisenkinder trifft und sie rettet. Eine interessante Wendung, nicht wahr? Und darin verbirgt sich noch mehr, etwa: ein Schwarzer rettet Kinder der Rasse, die ihn einst in Ketten legte. Das ist natürlich ein Hinweis darauf, wie sehr wir uns ähneln. Schließlich ist dieser Luftfahrer genau wie wir – auch wir haben die Fesseln gesprengt und uns unsere Freiheit erkämpft. Er ist so wie wir, ja, denn auch in seinem Herzen nehmen Waisen offensichtlich einen ganz besonderen Platz ein. Obwohl die Deutschen hinter ihm her sind, nimmt er sie mit und stirbt am Ende sogar, um sie zu retten.«

*

Der erste Teil des Wegs auf den Grintovec, den wir am nächsten Morgen vom Tal aus nahmen, war nicht sonderlich begeisternd. Am Anfang gab es viel Schotter und von den vorbeifahrenden Autos aufgewirbelten Staub. Es kündigte sich nämlich ein echt toller Tag an und der Aufstieg zum Grintovec aus dieser Richtung ist aus mehreren Gründen einer der beliebtesten. Auf jeden Fall wegen der herrlichen Aussicht vom Gipfel, der mit seinen 2558 Metern der Champion der Kamniker Alpen ist, aber vor allem ist diese Gipfelbesteigung auch eine der einfachsten in diesem Gebirge. Und natürlich auch, weil man mit dem Auto recht hoch hinauffahren und so den Weg abkürzen kann.

Als die Straße nach dem letzten Parkplatz endlich in einen Wanderweg überging, war es daher nicht weiter verwunderlich, dass dieser gut bevölkert war. Das war eine angenehme Abwechslung. Im Bergland von Posavje und auf dem Stück entlang der alten Hälfte von Travnik nach Pohorje war ich zwar einigen Wanderern begegnet. Aber auf dem Rest der Strecke fast keinen. Und wegen der schlechten Wettervorhersage hatte ich in den ersten Tagen ab Mežica auch dort kaum eine Handvoll anderer Wanderer getroffen. Hier kamen uns mindestens zehn entgegen, die in der Hütte auf dem Sattel Kokrško sedlo übernachtet hatten, und wir trafen auf wenigstens doppelt so viele, die auf dem Weg dorthin waren.

Dem Weg zum Sattel ist anzumerken, wie beliebt er ist, denn er ist ziemlich ausgetreten. Deshalb ist er unten im Wald ganz in Ordnung. Aber es ist nicht gerade ein romantischer Weg, und das gilt auch, wenn er nur noch von Zwergkiefern und dann bis zum Sattel selbst von Geröll umgeben ist. Aber zumindest mir passte das ganz gut ins Konzept. Auf diesem langen Anstieg mit fast zwei Kilometern Höhenunterschied gab es nämlich nichts, was mich davon abhielt, mich ganz im Gehen zu verlieren. Auf die Muskeln zu achten, die in einem komplexen Tanz aus rhythmischen Wechseln ein beträchtliches Gewicht bergauf heben. Auf die geliebten Stöcke, die wie zwei längst verlorengegangene Gliedmaßen sind. Die Atmung, den Herzschlag. Und noch manches mehr. In der richtigen Begleitung, die es versteht, ohne unnötige Worte, Blicke und Bewegungen an deiner Seite zu sein, kannst du dich auch ihrer so ganz anderen Art zu gehen widmen. Klar, in ihr ist ein anderer Mensch, und wenn du eine solche Begleitung vor dir hast, passt du deinen Gang an den ihren an, bis sie sich völlig vereinigen. Und wenn sie hinter dir ist und ihr Gang mit deinem verschmilzt, hast du das Gefühl, dass sie dich fest umklammert, ohne dich zu berühren. Sie ist einfach nur da, perfekt koordiniert, aber dennoch sie selbst, die beste Gesellschaft.

Spätestens am Ende des langen Anstiegs zum Grintovec kann man sich freilich nicht mehr in den eigenen Gang und den seiner Begleitung vertiefen, zu überwältigend ist dort die Schönheit. Wenn du dich dem Gipfel näherst, tauchst du daher langsam aus diesem weiten Ozean der eng verwobenen Verbindung mit dem anderen auf, und wenn du dich aus diesen stillen Tiefen nach oben windest, ist es, als würdest du dich auf einmal in einem Glockenturm befinden: die Szenerie um dich herum, die Sonne und der tiefblaue Himmel über dir, sogar die Luft, die dich umgibt, alles singt wie eine bronzene Glocke. Und wegen der ganzen vorherigen Nähe zum anderen und wegen dieses kraftvollen Läutens könnt ihr gar nicht anders, als nah beieinander zu stehen, Schulter an Schulter. Und dann spürst du noch intensiver, was du schon an ihrem Gang gemerkt hast. Wie sehr sie ihn vermisst.

Schau, sagst du deshalb, du wirst es nicht glauben, dort hinten waren wir noch gestern, siehst du? Ja, diese Spitze gegen Ende des Hauptkamms der Kamniker Alpen, das ist die Ojstrica. Und weißt du, wohin Hansel von dort aus gegangen ist? Über die breite Felsmasse vor der Ojstrica, das ist die Planjava, die anspruchsvolle Planjava. Von ihr hat er sich zum Sattel Kamniško sedlo vorangekämpft, der sich weiter unten versteckt, man kann ihn von hier aus nicht sehen, und vom Sattel ist er dann noch weiter Richtung Norden abgestiegen, ganz bis zum Kar, an dessen Rand die Hütte Frischaufov dom na Okrešlju liegt.

Und heute, fragt Marnie, wo läuft er heute? Ich denke ein wenig nach, rechne. Jetzt ist er wahrscheinlich dort hinten, hinter der Skuta, zeige ich, zwischen den furchteinflößenden Rinkas, denn es gibt dort gleich mehrere Gipfel, die Rinka heißen. Oje, schüttelt sich Marnie, also dort, wo Felsstürze andauernd die Stahlseile wegreißen, wie du gemeint hast? Ah ne, erwidere ich, diese etwas fiese Stelle liegt bestimmt schon hinter ihm. Jetzt ist er mitten in einem der großartigsten Abschnitte und bald wird er ganz glücklich wieder auf den Hauptkamm kommen. Von dort geht er über die Skuta, die kühne Skuta, bis er hier unten ankommt: unter den Ostwänden des Grintovec; dann weiter über das karstige Hochgebirgsgelände Veliki podi, am Biwak vorbei bis zur Hütte auf dem Sattel Kokrško sedlo. Bis zu der Hütte, an der wir vorbeigekommen sind? Ja, Marnie, lächele ich sie an, die Hütte, an der wir vorbeigekommen sind. Und morgen, fragt sie, wird er vom Sattel auf dem gleichen Weg wie wir hier hinaufsteigen, auf genau dem gleichen? Auf genau dem gleichen, auf dem du gegangen bist und auf dem du auch wieder absteigen wirst.

Marnie nickt. Doch dann, nach einer Nachdenkpause: Aber Hansel wird doch nicht auch auf diesem Weg runtergehen, oder? Mein Lächeln wird breiter. Nein, dein Hansel steigt Richtung Westen ab, schau, über diesen Sattel und von dort auf die Kočna. Wow, sagt sie, als sie sich das nächste Massiv anschaut, das sich im Westen erhebt, fast bis auf dieselbe Höhe wie der Grintovec. Wow, wiederholt sie. Ist da dieser Felsvorsprung, über den man ohne Rucksack auf dem Rücken kriechen muss, weil die darüber befindliche Wand so tief nach unten reicht? Dieser Vorsprung, der so schmal ist, dass man von ihm hinunter ins Ende der Welt sehen kann? Ja, sage ich lachend, und noch lustiger ist es von der Kočna auf demselben Weg zurückzukehren und anschließend auf einem nicht wesentlich gnädigeren Pfad bis zur Češka koča, der Tschechischen Hütte, abzusteigen. Wenn du da unterwegs bist, hast du das Gefühl, dass das auch das Ende der Welt sein könnte, aber du es schon irgendwie schaffen wirst. Und von der Tschechischen Hütte ist es dann nur noch ein Spaziergang bis nach Jezersko. Siehst du es, dort, tief unten im Tal auf der Nordseite?

Marnie sieht es. Es ist furchtbar tief. Hansel ist so tapfer, findest du nicht? Und schon morgen hat sie ihn wieder zurück. Sie entspannt sich ein wenig, sieht mich an, lächelt: Es ist wahnsinnig schön. Zeigst du mir noch was? Selbstverständlich tue ich ihr diesen Gefallen. Die Peca ist dort, schau. Ja, so weit weg ist sie. Ja, so breit ist sie. Ja, dieser Grat vor ihr ist die Olševa. Nein, die Raduha ist nirgendwo zu sehen, sie verbirgt sich auch hinter der Skuta. Und dort auf der anderen Seite, in Richtung Westen, wandere ich dann weiter, wenn ihr beiden schon in Venedig seid: Knapp hinter der Kočna guckt der Storžič hervor. Dahinter sieht man nicht mehr viel, es liegt noch so viel Feuchtigkeit in der Luft. Die Karawanken und die Julischen Alpen im Westen und auf der anderen Seite Ljubljana verlieren sich in einem bläulichen Filter, der alles mit dem Himmel verschmolzen hat, als gäbe es keinen Horizont dazwischen.

Während wir die Blicke in die Ferne schweifen lassen, wird mir erst richtig bewusst, wie viele Menschen sich auf dem Gipfel versammelt haben und wie viele von ihnen uns anstarren. Natürlich, vorher sind wir ihnen zu schnell entgegen oder an ihnen vorbei gegangen, und es drehten sich nur einige verspätete Augen nach uns um. Aber hier oben können es einige Leute offenbar kaum erwarten, dass wir aufhören, in der Fernsicht zu schwelgen. Zum Beispiel diese beiden zu uns schauenden Damen … und schon stehen sie neben uns.

Herr Jakob? Sie sind doch Herr Jakob? Und das ist … Ja, nicke ich freundlich, das ist Marnie, sie ist zu Besuch gekommen. Das heitert die Damen so richtig auf. Ich wusste, dass sie es ist, ruft eine von ihnen aus! Was für ein hübsches Mädchen! Schau, Milena, wie sie strahlt! Ja, die andere nickt ihr verschmitzt zu, mit so einem Mädchen an der Seite fällt einem das Wandern sicher nicht schwer, nicht wahr, Herr Jakob? Aber wissen Sie, wenn Maria und ich Sie jemals so durch die Berge führen würden, würden Sie auch auf Wolken gehen, ganz bestimmt.

»Oh, Frau Milena, Sie würden mich in die Berge mitnehmen?«, freue ich mich. »Was für ein Kompliment!«

*

Marnie schmunzelt unentwegt, während wir vom Dach des Grintovec hinabsteigen.

»Du bist aber berühmt«, neckt sie mich schließlich.

»Ach, hör auf«, lache ich, »du hast doch gesehen, dass du noch berühmter bist.« Dann fällt mir ein: »Nein, eigentlich hast du das nicht wirklich gesehen. Du warst auch nicht bei den Buchpräsentationen dabei, du hast nicht auf die Briefe der Leser geantwortet, die fast immer nach dir und Hansel fragen, vor allem nach dir.«

Marnie hält inne und dreht sich mit ungläubigem Blick zu mir um: »Im Ernst?«

»Oh ja. Eine Dame«, entgegne ich, »hat mich geradeheraus gefragt, ob du eine Ausgeburt meiner Fantasie bist.«

Marnie bricht in Gelächter aus: »Im Ernst?«

»Oh ja. Und wenn du ein wenig darüber nachdenkst, ist die Frage logisch. Nicht nur, dass du so hübsch bist, so belesen und so intelligent, dass man kaum glauben kann, dass du existierst«, sage ich und tue so, als ob ich nicht bemerke, wie sich ihre Augen wie die eines Kindes weiten. »Gleichzeitig wissen diese Damen, wie unheimlich schwierig es ist, sich aus den Verhältnissen, in denen du aufgewachsen bist, zu befreien, welche schrecklichen Hindernisse einem dabei in den Weg gelegt werden. Diese Damen wissen das, weil sie es selbst durchgemacht haben. Und bei einem einsamen Wanderer, besonders einem mittleren Alters, besonders auf einem so langen Weg, halten sie es deshalb für wahrscheinlicher, dass er dich erfunden hat.«

Marnie nickt und blinzelt dabei scheu in meine Richtung. So viele Komplimente! Ich zwinkere ihr zu.

»Aber die Herren«, sage ich, »die stellen vielleicht erst interessante Fragen!«

»Aha?«

»Oh, ja. Die Gutherzigsten entschuldigen sich immer für die Störung, aber sie müssten einfach fragen, denn sie würden sich um dich und Hansel Sorgen machen. Und fragen mich: Sind die beiden noch zusammen? Lieben sie sich noch? Sie sind doch okay, Marnie und Hansel, ihnen geht es doch gut, nicht wahr?«

Marnie dreht sich um und geht weiter voran. Erst nach einer ganzen Weile reibt sie erst die eine Wange an der Schulter, dann die andere an der anderen.

»Solche Herren und Damen kenne ich«, sagt sie dann, ohne innezuhalten oder sich umzudrehen. »Damen mit solchen Fragen überprüfen nur, ob du wirklich so bist, wie du vorgibst. In Wahrheit sind sie aber so gutherzig. So wie diese Herren machen sie sich tatsächlich Sorgen um dich, auch wenn sie dich kaum kennen. So wie sie helfen sie dir bei so vielen Gelegenheiten. Ich habe zwar eine Großmutter. Aber ohne all diese Menschen wäre ich verloren gewesen. Wahrscheinlich gäbe es mich gar nicht mehr.«

Warten auf Hansel

Während Marnie und ich in Jezersko auf Hansel warteten, der von der Kočna herunterkam, ließen wir die Erinnerungen vom Vortag aufleben, als wir ins Kokra-Tal abgestiegen waren. Derselbe Zusammenstoß zweier kampflustiger Gewitterzellen, der damals, als ich mit den Kindern aufgebrochen war, unseren ersten Tag auf der Transversale bereichert hatte, muss über diesen Bergen schrecklich gewesen sein. Das erste Anzeichen für die Folgen des Sturms war die geschlossene Abzweigung zur Abkürzung durch das felsige Gelände über dem Suhadolnik-Bauernhof. Nachdem wir das Felshindernis auf dem angenehmen und für Marnie genau richtig anspruchsvollen alten Weg umgangen hatten, entfaltete sich vor uns das ganze Ausmaß der Verwüstung. Die Betten der Sturzbäche waren offensichtlich zu klein gewesen für die Wasserflut und die Steine, die sie mitführte. Denn das Wasser hatte sich überall im Wald neue Wege gesucht, mancherorts unglaublich tiefe Rinnen hinterlassen und an anderen Stellen meterweise Geröll, größere Steine und Felsen aufgeschichtet. Eine der alten Markierungen entlang des Weges, die sich einst in Augenhöhe befand, ragte kaum noch aus dem angeschwemmten Gestein heraus. Mehrere Bagger und Lastwagen waren noch immer im Einsatz, denn auch die Straße war weggespült worden und das verschüttete Flussbett musste ausgegraben werden. Und dass die Natur in der Vergangenheit selten so dermaßen heftig gewütet hatte, war am deutlichsten rund um Suhadolnik zu sehen. Die Weiden neben dem Bauernhof waren mit Felsbrocken übersät, die bis dorthin gerollt waren, daneben grasbewachsene Ausbuchtungen von ganz ähnlicher Form und Größe: Felsbrocken, die eine ebenso wilde Sturzwasserflut hier abgelagert hatte, die aber schon sehr lang zurückliegen musste, denn sie waren völlig von Gras überzogen.

»Wie aus dem Lehrbuch«, sagte Marnie kopfschüttelnd, als wir uns in Jezersko diese Szenen wieder vor Augen führten. »Ein Beispiel für eine der ersten ausgeprägteren Folgen der globalen Erwärmung, die Zunahme von Extremwetterereignissen.«

»Stimmt,« erinnerte ich mich, »du musst mir ja noch erzählen, wie wir das Problem der globalen Erwärmung lösen.«

Sie lächelte mich an und blickte dann in die Richtung, aus der wir Hansel erwarteten.

»Hansel zieht mich gern damit auf, seit ich ihm mitgeteilt habe, zu welchen Schlussfolgerungen wir im Seminar am College gekommen sind.«

»Ja?«

»Na, das war doch nur ein Seminar.«

»Aber an der Universität. Ich meine, mit einem Professor, im Rahmen des Studiums und dem Ganzen?«

»Ja, natürlich, wir hatten dieses Seminar in einem der Pflichtmodule.«

»Und zu welchem Schluss seid ihr gekommen?«

Zunächst hatten sie selbstverständlich das Problem definiert und dann mithilfe von verschiedenen Modellen die dafür effektivste Lösung ermittelt. Diese haben sie im Anschluss noch genauer ausgearbeitet.

Nach ein paar Sätzen schwieg sie wieder.

»Glaubst du, er wird bald kommen?«, blickte sie wieder in die Richtung, aus der er sich zeigen sollte.

»Das wird er, das wird er, sehr bald«, versicherte ich ihr wohlmeinend.

»Deshalb eilt es ja«, fügte ich hinzu, »nun sag schon, was war denn nun eure Lösung?«

Ihrer Ansicht nach haben wir es mit zwei Problemen zu tun: einerseits mit einer übermäßigen Menge an Treibhausgasen in der Atmosphäre und andererseits mit unserer Abhängigkeit von fossilen Energieträgern, mit denen wir das erste Problem weiter verschärfen. Daher muss auch der Lösungsansatz zweigleisig sein: Es ist nicht nur notwendig die derzeitige Menge an Treibhausgasen in der Atmosphäre zu reduzieren, sondern auch zu Energien mit einem viel kleineren Fußabdruck zu wechseln. Und unter allen möglichen Varianten »neuer« Energien haben sie sich schließlich für diejenige ausgesprochen, auf die sich, unter Berücksichtigung aller möglichen Faktoren, am einfachsten umschalten ließe. Der Großteil des Energiebedarfs sollte zukünftig durch Solarzellen gedeckt werden.

»Aber wie? Angeblich behaupten die Deutschen, dass es selbst dann nicht genug Sonnenenergie gibt, wenn sie bei ihnen alle Dächer bedecken«, gab ich zu bedenken.

»Das habe ich schon irgendwo gelesen, ja«, schüttelte sie den Kopf. »Als ob Deutschland eine nennenswerte Fläche an geeigneten Dächern und eine riesige Anzahl an Sonnenstunden hätte und am Äquator liegen würde. Nicht, dass es etwas gegen Solarzellen auf dafür nutzbaren Gebäuden einzuwenden gäbe. Ganz im Gegenteil, es gibt mit Sicherheit keine billigere Energie mit einem geringeren Fußabdruck, da diese Zellen ja buchstäblich auf dem schon bestehenden Netz stehen. Und das Gleiche gilt für die Energieerzeugung aus Wind und Gezeiten und Biomasse und allen anderen derartigen kleinen Quellen. Für kleinere Gemeinden können sie super sein, aber für die meisten Großverbraucher sind sie einfach nicht ausreichend. Zum Beispiel schon für etwas größere Städte wie Ljubljana, und vor allem für Industrie und Transport. Deswegen sind solche Energiequellen für das Problem der globalen Erwärmung nebensächlich. Diese Aussage über Solarzellen auf deutschen Dächern ist eher ein gutes Beispiel dafür, dass diese globale Krise nicht von jedem Land allein gelöst werden kann, nicht einmal von einem der wirtschaftlich stärksten. Diese globale Krise erfordert eben auch globale Maßnahmen, und so sollte auch der Übergang von fossilen Brennstoffen zur Solarenergie erfolgen. In nennenswerten Mengen bekommt man sie freilich dort, wo es am sinnvollsten ist, möglichst nah am Äquator, wo die Kraft der Sonne aufgrund des Strahlungswinkels fast doppelt so stark ist wie bei euch oder dort, wo Hansel und ich leben.«

Automatisch wandte sie ihren Blick wieder in Richtung Tschechische Hütte und verfiel einen Augenblick in Schweigen, bevor sie fortfuhr:

»Solarenergie würde demnach in Gebieten gewonnen, die ein Vielfaches der Sonnenstunden pro Jahr haben wie, sagen wir mal, Deutschland. Man würde sie dort erzeugen, wo der Quadratkilometer Land letztendlich viel billiger ist und niemand etwas damit anzufangen weiß. Zum Beispiel in einer Wüste. Du hast bestimmt schon mal von der Berechnung gehört, wie viel Fläche der Sahara mit Solarzellen bedeckt werden müsste, um genug elektrische Energie für die ganze Welt zu produzieren?«

Ich schüttelte den Kopf.

»Echt nicht? Es ist die Berechnung eines bekannten Energieexperten aus Berkeley, die nicht einmal sehr kompliziert ist. Auch wir haben, eher als sportliche Übung, noch einmal nachgerechnet, ob er sich irgendwo vertan hat. Hat er natürlich nicht, und natürlich ist das Ergebnis umwerfend. Wir hätten genug Energie für Transport und Privatverbrauch, für Industrie und Landwirtschaft, kurzum, für die ganze Welt, wenn wir … welchen Anteil der Sahara bedecken würden?«

»Keine Ahnung«, erwiderte ich kopfschüttelnd. »Ist die Sahara überhaupt groß genug?«

»Ein Prozent.«

»Was?«

»Ja. Ein einziges Prozent, das mit vollkommen durchschnittlichen Zellen bedeckt ist, würde uns genügen.« Sie lächelte über mein Erstaunen. »Die Sahara ist ziemlich groß«, fügte sie hinzu.

»Nur ein Prozent der Sahara«, ich schüttelte den Kopf. »Würde das wirklich reichen?«, fragte ich und Marnie zuckte halb mit den Schultern, halb nickte sie. »Aber wie würden wir diesen Strom dann um die Welt transportieren? Sind solche Stromtrassen …«

»Schau, natürlich würde man nicht alle diese Zellen direkt in der Sahara aufstellen. Sie würden in verschiedenen Teilen der Welt stehen, zum Beispiel Chile hat sehr geeignete Wüsten dafür, Saudi-Arabien auch. Und die Energie müsste zuerst weiterverarbeitet werden, wie das jetzt mit Öl gemacht wird. Das Öl kommt in Raffinerien, und die Solarenergie würde vor allem für die Elektrolyse von Meerwasser genutzt, aus dem Wasserstoff gewonnen wird. Dieser würde dann wie Öl ausgeliefert und auf ähnliche Weise genutzt. Das heißt, manchmal ganz direkt – Flugzeuge könnten angeblich mit Wasserstoff fliegen –, manchmal nach Weiterverarbeitung. Wenn wir beim Transport bleiben, so könnten mit Wasserstoff betriebene Kraftwerke Energie für kleinere Fahrzeuge liefern. Aber all das sind Details, es dürfte nicht schwer sein, sich darüber zu einigen. Wie du siehst, ist die Infrastruktur zur Übertragung dieser Energie praktisch schon vorhanden. Schließlich gibt es für so etwas bereits gut etablierte Machthebel, rein militärische, die die Sicherheit der Übertragungsstruktur gewährleisten. Und so weiter.«

»Das habt ihr aber echt grundlegend durchdacht, stimmt's?«

»Es war nur ein Seminar, aber diese Dinge sind nicht so kompliziert. Besonders nicht der erste Teil der Lösung, der Übergang zu Energie mit einem viel kleineren Fußabdruck. Der zweite Teil, die Reduzierung der Treibhausgase in der Atmosphäre, ist schon komplizierter, denn auch dieses Problem hat zwei Seiten.«

»Ja?«

»Die übermäßige Konzentration von Treibhausgasen in der Atmosphäre trägt nicht nur zur globalen Erwärmung bei. Hast du schon von ihrem ›ebenso bösen Zwilling‹ gehört?«

»Der ›ebenso böse Zwilling‹ der globalen Erwärmung?«, schmunzelte ich. »Ist das eine Variante dieser kindischen Ausrede, dass nicht du an etwas schuld bist, sondern dein ›böser Zwilling‹?«

»Ähm ... ja, eigentlich stimmt das. Du hast recht, es geht hierbei auch um ein Wortspiel, das andeutet, dass man die Schuld an der globalen Erwärmung nicht auf jemand anderen abwälzen kann. Aber im Grunde will man damit zum Ausdruck bringen, dass es ein Problem gibt, das eng mit der globalen Erwärmung zusammenhängt und genauso ernst ist.«

»Und das ist?«

»Die Versauerung der Ozeane. Ohne die Ozeane wären wir eigentlich schon längst aufgeschmissen, denn sie absorbieren einen großen Teil des Kohlendioxids, das wir in die Atmosphäre abgelassen haben. Aber auf der anderen Seite haben wir deswegen jetzt dieses verflixte zusätzliche Problem. CO_2 im Wasser bildet Kohlensäure, und in Zusammenwirkung mit den steigenden Meerestemperaturen ist das ein Rezept für eine Katastrophe.«

»Ah, davon habe ich schon gehört. Deshalb sterben die Korallenriffe ab, richtig?«

»Das ist nur der Anfang, denn die Forschung auf diesem Gebiet zeigt eindeutig, dass die meisten Lebewesen in den Ozeanen bei weiterer Aufnahme von Kohlendioxid sterben werden. Mit Ausnahme einiger Algen, die sich dann wahrscheinlich so stark vermehren werden, dass sich die Meere in eine giftige Suppe verwandeln.«

»Okay, wir müssen also dafür sorgen, dass sie kein CO_2 mehr absorbieren? Damit das Meerwasser wieder ein bisschen basischer wird? Ich weiß schon, was der zweite Teil deines Plans ist! Kohlendioxidspeicherung, wie es die Norweger und die Schweizer machen!«

Damit brachte ich sie ein wenig aus dem Konzept.

»Ich weiß zwar nicht, wie weit sie mit dieser Technologie im Moment sind«, sagte sie nach ein oder zwei Augenblicken, »aber sie befindet sich sicher noch in der Versuchsphase. Außerdem verstehe ich echt nicht, warum das Problem mit unserem übermäßigen Fußabdruck auf dem Planeten, also dem von Kohlenstoff und noch anderem, ihrer Meinung nach mit noch mehr Fabriken und Technologie gelöst werden sollte. Vor allem, wenn es eine viel natürlichere Lösung gibt, mit deren Hilfe man diese globale Krise zur Verbesserung der Lebensqualität nutzen könnte.«

»Und diese Lösung ist?«

»Oh, die Ausdehnung der Waldfläche und die Vergrößerung der Holzmasse. Wir müssen die Wälder wieder an die Größe und den Zustand heranführen, den sie hatten, als sie sich nach dem Ende der letzten Eiszeit stabilisierten. Aber vorsichtig.«

»Warum?«

»Du weißt, dass Bäume Kohlendioxid aus der Luft filtern, weil sie so den Kohlenstoff bekommen, den sie zum Wachsen brauchen?«

»Klar, sie geben uns Sauerstoff, und speichern während ihres Wachstums selbst Kohlenstoff und senken so den CO_2-Gehalt in der Luft.«

»Genau«, bekräftigte sie, »und durch die Optimierung des kohlenstoffspeichernden Waldes könnte der CO_2-Gehalt auch durch viel kleinere Waldflächen als die, die wir abgeholzt haben, reduziert werden. Die Hochrechnungen zeigen, dass wir sogar eine Eiszeit verursachen könnten, wenn wir es übertreiben.«

»So was! Aber über wie viel Fläche reden wir hier überhaupt?«

»Die Berechnungen dazu sind etwas komplexer. Kurz gesagt, haben wir der Atmosphäre und den Ozeanen seit Beginn der industriellen Revolution etwa 500 Milliarden Tonnen Kohlenstoff zugefügt. Mittels der einfachsten Optimierungen des Waldes als Kohlenstoffreservoir bräuchte man um die 20 Millionen zusätzliche Quadratkilometer.«

»Uff. Haben wir denn so viel Platz?«

»Von den etwa 130 Millionen Quadratkilometern Land waren einst 70 bis 80 bewaldet. Wir haben mindestens 30, nach manchen Schätzungen sogar 40 Millionen Quadratkilometer abgeholzt.«

»Ja, super, Platz gibt es also genug!«, nickte ich. »Und warum pflanzen wir diese Bäume nicht sofort?«

»Weil man das nur tun könnte, wenn sich zumindest der größte Teil der Welt daran beteiligte. Von verschiedenen Projekten zur Pflanzung von Millionen von Bäumen hast du gehört?«

»Ja?«

»Nun, das ist nichts. Selbst Milliarden von Bäumen würden kaum etwas ausmachen. Einige Billionen müssten gesät und gepflanzt werden, und zwar mit Bedacht, in den richtigen Gebieten die richtige Mischung der richtigen Arten. Gleichzeitig müsste man die Wälder, die wir bereits haben, besser schützen, denn im Moment werden auf der Erde jedes Jahr etwa zehn Milliarden Bäume mehr gefällt als wachsen. Auch die bestehenden Schutzflächen müssten ausgeweitet werden, erst recht so lächerlich kleine, wie ich sie bei euch gesehen habe. So wie sie jetzt sind, können sie die Artenvielfalt nicht wirklich erhalten, denn etliche Studien haben gezeigt, dass es eine größere Fläche an Primärwald braucht, nicht nur ein paar Dutzend Hektar oder gar nur einige Hektar.«

»Dort im Südosten Sloweniens, wo die meisten dieser kleinen Waldreservate sind, müssten wir sowieso unseren zweiten Nationalpark einrichten«, nickte ich. »Aber all das, was du sagst, ist doch bestimmt machbar? Es hört sich recht einfach an und wir Menschen sind doch, wenn wir uns zusammentun, zu noch unglaublicheren Dingen in der Lage.«

»Natürlich ist es machbar und natürlich sind wir dazu in der Lage. Ihr seid ein prima Beispiel dafür, dass es geht und dass wir echt super sein können. Ich sage ja, wenn alle die Waldfläche und die Holzmasse um so viel erhöhen würden, wie ihr es tut, wäre sicherlich das größere der beiden Probleme der globalen Erwärmung gelöst. Aber es gibt so wenige derartige Beispiele guter Praxis, und das ist offensichtlich unser größtes Problem. Wenn wir uns nicht einmal darauf verständigen können, was sollen wir dann überhaupt tun.

Ganz zu schweigen davon, dass wir tatsächlich etwas Sinnvolles tun. Es gibt eine ganze Reihe, die warten und überlassen die Initiative denjenigen, die von all dem nicht viel Ahnung haben und denen es mit ihrer Spielerei in erster Linie um Selbstdarstellung geht. Und wenn schon etwas getan wird, ist es in Wahrheit vor allem verzweifelter Unsinn, sogar teurer Unsinn, der das eigentliche Problem bloß verschlimmert. Im Ernst, es ist wie in diesem verrückten Drama, du kennst es bestimmt. Das, wo zwei auf jemanden warten. Sie sind wie zwei komische Clowns, sie reden irgendwas, alles ist ein einziger Unsinn und hat mit nichts zu tun und es passiert auch nichts. Bestimmt kennst du es.«

»*Warten auf Godot?*«

»Ja, das meine ich! Man weiß, wie das Problem zu lösen ist, und obwohl es ernst ist, würde es bestimmt sogar auf verschiedene Arten gehen. Stattdessen gestatten wir diversen Öko-Clowns, dass sie uns mit Geplapper und Dummheiten auf groteske Art die Zeit stehlen. Zeit, in der wir warten. Auf irgendjemanden, irgendeinen Messias, der uns retten wird, oder was? Aber natürlich gibt es den nicht und es wird ihn auch nie geben. Wir müssen diese Suppe, die wir uns eingebrockt haben, selbst auslöffeln. Und zwar schnell, weil es bald zu spät sein wird, uns läuft die Zeit davon.«

AT
W
VRTAČA/
WERTATSCHA
A
N
K
E
N
STOL/
HOCHSTUHL
BEGUNJŠČICA
JEZERSKO
K
A
M
N
I
K
E
R
DOBRČA
TRŽIČ
STORŽIČ
A
L
P
E
N
TOLSTI
VRH
KALIŠČE
GRINTOVEC
JAVOROV
VRH
Sava
Kokra
KRANJ
TIEFEBENE
KRANJSKO-
SORŠKO
POLJE
LGEBIRGE
KOPRIVNIK
ZAPREVAL
LUBNIK
ŠKOFJA
LOKA
EGOŠ
KOFJA LOKA
OSOLNIK
BERGLAND VON
TOŠČ
POLHOV GRADEC
ŽIRI
LJUBLJANA
N

Prozession

Natürlich kam Hansel. Sogar früher als angekündigt, in einem Stück, obwohl sie so besorgt um ihn gewesen war. Und vor allem war er vollkommen begeistert. Was für ein Wetter er hatte und was für Ausblicke! Was für wunderschöne Berge! Da bleibt man sprachlos zurück! Und die Wege sind wirklich pfiffig trassiert und das Eisen ist äußerst durchdacht angebracht, genau dort, wo es nötig ist. Und erst die Markierungen, da gibt es nicht das Geringste zu bemängeln, klar. Nur ein- oder zweimal, okay, vielleicht dreimal, hat er ein wenig nach dem Weg gesucht. Aber er musste sich nur umsehen und schon hatte er ihn wieder entdeckt.

Und dann gingen die beiden einfach und ließen mich allein. Gut, sie hatten es eilig, sie mussten sich an die Buchungen halten, die Hansel vorm Abschied, wie zur Verteidigung, mehrmals erwähnte. Aber dennoch, sie ließen mich einfach allein. Mich lassen ständig alle allein zurück, klagte ich, als ich von der Kokra auf unmarkierten Forstwegen in Richtung des Hofes Celarjeva domačija aufstieg. Hinzu kam, dass der Morgen schlammig und die Luft pappig war, weil es nachts wieder geregnet hatte. Das Licht war noch das verwaschene von vor dem Sonnenaufgang, so dass alles ganz fad aussah. Ich hatte also keine gute Laune und war den ganzen Weg bis zum Celarjeva domačija zerknirscht, und wäre es wahrscheinlich auch weiterhin gewesen. Doch dort, auf der anderen Seite der Scharte des Sattels Kokrško sedlo, schaute plötzlich die Sonne hervor, und erneut wurde ich Zeuge dieses immer wieder überwältigenden Augenblicks, wenn die Welt bunt wird. Das in der Nacht gründlich gegossene Gras um mich herum schwoll plötzlich vor lauter Grün an, als hätte die Farbe alle Halme aufgebläht, als wären sie aufgeplustert und würden mich gleich mit ihrem ach so lebendigen Chlorophyll bespritzen.

Meine morgendliche Quengelei und Verdrossenheit über den erneuten Verlust von Gesellschaft wurden dann vollends von dem Gedanken an den Weg, der ab dem Celarjeva-Hof vor mir lag, vertrieben. Nach wie vor befand ich mich auf der Variante für Murmeltiere und Gämsen, mitten in der sich vom Talfluss Kokra bis zum Berg Javorjev vrh erstreckenden »Weglosigkeit«, und ab dem Celarjeva-Hof beginnt deren bester Teil, der Anstieg über Kopišče, die schöne, langgezogene, Bergrippe, wo man einst, dem Namen nach zu urteilen (das slowenische Wort kopišče steht für Kohlenmeiler), Holzkohle herstellte. Heute ist das Steilgelände von einem sorgsam gepflegten Wald bedeckt, dem man die über Jahrhunderte gesammelte Erfahrung seiner Pfleger ansieht. Und natürlich ist es immer schön in einer solchen »Weglosigkeit«, die in Wirklichkeit von einem ganzen Netz unmarkierter Wege durchzogen ist. In der Tat muss man ein wenig aufpassen, dass einem dabei nicht schwindelig wird und man in die falsche Richtung läuft. Andererseits bietet einem gerade das Fehlen von Markierungen ein besonders reines Bergerlebnis und eine noch größere Freiheit: Nicht einmal das kleinste Zeichen ordnet an, wohin du gehen sollst, du wählt deinen Weg ganz nach eigenem Ermessen.

Diese Variante der Transversale ist nicht nur auf dem Stück vom Celarjeva-Hof bis zum Javorjev vrh ausgezeichnet. Ab dessen Gipfel geht sie auf einem der beliebtesten Wanderwege weiter, freilich ist er markiert, der auf einem angenehmen Kamm über eine Reihe von Gipfeln mit bekannten Namen immer höher über die Waldgrenze steigt. Oberhalb des »höchstgelegenen Krainer Gasthauses«, der

Hütte auf der Alm Kališče, haben die Murmeltiere wieder ihren eigenen Weg. Von hier aus nehmen sie den Weg über die Südhänge des Storžič, der ihnen wie auf den Leib geschneidert ist, da er stets einem an der Waldgrenze entlangführenden Pfad mit geheimnisvoll verschleierten Aussichten folgt. Und außerdem gibt es darunter gerade noch genug Gefälle, dass es für sie aufregend ist!

Ich wählte die zweite, für Gämsen und Steinböcke bestimmte Variante, die einigermaßen anspruchsvolle Route zum Gipfel des Storžič. Diese beginnt beim Sattel Bašeljsko sedlo, wo die Steinböcke aus Jezersko auf einer ewig langen Straße ankommen, die nicht nur schlecht markiert ist. Dieser Abschnitt der alten Hälfte der Transversale ist auch bei Motorradfahrern mit Rennfahrer-Gesinnung sehr beliebt und schreit daher schon seit Jahrzehnten nach Verbesserung. Der Storžič selbst war einst einer meiner Lieblingsgipfel. Zum Teil wegen der Aussicht, aber vor allem wegen eines anderen Wegs dort hinauf, der mir wie auf den Leib geschneidert ist, nämlich der von der Nordseite, der durch die enge Kluft namens Žrelo führt. Doch dann erlaubte man den Schafen, den Aussichtsgipfel als ihr Schlafzimmer zu nutzen, und sie haben ihn komplett mit einer Schicht von »gut Abgehangenem« überzogen und dann noch mit »wohlriechend Frischem« gepflastert. Nach fast zwei Jahrzehnten hat sich die Situation nicht wesentlich verbessert, weswegen meine Begeisterung für den Storžič beträchtlich geschwunden ist. Und an diesem Tag war nicht einmal die Aussicht zu loben, da sich die Wolken wieder zusammenzogen. Deshalb stieg ich schnell auf der anderen Seite über den Grat Škarjev rob zum tausend Meter tiefer liegenden Fuß der Nordwand des Storžič ab, abermals auf einer recht anspruchsvollen Route. Gerade rechtzeitig, denn bis zum

Abend schloss sich die Wolkendecke und in der Nacht illuminierten Blitze einige Male genau den Gipfelgrat, über den ich abgestiegen war.

Der folgende Tag begann mit einem gefälligen Anstieg zur Alm Mala poljana, wo sich der Murmeltier-Weg und die Variante für Steinböcke und Gämsen treffen und bis Mojstrana zusammenbleiben. Und bis Mala poljana hatten sich die Wolken und Nebelschwaden des nächtlichen Regengusses gerade soweit aufgelöst, dass der Blick auf die Ebene tief unter der Alm etwas ganz Besonderes war. Die weite Tiefebene Kranjsko-Sorško polje, die sich auf beiden Seiten der Sava erstreckt, sah so flach aus, als wäre sie mit einem Lineal gezeichnet. Die Steilhänge des Tolsti vrh zur Rechten und des Storžič zur Linken dienten als Rahmen, der von den flammenden Grauschattierungen der Wolkenmassen und Regenvorhänge beherrschte Himmel über den Bergen auf der anderen Seite des Flachlands als Hintergrund. Dennoch badete die Ebene selbst in der kräftigen Sonne des Sommermorgens, so dass jeder Rand des sattgrünen Puzzles aus Feldern, Wiesen und Tieflandwäldern deutlich zu erkennen war. Und hie und da schwebten knapp über der Ebene noch weiße, flauschige Wolken, wie auf einem echt kitschigen Ravensburger-Produkt.

Doch all das war noch nichts im Vergleich zu der Aussicht, die mich etwas weiter oben, auf dem Tolsti vrh, erwartete. Bis dort oben hatte die Sonne die Wolken vollends vertrieben und an vielen Stellen die Gewittermassen sogar über den Rand des Horizonts geschoben. Vor mir lag also in ihrer ganzen Schönheit jene charakteristische halbkreisförmige Prozession von Bergen, die meine gesamte Jugend eingerahmt hatten. Die höchsten Gipfel der Kamniker Alpen und Storžič und Kriška gora und Dobrča. Dahinter die Bergkette der Karawanken: Begunjščica, Vrtača (Wertatscha), Stol (Hochstuhl) und Golica (Kahlkogel). Dann macht der Umzug einen Schwenk, überquert das Tal der Sava und setzt seinen Weg am gegenüberliegenden Ufer fort, wo er seine größten Fahnenbanner wehen lässt: Denn schließlich ist dort der Triglav, und die Fortsetzung der Prozession in Richtung Razor lässt sich zumindest erahnen! Und dann der Prisank! Und der Jalovec! Und anschließend sieht man, wie dieser grandiose Zug nach Osten zurückschwenkt, um meine Jugend noch von der anderen Seite einzurahmen. Da ist der Bohinjsko-Tolminski greben, also der lange Kamm in den Julischen Alpen, der sich im Hochgebirge oberhalb von Bohinj und Tolmin entlangzieht, und dann das Bergland Škofjeloško hribovje und das Mittelgebirge um Polhov Gradec … Und dort, zumindest für mich in diesem verregneten Sommer zum ersten Mal wirklich zum Greifen nah, Ljubljana. Das Ende des Wegs, ja, auf der anderen Seite dieser großartigen Prozession um meine Jugend ist zum ersten Mal das Ende des Wegs zu sehen. Meine Gefährtin ist dort, meine Kinder sind dort, mein Zuhause. Wer hätte da nicht eine Träne im Auge.

Doch sie trocknet schnell und das Auge weitet sich vor Staunen. Denn es wird immer klarer, dass diese Prozession glänzender Fahnen nur scheinbar in sich erstarrt ist. Wenn du nach diesem Ausblick auf dem Tolsti vrh über die langen Bergkämme wanderst, immerfort in Richtung Westen, verstärkt sich mit jeder Fernsicht das Gefühl, dass eigentlich du es bist, der sich nicht regt. Dass sich der Strom dieser Banner der Bergherrlichkeit in Wahrheit auf dich zubewegt. Dass die Kriška gora dir entgegengekommen ist und du deshalb von ihrem Rücken hinab ins Tal zum Städtchen Tržič gerutscht bist. Dass dich anschließend die Dobrča emporgehoben hat, langsam und beständig, denn dies ist ein weiterer dieser hartnäckigen Anstiege, die fast einen Kilometer zum Gesamtanstieg der Transversale hinzufügen. Dass dich von dort aus die auf dem Verbindungsgrat zur Ostflanke der Begunjščica vorbeiziehenden Gipfel nach hinten weiterreichen, bis dich die Begunjščica, ein weiterer Zweitausender, auf den Rücken des steilen, so treffend Kalvarija (Leidensweg) genannten Abhangs wirft.

Ab hier zieht eine ganze Weile das andere Antlitz der Karawanken, das nordseitige, entschiedener ins Hochgebirge blickende, an dir vorbei. Die Südhänge haben eine hochgelegene Waldgrenze und auch darüber sind sie fast bis zum grasbewachsenen Gipfel von Bergkiefern bedeckt, selbst oberhalb von 2000 Metern schaut nur vereinzelt Gestein hervor. Die absonnigen Flanken dieser Gebirgskette dagegen bestehen, bis weit ins Tal hinunter, aus nichts anderem als Stein, oft bröcklig, die ausgesetzten Abhänge sind mit Felshörnern und Schotter übersät. In solchem Gelände saust von unten kommend die leicht anspruchsvolle Route entlang der Westseite der Begunjščica am Transversalisten vorüber, hier kommen ihm die Steilhänge der Vrtača entgegen, und über den gerölligen Orlic-Grat hebt ihn dann der Stol (Hochstuhl) auf seinen Gipfel, mit 2236 Metern der König der Karawanken.

Daraufhin marschiert ein weiterer langgezogener Kamm mit vielen kleineren Gipfeln an dir vorbei, sowie zahlreiche Almen, denn jetzt haben dich diese Berge wieder auf ihrer grünen Sonnenseite. Und die ganze Zeit über schwinden deine Zweifel daran, dass diese höchsten Fahnenbanner auf der anderen Seite der Sava tatsächlich von selbst immer näher an dich heranflattern. So dass du schließlich, wenn du auf der Golica (Kahlkogel) stehst, gewiss jede einzelne von ihnen und noch einige weitere auflisten kannst. Von der Dovška Baba (Frauenkogel) schaust du dann direkt ins Vrata-Tal mit dem Massiv der Škrlatica zur Rechten, dem noch gewaltigeren Triglav zur Linken und dem über das Tal wachenden Stenar dazwischen. Falls du zuvor ab und zu darüber nachgegrübelt haben solltest, dass die Transversale noch ein wenig dem Kamm der Karawanken gen Westen folgen sollte, wenigstens bis zur Kepa (Mittagskogel), dem letzten Zweitausender in der Kette, kommst du bei diesem Anblick zur Erkenntnis, dass das unmöglich ist. Denn der Sog der mächtigen Prozession ist hier bereits so stark, dass er dich unweigerlich ins Vrata-Tal und von dort weiter in Richtung der höchsten Fahnen zieht.

Und eine Prozession war dieser Abschnitt für mich auch in einem anderen Sinn. Hier gibt es freilich so viele Aussichten, wie du willst, und das Gleiche gilt für die Hütten, die über etliche kurze Ausflugswege zu erreichen sind. Außerdem war es ein Wochenende und eines der wenigen in diesem Sommer mit vielversprechender Wettervorhersage. Aussicht, Hütte, müheloser Weg, Wochenende, sonniges Wetter: alle fünf Erwartungen des slowenischen Bergwanderers waren also erfüllt.

Über die daraus resultierenden Prozessionen rümpfst du als Transversalist keinesfalls die Nase. Es amüsiert dich, dass du trotz Völkerwanderung dennoch die meiste Zeit allein in diesen Bergen unterwegs bist, es aber auf den bekanntesten Wegen und natürlich rund um die Hütten so voll ist, als ob gerade ein neues Geschäft seine Türen geöffnet und einen satten Eröffnungsrabatt angeboten hätte. Es amüsiert dich festzustellen, was alles du mit diesen Menschen gemein hast. Zum Beispiel die Liebe zu einer auffälligen Aufmachung. Natürlich wirst du in dieser Hinsicht von einer sehr jungen Frau übertroffen, die von den Turnschuhen an ihren zierlichen Füßen bis zum Tuch um ihren Hals in fluoreszierenden Farben erstrahlt, damit man auch ja auf sie aufmerksam wird. Doch in den Kolonnen auf dem Weg zu den Hütten und dem Gedränge um sie herum sieht man auf den ersten Blick, dass die Mehrheit der Bergwanderer dieses Fleckchens Erde solch angeberische Ausrüstung mag, wenngleich gerade diese Mehrheit beim Anblick so aufgemachter Mädels mit den Augen rollt. Und ohne jede Frage behagt dir so einiges bei solchen Prozessionen. In dieser Menge erkennen dich halt so viele Leute wieder, sei es aus deiner Jugend oder wegen eines Buchs. Derart viele, dass du dir sagst: Nur gut, dass deine Freunde nicht mehr mit von der Partie sind, vor allem Marnie nicht, denn dann wären wir nirgendwohin gekommen!

Was dir aber am meisten behagt, ist, dass auch bei solchen Prozessionen das ungeschriebene Gesetz gilt, dass man einander freundlich grüßt und jeder jeden ansprechen darf, selbst einen Unbekannten. Dass man auf der Hütte mit allen Anwesenden Eindrücke von diesem oder jenem Weg teilen kann, dass man sich gegenseitig bei der Benennung von allem hilft, was von dort oben aus zu sehen ist, dass man sich mit völlig Fremden über den aktuellen Zustand der Welt und so manche diesbezügliche ewige Wahrheit austauschen kann. Dass sich schon auf dem Weg wirklich alle etwas zu sagen haben, und das recht laut und im Einklang mit ihrer angeberischen Aufmachung. Und dass man trotz allem in dieser Menge noch einige Momente lang ganz für sich allein sein kann, dass einen dieses weiße Rauschen wie ein Kokon umhüllt, aus dem heraus man während der Pause bei der Hütte schläfrig lauscht, wie hier und da jemand aufjubelt, Flaschen aneinander klirren, und der Herr dort drüben mit vollem Mund die Teigtaschen lobt. Dass man zumindest für kurze Zeit in seiner Blase sein kann, aus der man mit müdem Blick beobachtet, wie das am Tresen Bestellte hier- und dorthin gebracht wird, wie Rucksäcke geleert werden, Menschen kommen und gehen, sich umziehen, Sonnencreme auftragen, Hunde hin- und herspringen und Kinder.

Und wirklich, sagst du dir schließlich in diesem Kokon, vieles an diesen Szenen amüsiert dich und behagt dir, aber vor allem sind sie herzergreifend. Denn Prozession ist genau der richtige Begriff für diese Sache, da es sich im Wesentlichen um eine rituelle Darstellung der Identität handelt, die so tief in den Menschen verankert ist, dass sie größtenteils unbewusst und selbstgesteuert abläuft. All diese Hunderte von Menschen auf diesem Weg und dieser Hütte und Hunderte von anderen Hunderten auf anderen beliebten Wegen und Hütten im Norden und Süden und Osten und Westen dieses Landes haben irgendwie gespürt, dass alle Bedingungen für so einen Identitätsnachweis erfüllt waren. An einem solchen Tag – willkürlich im Kalender des Sommers verschoben, vielleicht gibt es ja sogar noch mehr davon – begeben sie sich also in die Berge, und dieses Ritual hat eine Reihe von klar umrissenen Regeln, sogar in Bezug auf die Kleidung und noch einiges mehr, und wenn sie auch nicht golden sind, so sind sie doch zumindest unterhaltsam.

Triglav

Von Mežica bis zum Oberen Sava-Tal macht die Transversale 170 Kilometer, wobei fünfzehneinhalb begeisternde Kilometer an Höhe zusammenkommen. Als ich dann in der Hütte Aljažev dom im Vrata-Tal ein wenig nachrechnete, wie es in dieser Hinsicht bis zum Ende meiner Rundwanderung weitergeht, war ich ein wenig überrascht. Nicht nur, dass es lediglich noch knapp über 200 Kilometer waren, es zeigte sich auch, dass es auf diesem Schlussabschnitt, der länger als der vorherige war, sogar einen Kilometer weniger Gesamtanstieg gibt. Nun, dachte ich in mich hineinschmunzelnd, wenn die Statistik das sagt, wird es schon stimmen: Der steilste Teil des Wegs liegt hinter mir, jetzt geht es sozusagen im Flachen weiter! Ach was! Unsere große Tour neigt sich dem Ende zu, von nun an geht es nur noch bergab!

Zumindest teilweise hatte meine ausgelassene Stimmung gewiss auch etwas mit der Freude über die beiden Dörfer zu tun, durch die der Weg während der kurzen Durchquerung des Oberen Sava-Tals führt. Dovje und Mojstrana sind einfach wie aus dem Ei gepellt. Selbst der Transversalist, der es mit dem Weiterkommen eilig hat, wird in Dovje sicherlich die lobenswerten im akademischen und zugleich volkstümlichen Stil gehaltenen Wandmalereien an den Häusern bemerken. Sie stellen Szenen aus lokalen Volksmärchen dar, die eng mit der umgebenden Bergwelt verbunden sind. So treten auch in diesen Geschichten der zuvor bereits erwähnte Wilderer Bedanec und der Hirtenjunge auf, nur der Name des Hirten ist ein anderer als in den bekannteren Adaptionen verwandter Geschichten des slowenischen Jugendschriftstellers Josip Vandot aus dem benachbarten Kranjska Gora. Und natürlich muss man unbedingt in Mojstrana Halt machen, wenigstens im dortigen Bergsteigermuseum. Nicht nur, weil es eine wahnsinnig freundliche Kuratorin und eine mühelos zu bewältigende, aber dennoch einen schönen Überblick liefernde Dauerausstellung hat. Es riecht auch noch wie neu und ist so reich an verschiedenen interaktiven Elementen, dass sie fraglos selbst in einer alten Seele die kindliche Neugier wecken werden.

Auf dem Weg von Mojstrana zum Ende des Vrata-Tals war ich ab und zu jedoch auch weniger gut gelaunt. Mit dem Peričnik-Wasserfall, den »Galerien« (ausgehöhlten und stellenweise überhängenden Konglomeratfelsen, die einst vom heute tiefer unten fließenden Gebirgsbach geformt wurden), den großen Felsbrocken im Bachbett und anderen erfreulichen Kleinigkeiten ist die Trasse hier zwar recht kurzweilig, aber sie verläuft ziemlich viel über eine Schotterstraße. Einer sehr befahrenen. Hier sollte der Individualverkehr auf jeden Fall verboten werden. Und auf diesem Teil der Transversale müsste auch noch einiges für die Murmeltiere getan werden. Da am Ende des Vrata-Tals nur abenteuerliche Aufstiegsvarianten winken, führt ihr Weg von Mojstrana ins benachbarte Kot-Tal, auf einem »Fußweg«, der nicht nur zu straßenlastig, sondern auch noch schlecht markiert ist. Ab dem Kot-Tal müssen die Murmeltiere dann selbst etwas für sich tun: Mut aufbringen. Zunächst steigt der Weg nämlich zum Karsttrichter mit dem vielsagenden Namen Pekel (Hölle) an, und auf dem Abschnitt zwischen den beiden Hütten Dom Valentina Staniča und Triglavski dom na Kredarici stößt man dann auf ein paar Steighilfen. Unter dem höchsten Berg Sloweniens muss schließlich auch die Version für Murmeltiere ein bisschen würziger sein. Ein bisschen.

Die beiden Aufstiegsvarianten aus dem Vrata-Tal dagegen verdienen sich auf jeden Fall ein anderes Label. Der sogenannte Prag-Weg ist nämlich wesentlich schärfer gewürzt und der Tominšek-Weg von der Art, als ob der Wilderer Bedanec selbst das Würzen übernommen hätte. Die Gämsen werden daher lieber den ersten dieser beiden Wege nehmen, mich zog es natürlich wie von selbst zum zweiten; ich hatte keineswegs vergessen, dass ich wegen Marnie in den Kamniker Alpen auf manchen meiner Lieblingswege verzichtet hatte. Allerdings ist der Aufstieg über den Tominšek-Weg eine ziemliche Herausforderung, zumindest für mich. Schon bald nach der Ouvertüre im Wald war ich froh, dass es noch die leichtere Prag-Alternative gibt, wegen der es auf dem Tominšek sehr einsam ist und man seinem Herzen gut Luft machen kann. Während du dich an den Griffen festkrallst, so dass die Knöchel in der kühlen Morgenluft der kalten Wand schon ganz weiß sind, lässt du das Grauen, das sich auf den absturzgefährdetsten Passagen in dir angestaut hat, ohne jede Verlegenheit in irgendeine Rezitation einfließen. Damals sprudelte aus mir, weiß Gott warum, besonders häufig etwas aus Slavko Grums wohl bekanntestem Drama *Dogodek v mestu Gogi* (*Das Ereignis in der Stadt Goga*) hervor. Als ich mich beispielsweise zu einem der Eisentritte über ein beträchtliches Stück Nichts strecken musste, zog ich mein Gesicht ganz bis zu meinen Händen hoch und fauchte das Eisen, an das sie sich klammerten, mit der ganzen Wut, die Afra – einer der weiblichen Charaktere in Grums Drama – in sich hineingefressen hatte, an: *»Friss! Friss! Jetzt erst recht muss ich leben, jetzt erst recht lasse ich nicht los!«*

Natürlich findet sich jeder auf seine eigene Weise auf einem solchen Weg zurecht, doch unterschiedliche Arten der

Distanzierung sind dabei keine Seltenheit. Und das nicht nur hinsichtlich der Angst. Auch zum Klettervergnügen selbst, das auf diesem meisterhaft angelegten Weg durch die erstklassige Anordnung von Haken, Eisentritten und Stahlseilen garantiert ist, wahren einige Distanz. Manch anderer wiederum ironisiert die Naturschönheiten, besonders die Ausblicke. Warum sonst sollte dieser Felskopf, von dem aus sich dir ein herrlicher Blick auf die heiligste aller slowenischen Wände, die Triglav-Nordwand, öffnet, den Namen Bifé (Buffet) tragen?

Es lohnt sich auf jeden Fall, sich für die »Besichtigung« der Wand etwas Zeit zu nehmen. Die drei Kilometer breite Nordwand, deren längste Kletterrouten fast anderthalb Kilometer in die Höhe reichen, wird in einem der bekannten Führer als »architektonisch makelloses Bauwerk« beschrieben. Tatsächlich ist sie mit ihren Säulen und Felsklüften interessant gegliedert. Im linken Teil heben sich die beiden entlang ausgeprägter Pfeiler verlaufenden Routen (die Slowenische und die Deutsche) deutlich ab, gefolgt vom mittleren Pfeiler, dem Čopov steber, dem die gleichnamige, vielleicht offensichtlichste Route folgt, und noch weiter rechts liegt die tiefe Rinne Jugova grapa. Aus dem darüber befindlichen felsigen Amphitheater erheben sich dann die Überhänge der sogenannten Sfinga (Sphinx), einer weiteren legendären Kletterroute in der Nordwand, und schließlich, ganz rechts, streckt sich noch ein Pfeiler empor, der Jugov steber.

Beim Blick auf die Wand musste ich an ein Gespräch mit einer bekannten Alpinistin denken, das mir dabei half einzuordnen, wie anspruchsvoll die Transversale ist. Sie beschrieb mir ihre Lieblingsmomente in einer der Kletterrouten, die ich nun wie auf dem Präsentierteller direkt vor mir hatte. Als wir im Anschluss über die kreisförmige Transversale sprachen, erklärte sie mit leicht säuerlicher Miene, dass sie trotz ihres reifen Alters noch nicht einmal die alte Hälfte begangen habe.

»Wie das?«, wunderte ich mich. »Gab es neben all dem anderen nie die Zeit dafür?«

»Och, die Zeit dafür hätte ich schon gefunden, wenn ich gewollt hätte«, erwiderte sie achselzuckend. »Die Transversale ist halt so … Man läuft nur, es gibt keine richtigen Felsabschnitte, keine echte Herausforderung.«

In Kombination mit Rezitationen weiterer Ausschnitte aus erlesenen Dramen half mir auch diese amüsante Erinnerung auf dem Tominšek-Weg und seinen luftigen Passagen. Andererseits kommt auf diesem Weg keineswegs zu viel frohgesinnter Wagemut auf, denn nach kaum zwei Stunden gehören die spannenderen Abschnitte auch schon wieder der Vergangenheit an. Dann verbindet sich der Tominšek-Weg mit dem Prag-Weg und bald darauf mit dem aus dem Kot-Tal, so dass die Gams und der Steinbock und das Murmeltier gemeinsam bis zur Kredarica-Hütte weitermarschieren.

Mit der Vereinigung der Varianten ist es auch mit der Einsamkeit vorbei, doch in eine wahre Berg-Prozession verwandelt sich der Weg erst bei der Kredarica. Hier sind Scharen von Bergwanderern natürlich die ganze Hauptsaison über der Normalzustand, egal wie viele Bedingungen für den kollektiven Ausdruck der Nationalidentität erfüllt sind. Bei der Kredarica, wo Wege aus allen möglichen Tälern und Almgegenden zusammenkommen, beginnt halt der populärste Aufstieg auf den Gipfelstock des Triglav. Und der Triglav ist mit seinen 2864 Metern der höchste Berg dieses Fleckens Erde und schon seit Urzeiten sein landschaftliches

Wahrzeichen, Symbol der Stammeszugehörigkeit. Aus diesem Grund hat noch heutzutage manch einer das Gefühl, ihn besteigen zu müssen, obwohl das eigentlich nichts für ihn ist.

Es gibt zu viele anschauliche Geschichten darüber, fast jeder, mit dem man über den Triglav spricht, hat etwas zu erzählen. Eine Bekannte, die ich dieses Mal auf der Kredarica traf, erzählte mir zum Beispiel, wie sie einen Jungen davon zu überzeugen versuchten, nicht weiter auf den Gipfel zu gehen. Sie hatten nämlich gesehen, wie er vom Kot-Tal aus nur mit Mühe auf dem nur leicht gewürzten Murmeltierweg bis zur Kredarica gekrochen war. Doch der Junge war taub für alles, er wollte ein »echter Slowene« und erst recht ein »echter Mann« sein.

»Ich werde nie vergessen, wie er geschrien hat, als er das Gleichgewicht verlor«, berichtete meine Bekannte. »Dieser Schrei war so schrecklich und wollte nicht enden. Dann aber hast du dir gewünscht, dass er niemals enden möge. Er ist so hart aufgeschlagen, es gab keinen Zweifel, dass sich der Arme alle Knochen gebrochen hat.«

Der Aufstieg auf das Gipfelmassiv des Triglav ist ohne Frage sehr anspruchsvoll. Murmeltier und Gams werden daher von der Kredarica zur Planika-Hütte absteigen und den Champion der Julischen Alpen in einem weiten Halbkreis umgehen, bis sie auf dem Dolič-Sattel wieder mit dem Steinbock zusammentreffen.

Sollte eine der Gämsen darüber grübeln, ob sie den Mut aufbringen soll, den Gipfel zu erklimmen, so wird es sie interessieren, dass der Weg von der Kredarica auf den Triglav neben seiner größeren Schwierigkeit ein weiteres Spezifikum aufweist. Entsprechend der Anpassung der Wegwarte an den Prozessionscharakter des slowenischen Bergsteigens ist der Triglav so dicht mit Sicherungen gespickt, dass er wie ein Nadelkissen wirkt. Aber gleichzeitig ist jeder Aufstieg auf seinen Gipfel, insbesondere der von Kredarica, infolge der vielen Tritte und Griffe der Bergsteiger gefährlich glatt. In den Nebelschwaden, die häufig um die Gipfelregion wirbeln, rutscht man auf dem abgetretenen Fels besonders leicht aus und auch das Eisen ist ziemlich rutschig. Und ähnlich hat auch die Völkerwanderung, die es auf diesem Weg gibt, zwei Seiten, was das Sicherheitsgefühl betrifft. Etliche bekommen es gerade wegen dieser Menschenmenge. Doch da sich, besonders bei sonnigem Wetter, eine einzige endlose Kolonne Richtung Gipfel hochschlängelt, die auch mal einige kurze Pausen einlegt, muss man seinen Schrittrhythmus ständig anpassen und ab und zu stehenbleiben. Und natürlich steigen auch viele Menschen ab, und es ist interessant zu beobachten, wie die Ab- und Aufsteigenden bei den ständigen Aufeinandertreffen versuchen, sich auf den dreißig Zentimetern zwischen zwei Abgründen so zu positionieren, dass sie einander ausweichen können.

Die Besteigung des Triglav kann daher zumindest in der Hauptsaison ein eigenwilliges Vergnügen sein. Die Bergsteiger hierzulande reihen sich eher unter den Bergvölkern ein, die nichts von restriktiven Ansätzen halten, die den Ansturm auf gesicherte Wege und geschützte Gebiete einschränken sollen: diverse Gebühren, Genehmigungen, Sperrungen von Wegen für Gruppen, Erhöhung der Hüttenpreise und so weiter. All diese Ansätze, egal wie logisch sie für manche klingen und wie gut sie in vielen Teilen der Welt funktionieren mögen, werden das letzte Mittel sein, zu dem wir greifen.

Nebelschwaden, Gehörnte, Nebelschwaden

Auf dem Gipfel des Triglav gab es für mich nicht viel zu tun und das nicht nur wegen des erheblichen Andrangs. Denn trotz des herrlichen Morgens hatte sich aufgrund der Feuchtigkeit dieses nassen Sommers bereits am Vormittag ein Wolkenring um den Kopf des Bergriesen gebildet. Also widmete ich mich dem kurzen, teilweise überdurchschnittlich schwierigen Abstieg, der mich auf die Triglavski podi, die felsige Ebene unter dem Gipfelstock, brachte.

Dieses Hochgebirgsplateau ist äußerst faszinierend. Es ist mit einer dicken Schicht Schotter bedeckt, den das raue Klima aus den Felsen geschabt hat; das zermahlene Gestein sammelt sich in Kalksteinmulden, in kleinen Weihern und Seelein an, aus denen es dann weiter fließt, bis es sich schließlich vom Rand des Plateaus in scheinbar bewegungslosen Stromschnellen in das darunter liegende Gelände ergießt. Der bereits wie nicht von dieser Welt wirkenden Landschaft fügte die Wolkenmasse, die den Gipfel des Triglav einhüllte und einige hundert Meter über der Felsebene der Triglavski podi hing und sich dann von allen Seiten zu deren Rändern hin krümmte, das Ihrige hinzu. Die Wolkenglocke tauchte das zerklüftete Hochplateau in ein befremdliches, diffuses Licht, das sich in allen Himmelsrichtungen in einem sonderbaren Schein in Nichts auflöste. Es war, als befände man sich in einer parallelen Wirklichkeit, die jenseits dieses Leuchtens noch gar nicht erschaffen worden war.

Genau aus dem milchigen Schein, in dem das Plateau wie aus dem Nichts verschwand, marschierten die Tiere heran, die für eine derartige Szene wie geschaffen waren. Schon ihre Augen mit den schlitzartigen Pupillen muten befremdend an, zumindest ein wenig. Und mit ihren großen und kräftigen Hörnern, die, trotz ihrer ausgeprägten Krümmung, einige dieser Paarhufer doppelt so groß erscheinen lassen, wirken sie erst recht wie aus einer Parallelwelt; ein dermaßen riesiges Geweih scheint einfach ein Ding der Unmöglichkeit für einen solchen Körper zu sein, wobei der keinesfalls schwach ist, denn ein ausgewachsenes Männchen wiegt weit über hundert Kilogramm und ist außergewöhnlich kräftig. Es kann sich aus dem Stand zwei Meter in die Höhe katapultieren, mit Anlauf sogar vier. Und ungeachtet seines überdimensionalen Kopfschmucks ist es auch unglaublich geschickt darin, an senkrechten Wänden hochzuspringen, als wäre es ein kinderleichtes Hüpfspiel.

Überaus langsam und würdevoll stolzierten die Huftiere über das Felsplateau. Damit wollten sie natürlich zeigen, dass sie sich um einen Zweibeiner in ihrer Nähe wenig scheren und sich nicht im Geringsten stören lassen, denn sie sind sehr selbstbezogene Tiere. Aber selbst ihre theatralische Erhabenheit passte irgendwie zu dem jenseitigen Eindruck der ganzen Szene. In der Tat ist es nicht verwunderlich, dass einige dieser Kreaturen in Volksmärchen auftauchen, selbstredend mit ein paar sagenhaften Eigenschaften ausgestattet: goldene Hörner; Kräfte, die sie dazu bemächtigen, es mit einem Wilderer aufzunehmen; verletzter Stolz, der dazu führt, dass sie den ehemaligen Paradiesgarten der Julischen Alpen umgraben und in diese jenseitige, steinige Wüste verwandeln.

*

Von dem Plateau der Triglavski podi ist es nicht weit bis zum Dolič-Sattel, wo sich, wie gesagt, alle Varianten unserer großen Tour kurz treffen. Gemeinsam steigen sie in Richtung Trenta hinunter, aber nur für etwa sechshundert Höhenmeter, bis zur Wegkreuzung namens pod Skokom (unter dem Sprung). Der Name allein wird für Murmeltiere schon aufregend genug sein, noch mehr aber die Ausblicke auf den Weg, der zur Kreuzung hinabführt. Aber in Wirklichkeit sind nur die Ausblicke und der Name dramatisch, mit Höhenangst muss man auf diesem Wegstück nicht rechnen. Denn ab dem Dolič folgen alle Transversalisten einem Maultierpfad, der breit genug angelegt wurde, so dass man auf ihm schwer beladene Tiere ins Hochgebirge treiben konnte, hauptsächlich für den Bedarf der Armee.

Von der Kreuzung unter dem Sprung steigt die Murmeltier-Variante ganz bis nach Trenta herab, wo sie nach einer Weile wieder mit ihren anspruchsvollen und sehr anspruchsvollen Kolleginnen zusammentrifft. Die machen vorher nämlich noch eine kleine Runde. Zuerst erklimmen sie den Sattel Luknja (Loch), eine tiefe Einkerbung im Grat in Richtung des Gipfels des Bovški Gamsovec und einer der berühmtesten Orte unserer Bergwelt. Auf der anderen Seite dieses Passes liegt das Vrata-Tal, ja genau, das gleiche Tal, aus dem sie kurz zuvor den Triglav bestiegen haben. Und deshalb sind auch die Aussichten links und rechts vom Luknja-Sattel nicht so ohne. Auf der rechten Seite ist die Triglav-Nordwand, und direkt an deren Rand klettert der Steig namens »čez Plemenice« über den langgestreckten und ausgesetzten Plemenice-Grat empor, der bei weitem anspruchsvollste Weg auf den Champion der Julischen Alpen, auf dem man über etliche Felspfeiler kraxeln muss. Auf der anderen Seite des Luknja-Sattels beißt sich ein anderer Weg in die Steilwand, der zum Bovški Gamsovec führt, ein weiterer Berg, der bei jedem Gipfelstürmer, der vom Geist eines Steinbocks beseelt ist, zärtliche Empfindungen auslöst.

Dieser Aufstieg ist nicht besonders knifflig, der Abstieg auf demselben Weg dagegen keineswegs harmlos. Die Steilheit pendelt ständig um die Schwelle, unterhalb derer man die Stöcke gut gebrauchen kann und oberhalb derer man sie wegpacken muss, weil es ohne den Einsatz der Hände nicht mehr geht. Im Angesicht dieser Schwelle fragt sich natürlich so mancher Bergsteiger des Öfteren, ob er den Abstieg vom Gamsovec zum Luknja-Sattel im Rückwärtsgang absolvieren soll oder nicht. Und im Spätsommer muss man sich ab und zu selbst ermahnen, dass es wichtig ist, beim Ab- oder Aufstieg auf Füße und Hände zu schauen, so gern schweifen die Augen hier zur Seite ab. Denn der Weg führt oft über einen Teppich aus verschiedenen Bergblumen, der so dicht gewoben ist, dass du dich wieder an das eine oder andere Gespräch mit deinen Freunden und an rosige Szenen aus Disney-Filmen erinnerst, die diesem Berghang kaum das Wasser reichen können.

Gern gleitet der Blick auch über die Blumen hinaus, denn die Aussicht vom Gamsovec ist mehr als atemberaubend. Unweit, in nördlicher Richtung, liegt der Stenar und gleich dahinter das große Massiv der Škrlatica. Gen Osten folgen die Augen der Reihe der Transversale-Gipfel für Steinböcke und Gämsen: über den nahen Razor bis hin zum Prisank und zum Jalovec. Aber vor allem das Panorama im Westen ist schwindelerregend schön. Denn von keinem anderen Punkt ist die Wand des Triglav so gut zu sehen wie vom Gamsovec, nicht einmal vom Tominšek-Weg. Fast den ganzen Weg hinauf hast du das Gefühl, dass du nur die Handfläche ausstrecken müsstest und schon könntest du sie berühren.

Solche Gefühle existierten dieses Mal nur in meiner Erinnerung, denn der Sommer 2019 war wirklich verregnet. Als ich von Luknja aufstieg, lag bis zum Gipfel eine Wolkendecke über dem Weg, und obwohl ich hoffte, dass vielleicht ein abendlicher Berg-Atemhauch sie wegblasen würde, wollte und wollte sie nicht aufreißen.

Ach, sagte ich mir zu guter Letzt achselzuckend dort oben auf dem Gipfel des Gamsovec, man kann halt nicht alles haben. Dennoch war ich ein wenig niedergeschlagen. Ich hatte aber keine Zeit auf das Auflockern des Nebels zu warten und daher wandte ich mich der Karsthochebene Kriški podi zu, die ich vor Einbruch der Dunkelheit erreichen wollte. Kaum hatte ich drei oder vier Schritte gemacht, als das konturlose Licht, dessen verschmierte Strähnen den Nebel durchbrachen, plötzlich durch ein sehr helles, scharfes ersetzt wurde, und zwar hinter mir. Ich drehte mich um. Und tatsächlich, genau in Richtung des Triglav begannen sich die Wolken zu verziehen und im nächsten Augenblick zeigte sich auch schon seine ganze Wand, so nah und so gewaltig, dass ich mich hinsetzen musste.

Besonders lang hielt die Aussicht nicht an. Nach nicht einmal einer halben Minute wurde sie schon wieder von diesem lichtdurchfluteten Nebel versperrt. Dennoch stieg ich breit lächelnd vom Gamsovec herunter.

Wegbereiter

Das war wirklich ein herrlich langer Tag. Aus dem Vrata-Tal habe ich den Triglav erklommen, bin von seinem Gipfel zum Dolič-Sattel abgestiegen und von dort weiter in Richtung Trenta, um dann über den Luknja-Sattel wieder in die Höhe auf den Gamsovec zu klettern. Als ich den Triglav so fast vollständig umrundet hatte, war der Tag noch nicht zu Ende und der Spaß ebenfalls nicht. Auf dem Abstieg vom Gamsovec zur Karsthochebene Kriški podi gibt es zwei interessante Spalten, die wie fast senkrecht im Fels verlaufende Halbröhren aussehen. Besonders von oben haben sie etwas von einem Igel, den jemand von außen nach innen umgekrempelt hat, so viele Eisenstifte und Tritt-Klammern ragen aus ihnen heraus. Und beim Abstieg im Nebel kann man sich leicht vorstellen, in was sich eine solche Spalte bei einem Ausrutscher verwandeln würde: in eine sehr unangenehme Mischung aus Rutsche und Flipper.

Trotz des kristallklaren Morgens auf Kriški podi beschloss ich, eine Atempause einzulegen. Unsere schüchternste Meteorologin hatte für diesen Tag eine hohe Gewitterwahrscheinlichkeit in den Bergen vorausgesagt, und für den nächsten Tag prophezeite sie mit Angst in den Augen anhaltenden Regen. Und in ihrer gewohnt entsetzten Manier fügte sie hinzu, dass sich das Wetter sehr negativ auf das Wohlbefinden auswirken würde. Aber abgesehen von ihrer äußerst lustigen Art der Wettervorhersage ist diese Dame auf jeden Fall eine große Expertin, weshalb ich mich entschied, schon nach Kriški einen eineinhalbtägigen Aufenthalt in Trenta einzuschieben und nicht erst nach dem Jalovec.

Der Abstieg über den Maultierpfad hinunter ins Tal ist mir in sehr schöner Erinnerung geblieben, wobei der Weg eigentlich nichts Besonderes ist, ich war einfach nur so gut gelaunt, dass mich jede Kleinigkeit erfreute. So musste ich zum Beispiel anerkennend über einen weiteren kleinen Ausdruck der Bergsteiger-Ironie schmunzeln, die in letzter Zeit in Mode gekommen ist: Vorbeigehende hatten spontan damit angefangen, Holzstöcke unter die riesigen Felsen zu stellen, die über den Wegen hängen, und zwar so, als ob diese getrockneten Zahnstocher die gigantische Masse stützen würden. Dass mir der Weg von Kriški so großes Vergnügen bereitete, lag zumindest teilweise auch am Mobilfunksignal. Als ich nämlich beim Abstieg bemerkte, dass ich hier und da eines einfing, und meinem Handy gestattete, die Verbindung herzustellen, kündigte es bald darauf den Empfang eines Fotos an. Auf den ersten Blick war das Bild ungewöhnlich, denn auf ihm war lediglich eine Hand zu sehen. Aber es war eine der wenigen, die ich immer wiedererkennen würde, und auf ihr leuchtete ein durchsichtiger, glitzernder Stein auf einem Goldring; nicht zu groß, nicht zu klein, genau richtig und sicher ein Vermögen wert. Und auf dieses Foto von Marnie folgte eine E-Mail. Es war eine Einladung zur Annahme eines digitalen Flugtickets, vorausbezahlt, mit einem festen Abflugdatum nach Amerika und offenem Rückflugdatum. *Wenn du Zeit findest, würdest du uns eine riesige Freude machen*, hatte Hansel dieser großzügigen Einladung hinzugefügt.

Neben solch freudigen Nachrichten und der Großzügigkeit meiner Freunde versetzte mich auch der unmittelbar bevorstehende Stopp im Soča-Tal in gute Laune. Denn schön ist es in vielen Alpentälern, aber keines ist halt so schön wie dieses.

Seine Primadonna ist eindeutig die Soča selbst, deren Farbe einige Wochen zuvor Laura in Begeisterung versetzt hatte. Aber ohne große Schwierigkeiten lassen sich noch weitere Facetten ihrer ungeheuren Schönheit mit Ausrufesätzen hervorheben. Etwa die enge und tiefe Klamm, die sie in den weißen Felsen gefressen hat! Und natürlich hat die Soča auch einen ausgesprochen erfrischenden Charakter; sich mitten in der Sommerhitze in die Umarmung dieser eiskalten Liebhaberin zu stürzen, ist ein besonderes Vergnügen! Und ihre zahlreichen Zuflüsse: von der Mlinarica und Zadnjica bis zur Lepenjica, Koritnica und Tolminka. Etliche von ihnen haben noch malerischere Klammen ausgehöhlt, und alle warten noch mit einer Vielzahl von anderen Wundern auf! An einer aufgrund der dortigen Verengung des Koritnica-Tals strategisch bedeutsamen Stelle steht beispielsweise die interessante Festung Kluže aus österreichisch-ungarischer Zeit, die auf den Fundamenten wesentlich älterer Festungsanlagen errichtet wurde. Bei all den Sehenswürdigkeiten, die das Tal der Soča und ihre Zuflüsse zu bieten haben, ist ein Halt im Dorf Trenta ein absolutes Muss für den Transversalisten. Nicht nur, weil es der einzige Ort auf der gesamten Strecke durch die Julischen Alpen ist, an dem man sich mit Lebensmitteln eindecken kann. In diesem Weiler befindet sich auch das Trenta-Museum, das sich das Gebäude mit dem Informationszentrum des Triglav-Nationalparks teilt.

Ich konnte nur deshalb zwei Tage früher als vorhergesehen ins Tal absteigen, weil man dort trotz ausgebuchter Kapazitäten so freundlich war, extra für mich nach einem freien Zimmer zu suchen. Und wie durch ein Wunder fanden sie auch eines. Zur Krönung des Ganzen war es in einem herrlichen Nebengebäude, das an ein ehemaliges Jagdhaus erinnerte. Doch nicht nur das: Kaum war ich dort angekommen, wurde ich erneut Zeuge der erstaunlichen Geschicklichkeit, mit denen Jäger Tieren das Fell über die Ohren ziehen, diesmal einer Gämse. Und dann zeigten dieselben Leute am nächsten Tag ein weiteres Mal, wie gut sie eins und eins zusammenzählen können. Für den Besuch des Museums war eine Gruppe von Kindern aus vier Grundschulen angekündigt, die als Preis einen Aufenthalt im Sommercamp in Trenta gewonnen hatten, und die Mitarbeiter im Informationszentrum bemerkten sofort die vielfältigen Synergien. Ich werde doch wohl nicht allein zwischen den Exponaten herumlaufen wollen, dachten sie, und eine Führung, wie sie den Schulkindern zuteilwerde, sei schließlich etwas ganz anderes! Und den Kindern würde es sicher viel bedeuten, wenn sie ihnen sagen könnten, wer sie begleiten wird … Und wenn sie mir und den Kindern eine Freude machen, wird auch den Museumsmitarbeitern ganz warm ums Herz, redeten sie mir gut zu.

Freilich ließ ich mich nicht zweimal bitten. Kann es etwas Schöneres geben, als solch ein Museum mit Kindern zu besuchen, denen als Auszeichnung ein Aufenthalt in Trenta geschenkt wurde? Klar waren sie so brav wie Mäuschen, neugierig wie Kätzchen, aufgeweckt wie Wiesel und allesamt so niedlich wie die gerade genannten Tiere.

Eine der Geschichten im Zusammenhang mit der Ausstellung, die sich uns allen besonders eingeprägt hat, sagt auch viel über die ersten Gipfelstürmer aus und deutet damit auf einige sehr beeindruckende Eigenschaften eines jeden wahren Bergsteigers hin. Natürlich weiß man, wer als Erster auf diesen Hängen Blut und Wasser geschwitzt hat: diejenigen, die die Arbeit in die Höhe trieb, vor allem die Bauern aus den Gebirgstälern, die schon immer wahre Alleskönner waren, und andere, von Sennern bis zu Jägern und Förstern. Erst später begannen sich verschiedene vornehme Herren für die Bergwelt zu interessieren, zunächst Forscher und mit dem Aufkommen der Bergsteigerbewegung auch das Bürgertum. In der Folge übernahmen die ersten Besucher des Hochgebirges noch eine andere Funktion, sie wurden zu Führern von Forschern und anderen Herren.

Die Tradition dieser Vorreiter des Bergsteigens war in Trenta so stark, dass sie in der ersten Hälfte des 20. Jahrhunderts auch eine wichtige Rolle bei der Errichtung von kühnen Klettersteigen spielte. Auf den Prisank, zum Beispiel, führen sogar von der nördlichen Seite, von Kranjska Gora aus, zwei Wege, beide das Werk bekannter Bergführer aus Trenta: der Hanza-Steig, dessen Bau von Ivan Vertelj – Hanza im Jahr 1926 geleitet wurde, und der Kopiščarjeva-Weg aus dem Jahr 1948, für den Anton Kravanja – Kopiščar das größte Verdienst gebührt. Am Anfang der langen Reihe bekannter Trenta-Bergführer steht jedoch Anton Tožbar, Rufname Špik, geboren 1835.

Špik war auch deshalb einer der typischen Wegbereiter des Bergsteigens, weil ihn eine Vielzahl von Arbeiten in die Berge führte. Zunächst wurde er eigentlich durch seine Rolle als Jäger berühmt, die er 1871 übernehmen musste. Damals trieb sich nämlich ein Bär in den Bergen oberhalb von Trenta herum, der »eine seltsame Störung im Kopf hatte« und erst auf der Alm unterhalb der karstigen Hochebene Kriški podi metzgerte und dann sogar das Kleinvieh am Rand des Dorfes angriff. Daher blieb den Dorfbewohnern einschließlich Špik keine andere Wahl: Sieben Männer schnallten sich ihre Gewehre um, stiegen zu der besagten Alm hoch und verfolgten das Biest von dort bis zu Kriški podi. Špik war der Erste, der es vor die Flinte bekam, als es vor ihm weglief, und traf es im Genick. Aber die Bewaffnung der Dorfbewohner war so armselig wie ihr Leben, und das Gewehr war einer solch gewaltigen Bestie, die später auf mindestens dreihundert Kilogramm geschätzt wurde, nicht gewachsen. Špik musste also rasch hinter dem angeschossenen Tier her, denn verwundet war es umso gefährlicher. Schlussendlich musste er in eine ihm unbekannte enge Klamm hinuntersteigen. Als er sich dort einen Weg um die steile Felskante bahnte, wusste er daher nicht, dass die tiefe Schlucht bald darauf an einer unpassierbaren Wand endet. Den Bären, den er plötzlich vor sich hatte und der ohnehin bereits in Mordlaune und durch den Genickschuss zusätzlich gereizt war, hatte er nun auch noch unwissentlich in die Enge getrieben.

Obwohl die Bestie auf ihn zustürmte, behielt er einen kühlen Kopf und eine ruhige Hand. Er legte das Gewehr erneut an die Schulter an, und diesmal traf die Kugel den Bären mitten ins Herz. Doch selbst dieser Schuss hielt das monströse Tier nicht auf. Es machte einen Riesensatz und flog auf Špik zu, der sich jetzt nur noch mit dem Kolben seines Gewehrs verteidigen konnte. Das half ihm nicht im Geringsten, denn der Bär schlug es ihm im Ansturm aus der Hand und begrub ihn unter sich. Und so kam es zum Nahkampf, die Bärenkrallen schlitzten zuerst Špiks Schulter auf, dann seinen Oberschenkel. Mit seinem unverletzten Arm versuchte der zähe Mann weiterhin, die Schnauze des Bären abzuwehren, und schlug mit der Faust dagegen, um sie von sich fernzuhalten. Aber der Bär war entschlossen, ihn in seinem Todeskampf mit ins Verderben zu ziehen. Ohne vor den Schlägen zurückzuschrecken, biss das Biest mit aller Kraft in den Unterkiefer seines Gegners, schüttelte dann kräftig den Kopf und zog, bis das Blut spritzte: Špiks gesamter Unterkiefer mitsamt Zunge wurde ihm vom Bären buchstäblich vom Körper gerissen.

Einem anderen Dorfbewohner, der hinter Špik hergeeilt war, gelang es, den riesigen Bären in den letzten Momenten seines auslaufenden Lebens abzulenken. Dabei stellte er sich allerdings nicht besonders geschickt an, und bevor die Bestie endlich starb, hätte sie ihn fast getötet. Aber er rettete Špiks Leben. Anton Tožbar war nämlich so hart im Nehmen, dass er sogar eine dermaßen schreckliche Verletzung überlebte. Allerdings blieb er bis zu seinem Tod entstellt, so dass er meist ein Taschentuch über dem fehlenden Teil seines Gesichts trug. Ernähren konnte er sich nur, indem er sich flüssige Nahrung durch einen Trichter und einen Schlauch in die Speiseröhre einflößte. Und die Schmerzen im übriggebliebenen Teil seiner Mundhöhle, der ganz spröde und voller Schorf und offener Wunden war, müssen furchtbar gewesen sein; so schlimm, dass sich Špik angeblich sogar einmal darüber beklagte. Doch er lebte noch zwanzig Jahre und wurde einer der berühmtesten frühen Bergführer und trug wesentlich zur Entwicklung des slowenischen Alpinismus bei. Vielleicht sogar mehr, als ihm zugeschrieben wird. Julius Kugy, einer der Pioniere des Alpinismus in unserem Land, hat sich in seinem Trenta-Führer derart herablassend über ihn geäußert, dass das Geschriebene offenkundig nicht mit den Tatsachen aus Tožbars Leben übereinstimmt. Hatte Kugy vielleicht Angst, die Lorbeeren seiner Klettererfolge teilen zu müssen?

Gipfel und Kranz

Indem ich anderthalb Tage in Trenta blieb, vermied ich das gewittrige Wetter, bei dem ich im Hochgebirge nichts zu suchen gehabt hätte. Aber als ich am dritten Tag noch im Dunkeln erwachte und schon mit den Hufen scharrte, bestand kein Zweifel daran, dass sich das bewährte Muster aus der Zeit vor dem Regen wiederholen würde: Bald nach dem strahlenden Morgen würden die Gipfel und Grate unter Mützen und Decken verborgen sein.

Aber das ist halt ein weiterer Vorteil des Transversalisten, sagte ich mir achselzuckend, als ich auf dem Maultierpfad zurück zum Hochgebirgsplateau Kriški podi stiefelte. Wenn ich warten und warten würde, bis das Wetter »perfekt« ist, käme ich nirgendwohin. So aber zwingt dich der Weg dazu, etwas anderes und deshalb umso Wertvolleres zu erleben. Sicherlich verpasst man die eine oder andere schöne Aussicht oder kann sie nicht in vollen Zügen genießen, aber dafür wird man beispielsweise mit dem diffusen Glanzlicht unterhalb des Triglav-Gipfelstocks verwöhnt. Und mit dieser Lektion erinnert dich dieser lange Weg an eine weitere, die es zu lernen gilt: Wenn die Bedingungen zu schlimm sind, ist es natürlich immer am besten, einen Unterschlupf zu suchen. Und bei Wetter, das einen nicht gerade umbringen will, ist es ratsam, sich so gut es geht anzupassen. Je besser du darin wirst, desto außergewöhnlicher wird dieses wertvolle Erlebnis sein.

So schmiedete ich für diesen Tag einen Plan, mit dem ich beabsichtigte, es mit mindestens drei Fliegen aufzunehmen. Und als ich für einen Moment inmitten der Kriški-Hochebene innehielt, war klar, dass das Wetter bei meinem Vorhaben einigermaßen mitspielen wollte. Das Hochgebirgsplateau mit seinen kleinen Seen glitzerte im freundlichen Sonnenlicht, und der Kranz der umgebenden Gipfel glich einem riesigen Wäscheständer vor einem Haus, in dem ein Wasserrohr geplatzt war: nasse Wolkenfetzen hingen über allen Gipfeln und sogar über den Graten zwischen ihnen. Ich rieb mir die Hände und ging weiter, in Richtung des wolkenverhangenen Sattels unter dem Razor.

Bis dahin gibt es einige kurze Aufstiege über Geröll und leicht anspruchsvolle Felssprünge, woraufhin die Variante für Steinböcke auf den Razor und wieder zurück führt. Nach dem Bergsturz vor etwa zehn Jahren hat man den letzten Teil des Wegs auf den Razor wesentlich vertikaler, fast überhängend, angelegt, aber die Hauptattraktion ist nach wie vor die Aussicht von seinem Gipfel. Da ich bereits auf dem Sattel im milchigen Nebel steckte, machte die Besteigung des Razor nicht allzu viel Sinn. Überhaupt hatte ich es eilig, den kühnen Drei-Fliegen-Plan zu verwirklichen, dessen Entfaltung beim Abstieg vom Sattel in Richtung des oberen, keilförmigen Abschlusses des Mlinarica-Tals beginnen sollte.

Die erste Fliege, die ich loswerden wollte, war folgende: Ich hatte absolut keine Lust, mich auf der Gamsvariante, die vom oberen Talschluss über die Südhänge und dann entlang des Slowenischen Wegs auf den Gipfel des Prisank führt, rösten zu lassen. Auf diesen sonnenseitigen Steilhängen war es schon seit jeher eine kluge Idee, Sonnencreme dabei zu haben. Aber seit wir es geschafft haben, die Ozonschicht auszudünnen, und besonders in einem so verwaschenen Sommer wie diesem, ist die Strahlung noch heftiger. Viele der Bergwanderer, die ich vor meinem Zwischenstopp in Trenta auf Kriški podi getroffen hatte und die vom Vršič-Pass über diese Route dorthin gelangt waren, sahen daher aus wie aus einer Werbung für gekochte Hummer (»Aber wir haben uns eingeschmiert!«, versicherten sie mir. »Schon am Vormittag!«).

Für die zweite Fliege, derer ich mich entledigen wollte, schämte ich mich richtiggehend. Der Prisank ist, zumindest für mich, der grandioseste Berg der Julischen Alpen, aber obwohl ich ihn auf diversen Touren schon auf den unterschiedlichsten Wegen überquert hatte, fehlte mir noch immer der Jubiläumsweg. Zu meiner Verteidigung kann ich ins Feld führen, dass die verlockendsten Wege auf den Prisank sicherlich auf der schattigen Seite verlaufen. Am besten gefällt mir die Kombination der beiden bereits erwähnten Meisterwerke der Bergführer aus Trenta, der Hanza-Klettersteig bis zur Abzweigung zum Kopiščarjeva-Weg, dann auf letzterem bis zum sogenannten Vorderen Fenster, einem riesigen Durchgang im Fels, und schließlich noch auf dem Gratweg bis zum Gipfel. Nicht nur, weil man auf dieser schattenseitigen Route der Gluthitze entgeht und sie dich an einem der bekanntesten Abbilder der an die Bergwelt gebundenen, hiesigen volkstümlichen Überlieferung vorbeiführt, dem versteinerten Gesicht der Ajdovska deklica, des heidnischen Mädchens. Der Legende nach soll es vorausgesagt haben, dass ein Wilderer dem letzten Goldhorn – ein Gamsbock mit goldenen Hörnern und eine Sagengestalt aus dem slowenischen Alpenraum – auflauern und es erschießen würde. Ihre heidnischen Schwestern waren über diese Wahrsagung so erzürnt, dass sie das Mädchen zu Stein erstarren ließen. Die Kombination aus Hanza-Steig und Kopiščarjeva-Weg liegt mir vor allem deshalb so am Herzen, weil sie dich mit einigen der schönsten Herausforderungen, die die slowenischen Bergwanderwege zu bieten haben, konfrontiert, etwa mit diesem verrückten

Kamin und dem bereits angesprochenen Vorderen Fenster. Und natürlich harmoniert der Aufstieg in der morgendlichen Kühle der Nordwand ganz ausgezeichnet mit den Schweißperlen der Todesangst, die zwischen deinen zu Berge stehenden Nackenhaaren hindurchtröpfeln. Wenn du dich auf den Gipfelgrat hochgekämpft hast, sind das Licht des Südens und die milde Frische der Bergwipfel eine solche Belohnung. Hier und da musst du innehalten, allein schon deshalb, um dir die Augen trockenzuwischen, aus denen vor lauter Glück ein paar Tränen rinnen.

»Wie es heute glänzt, nicht wahr?«, sagst du entschuldigend zu einem Vorbeikommenden, der dich dabei erwischt.

»Es ist echt schön«, nickt er dir verständnisvoll zu, es kann sogar passieren, dass er dir auf die Schulter klopft.

Aber wie auch immer. Die wichtigste der drei Fliegen war natürlich dieser Nebel, den ich auszunutzen gedachte. Den für mich grandiosesten aller Gipfel der Julischen wollte ich über den anspruchsvollsten Weg auf der derzeitigen Trasse der Transversale besteigen, auf dem bisher unbegangenen, der schon so lang mein Gewissen plagte. Der Prisank wäre schon allein deshalb für mich ohne jeden Zweifel das Highlight dieser großen Tour, aber der Nebel würde die Herausforderung noch intensivieren: Das wird erst ein Höhepunkt!

Natürlich fragte ich mich, ob ich den Weg unter diesen Bedingungen überhaupt schaffen würde. Deswegen begann das Abenteuer schon beim Abstieg zum oberen Abschluss des Mlinarica-Tals: Auf diesem etwas heiklen Abschnitt wollte ich testen, ob die noch anspruchsvollere Fortsetzung bei diesem Nebel zu viel für mich sein könnte. Doch es klappte ganz gut. Auch der erste, etwas schwierigere Anstieg auf dem Jubiläumsweg war ein Klacks. Als die Schwierigkeit nach dem Einstiegskletterabschnitt ein wenig nachließ, wurde der Weg jedoch richtig tückisch und erforderte einiges an Spürsinn. Das Gelände dort ist gerade so anspruchslos, dass man sich eine Zeit lang nicht an dem in den Fels gehämmerten Eisen orientieren kann. Die Markierungen sind spärlich gesät und verblasst, so dass man sich noch flotter im Nebel verlieren kann. Außerdem ist das Gelände in alle Richtungen von Ziegenpfaden durchzogen, die die dortigen Hänge zu einem Weglabyrinth machen, im dem man im Nebel schnell in irgendeinen Abgrund abdriften oder sich in eine vollkommen falsche Wand versteigen kann.

Kaum hast du diesen Test bestanden, drückt der Jubiläumsweg auch schon wieder aufs Gas. Auf dem nun folgenden Aufstieg bis zum Hinteren Fenster bist du so angespannt wie die Stahlseile. Nur gut, dass sie hier nicht an ihnen gespart haben und sie gepaart mit den Trittstufen erneut äußerst geschickt angebracht sind, vor allem an den schwierigsten Schlüsselstellen. Im Fenster lag – wie mir schon im Vrata-Tal ein paar Wanderer berichtet hatten – sogar Ende August noch immer etwas Schnee. Nachdem ich hindurch war und der Weg zur Nordflanke des Prisank abbog, fehlte wegen des Nebels natürlich die berühmte Aussicht bis nach Kranjska Gora. Was vielleicht auch gar nicht schlimm war. Auf den anschließenden Querungen entlang immer schmaler werdender Felsvorsprünge, die dazu noch zunehmend von Schotter überschüttet waren, war ich jedenfalls in gewisser Weise ganz froh über die schlechte Sicht. Nach irgendeiner Rezitation stand mir dort ganz bestimmt nicht der Sinn.

Andererseits wurde der Aufstieg zum Prisank gerade durch den Nebel brenzlig. Die Griffe und Tritte waren rutschig, so dass man noch konzentrierter mit den Händen im Fels nach Halt suchen oder seinen Fuß umso vorsichtiger setzen musste, vor allem aber war die Wolkendecke auf der Nordseite des Grats manchmal echt zum Verzweifeln dicht. Einige Male musste ich warten, bis sie sich wenigstens so weit auflöste, dass ich einen eindeutigen Hinweis finden konnte, wo es weitergeht. Und das passierte mir mehr als einmal mitten in einer höllisch ausgesetzten Passage. All das setzte dem Erlebnis noch einmal einen drauf!

Aber dieser Weg ist auch noch aus einem anderen Grund großartig. Denn nachdem er einen mehr und mehr zum Gruseln gebracht hat, geht er plötzlich wieder auf den wesentlich freundlicheren Südhang über, so dass man ein wenig verschnaufen kann. Natürlich nicht lang, und natürlich kehrt er dann noch eine Weile auf die unheilvolle Nordflanke zurück, die hier den bedeutungsvollen Namen Zvoniki (Glockentürme) trägt. Allerdings ist dieser letzte Teil wie ein angenehmes Echo der vorangegangenen brenzligsten Abschnitte, wie eine Zugabe am Ende eines majestätischen Konzerts, ohne die das Ganze, obwohl spitzenmäßig, irgendwie in der Luft hängen würde. Dementsprechend verhallen die neuen Herausforderungen auch recht schnell wieder, der Weg wendet sich erneut gen Süden und geht in den viel sanfteren Slowenischen Weg über, mit dem gemeinsam er in einem spektakulär anspruchsvollen Aufstieg zum Gipfel klettert.

*

Dort oben gab es bei diesen Verhältnissen nichts zu tun und mich hielt auch nichts. Dieses kurze Wiederaufflammen von Begeisterung und Schrecken sowie das lässige

Ausklingen des Wegs bis zum Gipfel hatten mich so angenehm beruhigt, dass meine Gedanken abschweiften und ich darüber nachsann, wie schön der Jubiläumsweg angelegt ist. Anschließend wanderten meine Gedanken weiter zum Aufbau dieses wesentlich längeren Wegs, von dem der Jubiläumsweg nur ein kleiner Teil ist, zur Transversale.

Als ich über den recht anspruchsvollen Gratweg abstieg und mir dabei in Gedanken die verzwickte Struktur unserer großen Tour vor Augen rief, kam ich zu folgendem Schluss: Natürlich, die einzelnen Wege, einschließlich des Jubiläumswegs, sind wie Verse, die sich zu einem Kreis zusammenfügen, zu einem Kranz des sie verbindenden Gedichts, zur Transversale! In sie hineingeflochten ist noch manch anderes, auf jeden Fall etliche Eigenschaften ihres Landes und ihrer Menschen, die sich in ihr widerspiegeln. Daher ist auf diesem langen Weg so viel von allem, aber alles ist so zierlich, wie glitzernde Funken, die durcheinanderwirbeln und einander unablässig ablösen. Daher der mehrfach gewundene erzählerische Bogen dieses Kranzes, der die Thematik größerer und kleiner Orte und ländlicher Gegenden miteinander verknüpft. Daher die ausgesprochen gebirgige Identität, die sich zwischen einem kleinen Teil der alpinen Hochgebirgswelt im äußersten Westen und den Mittelgebirgen – die in diesem Land eindeutig in der Mehrheit sind – entfaltet. Daher auch die ausgeprägte Dualität aus Wildnis- und Alpinstil, aus Zeltlagern und Berghütten, beide mit ihren jeweiligen Gesetzmäßigkeiten. Daher die dem Kranz innewohnende Tiefe aus unserer Vergangenheit, daher hat er so einen betont verbindenden Charakter, daher rühren seine Einsichten in die Fragen der Gegenwart. Und all diese und noch weitere Ranken dieses Kranzes verflechten und verflechten sich und viele seiner Themen, Verse,

Formulierungen und Maximen brechen wieder und wieder an die Oberfläche durch.

Ich musste an jenen anderen Kranz denken, jenen, den unser berühmter Dichter France Prešeren mit seinem *Sonettenkranz* geflochten hat.

»Ist also auch die Transversale ein *dreifach angestimmtes Lied*?«, fragte ich in mich hineinschmunzelnd, bevor ich kopfschüttelnd ausrief: »Lieber siebenmal, ach was, siebentausendmal!«

In jenem Augenblick wäre ich vor Überraschung fast ins Leere getreten. Ich kämpfte einige Augenblicke lang um das Gleichgewicht, fing mich schließlich und blieb stehen.

Kaum ein paar Meter entfernt, aber buchstäblich mitten im Nichts, im Nebel über der schroffen Nordwand des Prisank, stand eine Gestalt. Kleiner als ich, war ich mir sicher, dass es sich um die eines Mädchens handelte. Vielleicht, weil von ihr solch ein Funkeln ausging, weil sie inmitten dieses glänzenden Graus von einem wahrhaft jenseitigen Schein umgeben war. Vielleicht weil der Umriss des Kopfes nach oben hin so breit war, als trüge sie darauf einen Kranz. Auf jeden Fall war die Diagonale der Gestalt von der rechten Schulter bis zur linken Hüfte wie gebrochen, auf jeden Fall waren ihre Ränder unscharf verschwommen, als ob sie gerade erst ihre Form annehmen würde.

Natürlich wurde mir später bewusst, dass ich damals sicher schon so weit aus den Wolken herabgestiegen war, dass zumindest ein Teil der Sonnenstrahlen durch sie hindurchbrach und das über dem Abgrund lediglich mein Schatten war, den dieses diffuse Licht so seltsam auf den Nebel warf. Doch zu jenem Zeitpunkt pfiff ich noch auf eine solch profane Begründung. Klar doch, das ist sie, sagte ich mir. Wer sonst würde so funkeln, wer sonst hätte so einen wundervollen Kranz auf dem Kopf. Sie ist wahrlich schön. Vielleicht noch umso mehr, weil ihr einst eine Hälfte fehlte und sie so langsam zerfiel, vielleicht ist gerade die Spur ihrer einstigen Deformierung ihr schönster Schmuck.

Erneut erinnerte ich mich an Prešeren.

»Deine Wunde wird Erinnerung sein und dir zu Lob gereichen«, sagte ich ihr.

Ein, zwei Momente geschah nichts, dann:

»Wirklich?«, vernahm ich in meinem Kopf ihre liebliche Stimme. Und klug war sie auch, selbstverständlich. »Denn für so etwas, für solch eine Erinnerung und solch ein Lob müsste ich noch in jemand anderem leben? Wird mich denn überhaupt jemand wollen?«

Ich dachte ein wenig nach.

»Eine Weile werde ich dich noch bei mir behalten, damit du richtig auf die Beine kommst«, entgegnete ich der funkelnden Gestalt. »Dann werden wir weitersehen. Aber du weißt ja, wir Menschen dieses Fleckchens Erde halten für so arme Waisen wie dich einen ganz besonderen Platz in unseren Herzen frei. Vielleicht findet sich jetzt ja sogar irgendeine Vereinigung, die dir ein Dach über dem Kopf anbietet; schon längst hätten sie dir auf deine Beine helfen müssen.«

Ich sah, wie sie nickte.

»Ich habe etwas für dich«, hörte ich sie dann sagen. Sie griff sich mit den Händen an den Kopf, nahm vorsichtig den Kranz ab und hielt ihn eine Zeit lang vor sich hin. Die Nebelschwaden darüber wirbelten durcheinander und verbanden sich dann zu Murmeltier, Gämse und Steinbock. Sie umkreisten den Kranz und über ihnen tauchte die Buchstabenfolge EINTAUSENDER auf. Ich starrte sie fragend an.

»Weil du einmal gesagt hast, dass in diesem meinen Land der Eintausender, der Gipfel der höher als tausend Meter ist, der beste einfache Maßstab dafür ist, dass du dich in der Bergwelt befindest«, erklärte sie. »Weil derjenige, der mich ganz begangen hat, mehr als tausend Kilometer hinter sich gebracht hat. Und weil derjenige, der mich ganz begangen hat und dessen Schritte mich, so wie jeden Weg, mit Leben erfüllen, so ehrwürdig ist wie einer meiner Eintausender und als solcher für alle Zeiten ein Teil von mir sein wird.«

»Du Goldstück!«, lachte ich. »Wenn dich niemand will, dann verdienen sie dich auch nicht!«

Bergsteiger und Transversalisten

Natürlich gibt es unter unseren Transversalisten auch etliche Stempelsammler, die sich im Stile von Prozessionsteilnehmern auf den denkbar kürzesten Weg begeben, wenn die fünf Bedingungen dafür erfüllt sind. Und natürlich gibt es unter den Transversalisten auch ganz andere Wanderer, nämlich solche, die zumindest den größten Teil der eigentlichen Trasse zurücklegen. Und da alle großen Touren zu denjenigen Dingen gehören, die einem auf so vielen Ebenen exponentiell zurückgeben, was man in sie investiert hat, heben sich solche Wanderer sehr stark von der Masse der Bergbesucher ab.

Auch bei ihnen handelt es sich zwar meistens um Transversalisten im weitesten Sinne des Wortes, also um solche, die die gesamte Strecke in Teilen bewältigen. Ich habe Dutzende von ihnen auf der alten Hälfte getroffen, und natürlich kann ich Wunderbares über sie berichten. Schließlich waren sie mehrheitlich in Gesellschaft ihrer Freunde im Rahmen einer mehrtägigen Tour auf der Transversale unterwegs, und solche informellen Gruppen entstammen einer der ehrwürdigsten Traditionen aus den Anfängen des Bergsteigens bei uns. Deshalb ähneln sie oft auch in vielerlei Hinsicht jenen aus alten Zeiten, zum Beispiel den sogenannten »Planinski piparji« (in etwa: Berg-Pfeifenrauchern). So nannte sich Ende des 19. Jahrhunderts eine sechsköpfige Gruppe, die neben ihrer leidenschaftlichen Begeisterung für die Berge auch von einer höchst edlen Bergsteiger-Ironie erfüllt war. Etwa im Fall der Regeln ihres »Klubs«. Ihre Holzpfeifen mit dem turmartigen Kopf, auf die sie so stolz waren, mussten sie stets bei sich tragen und sie mussten auch »öffentlich mit Pfeife auftreten«, sonst drohte ihnen ein Strafe. Eine Geldstrafe winkte auch, wenn sie keinen Tabak und keine Anzünder bei sich hatten. Und die Pfeifenraucher hatten sich untereinander mit »Gorà!«, dem slowenischen Wort für Berg (hinten betont und daher ungewöhnlich), zu begrüßen (»Nichtbeachtung wird mit Strafe belegt«). Jeden Sonn- und Feiertag war eine ganztägige Wanderung Pflicht, und ja, auch in diesem Fall kam ihnen eine eventuelle Nichtbeteiligung teuer zu stehen. Falls sie an einem freien Tag zufälligerweise nicht in den Bergen waren, trafen sie sich auf dem Rožnik, dem Hausberg von Ljubljana in der Nähe des Zentrums, und »auch der zuletzt auf dem Rožnik ankommende ›pipar‹ muss(te) mit einer Strafe sühnen«. Und so weiter; es gab eine ganze Reihe dieser Geldstrafen und alle verfolgten dasselbe Ziel. So sammelte sich in dem gemeinsamen Unternehmungen zugedachten Beutel mehr als genug »für ein üppiges Ess- und Trinkgelage«.

Natürlich gibt es auch andere Gruppen von Wanderern, die eine mehrtägige Tour auf der Transversale unternehmen. Ich habe einige Alleinerziehende in den Bergen getroffen, wie ich auf der Strecke von Ljubljana bis Krško selbst einer war: Ein Elternteil kann ohne die Berge nicht leben, während der andere es ihm gestattet, den Nachwuchs mit der Liebe zu den Bergen zu infizieren. Vielleicht, wie bei Mateja, aus der zweckmäßigen Überzeugung heraus, dass Bewegung für junge Menschen lebenswichtig ist, vielleicht aber auch aus einem noch gewichtigeren Grund. Eine der alleinerziehenden Wander-Mütter hat mir zum Beispiel anvertraut, dass dies die Bindung zu ihren Kindern stärke, die aufgrund der Anforderungen ihres Berufs ansonsten wohl bedrückend schwach wäre. Und natürlich wird einem ganz warm ums Herz, wenn man auf einer Mehrtagestour so vielen Paaren begegnet. Von ganz frischverliebten, die kaum ein paar Meter Abstand zueinander aushalten, über die mittleren Alters, die manchmal etwas sehr Wichtiges zu bereden haben, bis hin zu denen mit der längsten »Dienstzeit«. Wie das betagte Paar, das eines Morgens stumm über eine Karte gebeugt vor der Hütte stand. Nach einer Minute völligen Schweigens zwischen ihnen schnalzte sie kaum hörbar mit der Zunge, und er brummte etwas, als würde er zustimmen, und zeigte etwas auf der Karte. Dann sahen sie sich nur noch an, sie nickte, und schon hatten sich die beiden über alles geeinigt.

Aber selbst angesichts solcher Szenen blieben mir, zumindest bei dieser Runde, die Solisten am lebhaftesten in Erinnerung. Die haben natürlich am wenigsten mit Prozessionen am Hut, egal ob es sich um Transversalisten auf einer mehr- oder eintägigen Tour, um Bergsteiger im engeren Sinne oder andere Berg-Kameraden handelt. Wie jene Bergläuferin, die mir unter dem Storžič entgegenkam und die mich, wenn ich an sie zurückdenke, noch heute zum Lachen bringt. Wenn du solchen Menschen nicht persönlich begegnest, bist du überzeugt, dass sie ausschließlich in Zeitschriften für Aktive und Gesunde und unverschämt Gutaussehende existieren. Ihr Schritt beim Laufen vermittelte den Eindruck, als würde sie die anderen zum Narren halten. Nicht nur, dass er trotz des ungemein langen Wegs, den sie hinter sich hatte, unglaublich leicht und locker war. Gleichzeitig erweckte er den Eindruck, dass sein einziger Sinn darin bestand, dafür zu sorgen, dass dieser Zopf aus weizenfarbenem Haar so hypnotisierend hin und her pendeln kann. Und natürlich nahm sie sich freundlicherweise die Zeit, mit mir zu plaudern. Ich musste mich ein paar Augenblicke lang bemühen, um überhaupt zu verstehen, was sie sagte. Das Weiß dieser spielerisch abgerundeten Zähne, die mich anblitzten, machte mich nämlich ein wenig taub. Aber dennoch entging mir nicht, dass sie einfach mal ihren Kopf durchlüften wollte, da sie andauernd für die Herbstprüfung im Fach Anatomie lernen musste: etwa siebenhundert Höhenmeter bis hier hoch, dann unterhalb vom Storžič weiter und über den Tolsti vrh bis ins Städtchen Tržič und von dort auf die Dobrča. Und wieder zurück. Als ich einwarf, dass das mindestens zwei Tage Laufen bedeute, war sie ein wenig verwundert. Nun, sie habe heute Morgen angefangen, erwiderte sie schließlich schulterzuckend. Und dann seufzte sie noch: Schade, dass es so schnell vorbeigehe, jetzt würde sie schon vor dem Abend wieder zuhause sein und weiterbüffeln müssen …

Nicht minder beeindruckt war ich von einem Herrn, der schwer zu übersehen war, denn er war ganz sehnig und schmächtig, wodurch sein Rucksack noch größer wirkte. Doch ich sah ihn nur einen Augenblick lang. Er kam kurz vor Einbruch der Dunkelheit in der Dobrča-Hütte an, regelte seine Übernachtung und alles Weitere, damit er vor Morgengrauen weiterziehen kann. Dann verschwand er im Zimmer. Am nächsten Tag war ich recht fleißig und marschierte bis zum Berg Golica, denn normalerweise dauert es ungefähr fünfzehn Stunden, um diese Strecke zurückzulegen. Am Ziel erfuhr ich, dass besagter Herr an diesem Tag seine Wanderung noch bis zur Hütte Aljažev dom im Vrata-Tal fortsetzte, was für einen durchschnittlichen Wanderer etwa neun weitere Stunden bedeutet. Er hatte halt vor, in zwei Wochen die alte Hälfte zu bewältigen und anscheinend verlief sein Weg nach Plan.

Aber dieser Transversalist war nicht nur der einzige Slowene, der mich überholte. Unter allen Einheimischen bin ich auch keinem anderen begegnet, dem dieser Titel im edelsten Sinne des Worts gebühren würde, der also die Absicht gehabt hätte, die gesamte alte Hälfte an einem Stück zu durchwandern. Ich habe jedoch etliche ausländische Wanderer mit diesem Plan getroffen. Und auch unter denjenigen, die nur eine Woche oder ein paar Tage unterwegs waren, gab es viele weitere aus anderen Ländern. Eigentlich waren unsere ausländischen Brüder und Schwestern überall in der Mehrheit, abgesehen inmitten der größten Bergprozessionen, in den Julischen Alpen allerdings auch dort.

Klar, unsere Berge sind schön und das Land ist recht gepflegt. Nach der Übernahme des westlichen Gesellschaftssystems und der Abkehr vom letzten Gemetzel auf dem Balkan wurde es daher immer attraktiver. Auch die allzu großherzigen Preise tragen wahrscheinlich dazu bei, dass es in unseren Bergen ein Vielfaches mehr an ausländischen Gästen gibt als in den Jahren vor der Unabhängigkeit. Es ist traurig, dass ein Mitglied eines heimischen oder eines der vielen Bruder-Alpenvereine nur 23 Euro für eine Übernachtung mit Frühstück im Hochgebirge des Triglav-Nationalparks zahlt. Denn wenn man sich den Zustand vieler Schutzhütten ansieht, wird deutlich, dass ein paar Euro mehr nicht schaden könnten. Und natürlich ist Slowenien so klein, dass die Zahl der Ausländer in bekannteren Gegenden wie den Julischen Alpen schnell die der Einheimischen übersteigen kann. Zumal viele von ihnen die Berghütten meiden, weil sie sich an den zügellosen Alkoholkonsum in der einen oder anderen von ihnen erinnern und es bis zu ihrem eigenen behaglichen Heim nicht weit ist. Daher sind die genauen Daten über den Anteil ausländischer und einheimischer Bergwanderer bei länger als einen Tag dauernden Touren eigentlich nicht überraschend: War der Anteil der Ausländer vor drei Jahrzehnten noch vernachlässigbar, so stieg er bis 2010 auf ein Drittel an, und in den letzten zehn Jahren hat sich dieses Wachstum noch beschleunigt. So gingen im Juli und August 2019 bereits zwei Drittel der registrierten Übernachtungen auf Ausländer zurück.

Anteil daran hat sicherlich die slowenische Gastfreundschaft. Freilich ist nicht jeder dazu in der Lage. Ich habe sogar gehört, wie ein Hüttenwirt sich mit hässlichen Worten über unsere traditionellsten ausländischen Besucher, die Engländer, ausgelassen hat. Ansonsten hat sich hinter einigen unserer dicken Mauern lediglich eine Art Gefühl der Mehrwertigkeit gegenüber Ausländern gehalten. Wahrscheinlich entspringt es dem ehemaligen nationalen Erwachen, das unseren Bergsport stark geprägt hat, obwohl niemand dieses Gefühl so richtig begründen kann. Stillschweigend vertreten einfach viele bei uns die Meinung, dass Besucher aus dem Ausland, vor allem aus den weiter östlich gelegenen Ländern, über irgendwie beschränktere Bergsteigerkenntnisse verfügen. Wenn man nicht sogar das Volk als Ganzes ins Lächerliche zieht. »Ach, die [schlecht ausgerüsteten] Tschechen«, hört man zum Beispiel einen Slowenen mitleidig seufzen, der sich voller Stolz, selbst nur mit Schlappen an den Füßen, auf den Triglav begibt.

Selbstverständlich gibt es in jeder Gruppe einige, die zumindest ein bisschen problematisch sind. Diese Art von Menschen haben wir selbst aus dem Ausland angelockt, denn dort hat sich bereits herumgesprochen, dass es in unseren Bergen unglaublich billig ist. Also denken sich einige von ihnen, dass es hier vielleicht auch etwas umsonst geben könnte. Diesmal traf ich zum Beispiel ein junges Paar, das mir auf der Karte ein Zeichen für eine Sennerei zeigte und mich fragte, ob es möglich wäre, kostenlos in einer solchen

Sennhütte zu übernachten. Immerhin wüssten sie, wie man die meisten Türen aufschließen könne, ohne dass jemand etwas davon mitbekomme.

Es gibt auch ein paar sehr eigenwillige Gäste. Von dieser Tour durch Slowenien blieb mir ein Ehepaar ganz besonders in Erinnerung, welches ich auf dem Luknja-Sattel getroffen hatte, beide um die vierzig Jahre alt. Als sie mir mit einer ausgebreiteten Landkarte in den Händen und ganz außer sich entgegengerannt kam – »Wo geht es hier denn auf Kriški podi?! Welcher Weg führt dorthin?!« –, riet ich ihnen davon ab. Die Bedingungen waren, wie gesagt, nicht gerade ideal, und sie sah schon jetzt wie kurz vor einem Nervenzusammenbruch aus, dabei hatte der anspruchsvolle Teil des Wegs noch nicht einmal begonnen. Doch er ließ sich unter keinen Umständen dazu bewegen, einen leichteren Weg zu nehmen. Als ich ihnen die eisengespickten Spalten auf der anderen Seite des Gamsovec beschrieb, winkte er nur mit der Hand ab, es werde schon nicht so schlimm sein. Als ich sie fragte, was sie mit den beiden Hündchen zu tun gedachten, die sie dabei hatten, antwortete er, dass sie sie in den Rucksack stecken würden. Als ich darauf hinwies, dass sie eigentlich nicht die richtige Ausrüstung hätten – er schleppte einen 80-Liter-Reiserucksack mit sich herum, der so stabil gebaut war, dass er leer wahrscheinlich schon fünf Kilogramm wog –, versicherte er mir, dass er damit die gesamten Alpen durchwandert habe. Das war offensichtlich eine Lüge, aber allen Warnungen zum Trotz begaben sie sich nach einer Pause hinter mir auf den Weg. Und sie schafften es tatsächlich auf Kriški podi zu kommen. Doch wir waren uns am späten Nachmittag begegnet und die beiden hatten für die Strecke vom Luknja-Sattel fast sechs Stunden gebraucht, so dass sie erst gegen elf Uhr ankamen und die ganze Hütte aufweckten. Und weil die Hunde freilich nicht hinein durften, holten sie knapp zwanzig Decken aus der Hütte, aus denen sie für die beiden auf einem der Außentische ein wahres Iglu errichteten.

Solche ausländischen Besucher sind selbstverständlich die Ausnahme. Die absolute Ausnahme. Unter den vielen Gästen in unseren Bergen gab es ohne Frage noch ein paar eigenwillige, aber nicht im negativen, sondern im typischen Bergwanderer-Sinn. So wie jener Zwei-Meter-Mann, der sich mir auf dem Tominšek-Weg als »echter Bosnier« vorstellte und einen der größten und schwersten Rucksäcke trug, mit denen ich jemals jemanden auf den Triglav habe klettern sehen. Nicht nur das, er hatte auch eine große Anzahl von Mahlzeiten hineingepackt, die seine Frau für ihn vorbereitet hatte, bevor er zu seiner mehrtägigen Tour aufbrach. In unsere Berge war er nämlich schon seit seiner Jugend verliebt, doch unser Essen fand er nach wie vor so abstoßend wie damals. Dasselbe galt für die Getränke und deshalb hatte er auch davon ein bis zwei Palletten in seinem Rucksack, seine ihm ergebene Lebensgefährtin hatte sogar schon in Bosnien jede Dose einzeln in Alufolie eingewickelt. »Damit es kalt bleibt!«, erläuterte mir der liebenswürdige Sonderling, der unsere Berge so aufrichtig liebt und sie wahrscheinlich mehr im Blut hat als manch ein Einheimischer.

Oder dieser junge Mann, eine wahre Verkörperung der polnischen bürgerlichen Intelligenz: ein wunderbar belesener Assistent von der Universität Warschau, er benahm sich derart manierlich, dass er mir sogar in einer der Hütten mitten in den Julischen Alpen die Tür öffnete, und selbst nach mehreren Tagen in den höchsten Bergen sah er aus wie aus dem Ei gepellt, einschließlich seinem makellosen Scheitel.

Aber gleichzeitig war er natürlich herrlich verwirrt. Als wir uns in ein Gespräch verstrickten und er mich bald nach einem »echt interessanten und anspruchsvollen Weg« fragte, schlug ich ihm im Scherz den Kopiščarjeva-Weg vor und beschrieb ihm diesen verrückten Kamin. Wäre das interessant und anspruchsvoll genug? Es zeigte sich, dass dem nicht so war. Auf den Prisank wäre er fast schon über den Hanza-Steig geklettert, aber man hätte ihm davon abgeraten, weil sich dort den ganzen August über noch etwas Schnee halte und er keinerlei Erfahrungen mit dem Eispickel habe. Und der Kopiščarjeva, den er anstelle des Hanza genommen habe, sei ganz in Ordnung gewesen, mehr als interessant, aber keinesfalls unheimlich, meinte er. Deswegen schlug ich ihm, diesmal wesentlich weniger scherzhaft, den Weg über den Plemenice-Grat vor, und erneut versetzte er mich ins Staunen. Ja, die Ausblicke seien schön gewesen, entgegnete er anerkennend nickend, doch auch dieser Weg sei für ihn eher anstrengend als eine echte Herausforderung gewesen.

Abgesehen von diesen Beispielen aus den Extremen des Spektrums ausländischer Gäste ist meiner Erfahrung nach die große Mehrheit mehr als vorbildlich. Sie sind den allgemeinen Bedingungen des Hochgebirges und der Schwierigkeit der Route gemäß ausgerüstet, haben höchstens ein paar überflüssige Ausrüstungsgegenstände dabei, die auch für manch anspruchsvolleres Abenteuer reichen würden. Gleichzeitig wissen sie recht gut einzuschätzen, ob ihre Fähigkeiten tatsächlich einem der riskanteren Steige entsprechen; allein auf der damaligen Wanderung sprach ich mit mehreren, die sich früh genug vom angepeilten Ziel verabschiedet hatten, so dass sie noch auf demselben Weg zurücksteigen oder auf einen leichteren abbiegen konnten.

Des Weiteren halten sich diese Gäste an unsere Berg-Etikette, dass es fast schon etwas Rührendes hat. Sie wissen zum Beispiel, wie man sich auf dem Weg höflich begrüßt, manch einer sogar auf Slowenisch. Sie kennen die Regel, wer auf einem engen Pfad Vorgang hat, ohne mit der Wimper zu zucken machen sie dir den Weg frei oder bedanken sich, wenn du sie vorbeilässt. Und in den Hütten verhalten sie sich mehr als mustergültig; infolge ihrer Anwesenheit benehmen sich sogar die Einheimischen wesentlich besser, so wie ich es aus meinen jungen Jahren in Erinnerung habe.

Dass sich jemand von ihnen in den Julischen Alpen ungezügelt volllaufen lässt und dann noch Krawall macht? Ach wo, außer einigen seltenen Ausnahmen geben alle schon gegen vier, spätestens sechs Uhr abends die Stöcke und Eispickel aus der Hand, wohlwissend, dass man bis zum Einbruch der Dunkelheit zur Ruhe kommen muss, denn sonst schläft man nach all dem Wunderbaren und Aufregenden schwer ein und infolgedessen büßen die Abenteuer des nächsten Tages einiges an Qualität ein. So aber geht es im Speisesaal der Hütte spätnachmittags wie in einer Sendung über das ideale abendliche Wanderer-Ritual zu. Nicht, dass es nicht laut wäre, klar ist es das, schließlich haben sich alle so viel Interessantes und Erfreuliches zu erzählen. Doch dabei kommt es selten vor, dass jemand grundlos durch die übervolle Hütte brüllt. Und wenn der Nachwuchs im Speisesaal herumtollt, schnappt ihn sich jemand, setzt ihn sich auf die Knie, und nachdem er ein wenig angeknabbert und abgeschleckt wurde, redet man ein ernstes Wörtchen mit ihm. Oder lenkt ihn ab: Karten und andere Gesellschaftsspiele kommen zum Einsatz. Natürlich wird auch etwas getrunken, oder jemanden reizt es, etwas aus dem reichhaltigen Schnaps- und Biersortiment zu probieren. Aber wirklich nur zu probieren, ein oder zwei Biere, denn echte Bergsteiger haben in dieser Hinsicht halt einen geschärften Sinn für das richtige Maß.

Das Gefühl, dass du in eine populärwissenschaftliche Darstellung des idealen Ablaufs eines Abends im Bergsteigerleben hineingeraten bist, hält auch nach der Dämmerung an. Dann werden die letzten Hygienerituale verrichtet, und wir verteilen uns draußen mit unseren Zahnbürsten um die Hütte, teilweise wegen des Andrangs in den Badezimmern, teilweise wegen des Bedürfnisses nach etwas Einsamkeit. In der Umgebung der Hütte war es dann plötzlich wie bei einem Abendgebet: dieselben sich wiederholenden Bewegungen, als hielte man eine Gebetsmühle in der Hand, so privat, dass man in sich hineinhorchen kann, jeder war irgendwie für sich und betrachtete die Gipfel, Steilwände, Abgründe und den Horizont. Meditativ, abwesend, bereit zum Ausruhen. Wie diese dunkelhaarige Spanierin, die mit der linken Hand die Handfläche ihrer achtjährigen Tochter umschloss, mit der zusammen sie auf das Verlöschen der rotglühenden Wolken über den Gipfeln starrte, als hätten sie ihre Körper verlassen. Als sie mit Zähneputzen fertig waren, hob die junge Mutter ganz automatisch, ohne dass sie oder ihre Tochter den Blick vom Horizont hoch über ihnen abwandte, das Mädchen in ihre Arme. Sie standen eine ganze Weile so eng umschlungen da, dass auch ich an viele denken musste, die ich vermisste.

Doch alle, die in diese Art von Abendmesse abgetaucht sind, müssen sich dann wieder aufmachen. Die Matratzenlager sind rappelvoll, doch die vielen Ausrüstungsgegenstände sind schon in der ersten Abenddämmerung so einwandfrei verpackt, dass ihre Besitzer sie sich am nächsten Morgen, wenn andere noch schlafen, mit ein oder zwei

Griffen schnappen können. Ist es vollends dunkel, liegen alle in ihren Betten, eingewickelt in Schlafsäcke oder Laken, still, regungslos. Wenn man die Stöpsel aus den Ohren nimmt, nur um zu testen, ob man sie überhaupt braucht, wird einem klar, dass noch nicht alle schlafen beziehungsweise gerade am Rande des Schlafes wandeln. Das Atmen mancher Bettnachbarn in der Reihe zu meiner Linken hat sich noch nicht vertieft, auf der rechten Seite liegen zwei, die ein wenig zucken von den Eindrücken der steil abfallenden Wege dieses Tages, die hier und da noch in ihrem dahinschwindenden Bewusstsein aufblitzen. Und zwischen den Betten auf der anderen Seite des Ganges ein Paar mittleren Alters, das mir schon vorher aufgrund der offensichtlichen Anzeichen, dass es gerade irgendeine Krise durchmachte, aufgefallen ist. In der intimen Stille des Bettenlagers, wahrscheinlich in der Überzeugung, dass ihn in der fremden Umgebung niemand verstehen könne, sagt er genau in diesem Moment ganz leise, dass es ihm wirklich leid tue. Bevor ich mir mit schlechtem Gewissen die Stöpsel wieder in die Ohren stecke, höre ich noch, wie sich einer der beiden umdreht. Als ich am Morgen, noch im Dämmerlicht, als einer der Ersten aufstehe, bemerke ich, dass ihre Hand die seine gesucht hat.

Sieben Seen

Das Wetter wollte einfach nicht mitspielen und ich folgte meinem Bauchgefühl, dass ich mein Glück unnötig herausfordern würde, wenn ich erneut durch den Nebel kletterte. So blieb zumindest auf dieser meiner Runde der Prisank der Gipfel aller Gipfel, denn vom Vršič-Pass aus nahm ich die Variante für Gämsen: über einen sanften, sonnenbeschienenen Weg unterhalb der Mojstrovka, von dem ich dann an der Weggabelung zurück nach Trenta abbog. Die Steinböcke führt ihre Variante von der gleichen Weggabelung bis zur Schutzhütte Zavetišče pod Špičkom, von dort über einen sehr anspruchsvollen Weg auf den Gipfel des Jalovec und auf dem gleichen Weg zurück.

Nach dem Abstieg ins Soča-Tal vereinigen sich die Varianten wieder und folgen der Route der alten Hälfte bis zum Berg Porezen. Von Trenta aus steigen sie zunächst bis zum Sattel Prehodavci auf, wo es auch eine Hütte gibt, und dieser Teil der Strecke wird in einigen Reiseführern als schwierig beschrieben, er solle sich sogar hinziehen. Aber für echte Transversalisten werden diese 1400 Höhenmeter trotz der Last auf ihren Schultern, die im Tal aufgrund der neuen Vorräte wieder größer geworden ist, wie im Flug vergehen. Etwas Wald, ein paar Almen und schon ist man wieder im Hochgebirge, an der Schwelle zu einem der schönsten Abschnitte der gesamten Route, dem Tal der Triglav-Seen.

Welch herausragende Stellung dieses von den ersten Hochgebirgshängen bis zu den Almen weit unterhalb der Baumgrenze sacht abfallende Tal im slowenischen Berg-Pantheon einnimmt, davon zeugt auch die Geschichte seines Schutzes. Der erste Vorschlag für die Einrichtung einer besonderen, dieses Tal umspannenden Schutzzone wurde bereits vor dem Ersten Weltkrieg unterbreitet. Diese Idee wurde allerdings von den damaligen österreichisch-ungarischen Behörden nicht akzeptiert, und so hat man den Alpenschutzpark erst 1924 eingerichtet. Im Jahr 1961 wurde das gerade einmal 20 Quadratkilometer große Schutzgebiet offiziell in Triglav-Nationalpark umbenannt und hat sich bis heute auf 880 Quadratkilometer ausgedehnt. Das Tal der Triglav-Seen ist also nichts Geringeres als das Herz der Julischen Alpen, um das sich der bisher einzige slowenische Nationalpark gebildet hat.

Wenn man von Trenta zum Prehodavci-Sattel hinaufsteigt, von wo aus das Tal abfällt, versteht man sofort, warum es so hochgeschätzt wird. Schon die beiden Kämme, die es der Länge nach durchziehen, machen einen starken Eindruck. Der östliche, der sich vom Gipfel des Hribaric bis zu dem der Tičarica zieht, beeindruckt mit seinen Felswänden und Geröllfeldern, während der von den Spitzen der Špičje-Kette gebildete Grat im Westen zu den schönsten und wichtigsten Bannern der slowenischen Berge zählt. Vom Gipfel Lepo Špičje bis hinunter zur Soča sind es fast zwei Kilometer Höhenunterschied. Dementsprechend aufwühlend sind die Aussichten, die Einsamkeit sowie die Stille, und die Ausgesetztheit auf dem schmalen Grat dementsprechend aufregend.

Aber auch der deutlich stärker bevölkerte Weg durch das Tal muss sich keinesfalls verstecken. Neben den herrlichen Ausblicken auf die Gipfelketten sind natürlich die Seen selbst, die dem Tal seinen Namen gaben, das Begeisterndste. Klar, schon allein der Kontrast zwischen Wasser und Fels oder, weiter unten, das heimelige Grün der Almen haben etwas Besonderes an sich. Was diese Gewässer noch interessanter macht, ist die Tatsache, dass jedes von ihnen etwas Eigenes hat, obwohl es auf nur acht Kilometern immerhin ein Dutzend gibt. Wie viele davon tatsächlich Seen sind, bleibt umstritten, jedoch hat man seit jeher immer irgendwie versucht zu beweisen, dass es genau sieben sind. Ein solches Tal verdient sich einfach eine märchenhafte Zahl, weshalb sich der Name »Tal der Sieben Seen« oder kurz »Sieben Seen« eingebürgert hat.

Die Liste der Sieben und der Anwärter lautet in der Regel wie folgt. In den obersten Becken, auf etwa zweitausend Metern über dem Meeresspiegel, gibt es gleich drei stehende Gewässer: Der See unterhalb vom Vršac (Jezero pod Vršacem), der die meiste Zeit des Jahres zugefroren und mit Schnee bedeckt ist; der Tümpel Mlaka v Laštah, der offenbar nicht als See zählt; sowie der Braune See (Rjavo jezero), so genannt, weil er einen Rand aus freiliegendem Schlamm aufweist, wenn sein Wasserstand im Sommer sinkt. Der nächste See, der sich etwas weiter unten im Tal Richtung Süden befindet, ist der Grüne (Zeleno), der wieder anders ist. Er hat seinen Namen von den Algen, die sich in letzter Zeit vermehrt haben, anscheinend sagt ihnen zu, dass er nicht mehr als zwei Meter tief ist. Der nächste in der Reihe ist der Große See (Veliko jezero), mit einer Länge von etwa 320, einer Breite von 120 und einer Tiefe von 15 Metern der größte und tiefste von allen Triglav-Seen. Sein anderer Name, Niere (Ledvica), zeugt von seiner Form. Auch der Močivec, ein künstlich angelegter See auf etwa 1700 Metern über dem Meeresspiegel, der einst die Hütte bei den Sieben Seen (Koča pri Sedmerih jezerih) mit Strom versorgte, hat seinen eigenen Charakter; wie noch ein paar weitere kleinere Seen abseits der Hauptroute, gehört er nicht zu den Sieben. Gleich für zwei zählt der Doppel-See (Dvojno jezero), obwohl sich diese beiden kleinen Weiher unterhalb der Hütte vereinen, wenn im Frühjahr der Schnee schmilzt. Der letzte, auf knapp 1300 Metern über Meereshöhe liegende See ist der Schwarze (Črno jezero), dessen felsiges Becken von einem dichten Nadelwald umgeben ist.

Abgesehen von den Bergkämmen und den stehenden Gewässern hinterlässt das Tal der Sieben gerade auch wegen seiner Lage zwischen dem Hoch- und dem Mittelgebirge einen großen Eindruck. Wie die Seen verändert sich deswegen beim Auf- und Abstieg auch ständig die gesamte Umgebung. Zum Beispiel was den Bewuchs betrifft. Die am höchsten gelegenen Seen sind nur von Steinen umgeben, so dass die Szenerie um sie herum genauso unirdisch ist wie die am Fuße des Triglav, aber vielleicht sogar noch interessanter, weil man hier leicht irgendein Fossil finden kann. Etwas weiter unten tauchen die widerstandsfähigsten Geröllfeld-Pflanzen auf, wie zum Beispiel das Rundblättrige Hellerkraut mit seinen violetten Blüten, dessen spezielle Wurzeln es ihm ermöglichen, mit dem Fluss der Steine unter ihm mitzutreiben. Rund um den Grünen See kommen solche Pflanzen aufgrund des günstigen Mikroklimas immer häufiger und in vielfältigeren und bunteren Formen vor. Die Weiße Silberwurz und der Alpen-Mohn blühen weiß, das Alpen-Leinkraut violett-orange, und der Pyrenäen-Steinschmückel hat rosa und noch herrlicher duftende Blüten. Am erfreulichsten ist jedoch, dass man dort eines der bedeutungsvollsten Symbole des Bergsteigens findet, das Alpen-Edelweiß. Und man muss den vielen Besuchern des Tals zugutehalten, dass offenbar niemand auf die Idee kommt, diese berühmtesten geschützten Blumen zu pflücken; direkt am Wegesrand bemerkte ich ein paar und, ihren etwas müden Blättern nach zu urteilen, wuchsen sie dort schon sehr lange ungestört.

Ab dem Großen See treten die ersten Zwergkiefern und Lärcheneinzelgänger in Erscheinung, auf den bescheidenen Grasflächen und in den Kesseln etwas anspruchsvollere Blumen. Zum Beispiel der Türkenbund, der normalerweise lila Blüten hat, und zwar wunderschöne, da er eine der auffälligeren Lilien ist. Weiter unten, etwa um den Doppel-See, blüht der Bewuchs dann in seiner ganzen Pracht. Hier findet man unter anderem die nicht minder bemerkenswerten Krainer Lilien, aber auch den Gelben Enzian, die Alpen-Waldrebe und viele andere kleinere Pflanzen. Die Lärchen hingegen drängen sich nun im Wald zusammen, und sorgen für einen weiteren berühmten Anblick: Zahlreiche Wanderer begeben sich hier hinauf, wenn die herannahende Kälte des Winters das meiste Grün abtötet und die Lärchen sich vor dem Hintergrund der neblig-weißen Felsen und des tiefblauen Himmels gelb färben.

Während meiner Transversale-Tour hatte das Tal der Sieben erst recht etwas ganz Besonderes an sich, da sich das Wettermuster dieses Sommers fortsetzte. Die Bergkämme entlang des Tals waren von dicken Wolkenschleiern bedeckt, die hier und da soweit herabhingen, dass sie direkt über einem der Seen schwebten, was die ohnehin schon herausragende Szenerie noch spektakulärer machte. Der Besucherandrang an den Triglav-Seen war deswegen alles andere als lästig. Denn die Sieben hatten die Menschen in stille, in sich gekehrte Gruppen eingeteilt und in einer ihrer traumhaften Kulissen arrangiert, sie wirkten fast statisch, so abwesend langsam waren die Bewegungen dieser Bergwanderer, als hätte die Landschaft sie aus ihren Körpern gelockt.

Lediglich gegen Ende des Tals, vor allem um die Hütte am Doppel-See, wohin auch bequemere Wanderer gern von Bohinj aus wandern, waren es einfach zu viele Menschen für die empfindliche Bergwelt. Da dies hier Dauerzustand ist, befinden sich sowohl die Hütte als auch der See nicht im besten Zustand. Aber all das habe ich schnell hinter mir gelassen. Ich hatte nämlich einige dringende Dinge zu erledigen, und das neue Schuljahr stand vor der Tür. Wenn du Schulkinder zuhause hast, solltest du dessen Beginn lieber nicht verpassen. Und ganz ehrlich, bei all den abenteuerlichen Erlebnissen und all den Herrlichkeiten, zu denen die Wolken gehörig beitrugen, wünschte ich mir, wenigstens am Ende des Wegs nicht ständig bis auf die Knochen durchnässt zu sein. Die Vorhersage für die nächsten Tage war nicht vielversprechend.

Sommerende

Lediglich die letzten August- und die ersten Septembertage war ich nicht auf der Transversale, insgesamt etwas mehr als eine Woche. Aber als ich zurückkehrte, war es, als hätte jemand gleich mehrere große Schalter umgelegt.

Natürlich ist dies gegen Ende des Sommers eher der Fall. Die Sonne schwächelt bereits so sehr, dass sie nicht mehr in der Lage ist, Tag für Tag genügend Feuchtigkeit in die Höhe zu hieven, aus der Wolkengebilde entstehen. Erst recht, wenn letztere bereits seit vielen Wochen den Boden und die Atmosphäre abkühlen. Aber auch wenn eine solche Veränderung des Wettergeschehens vorhersehbar war, so war sie dennoch inspirierend. Das Laufen ist dann einfach angenehmer. Die Luft hatte sich plötzlich dermaßen abgekühlt, dass ein langärmeliges Hemd weder beim Aufstieg von Bohinj zur Hütte Koča pod Bogatin noch bei der Überquerung der Almen auf etwa 1500 Metern und einiger dazwischen liegender Sättel übertrieben war. Im Hochgebirge um den Berg Krn und auf dem Bohinjsko-Tolminski-Kamm war es auf alle Fälle angebracht, morgens und abends reichte ein Hemd sogar schon nicht mehr aus. Dafür waren die Bedingungen umso idealer zum Bergsteigen, denn die Kühle hatte den ganzen Dampf aus der Luft geschüttelt. Obwohl du von Bohinj aus wieder zurück zur Trasse aufsteigen musst und sich somit bis zum Krn über zwei Höhenkilometer ansammeln, obwohl du mehr als zehn Kilogramm auf den Schultern hast, kommst du dabei nicht ins Schwitzen.

Noch schwieriger ist es, bei solchen Bedingungen müde zu werden. Wie lang du von Bohinj zum Bogatin brauchst, bekommst du ohnehin nicht mit, so groß sind die Erwartungen. Doch dann werden sie wahr. Die Almen knapp oberhalb der Waldgrenze sind wie neu vom vielen Regen, in dieser kalten Sonne strahlen sie, als wären sie Teil einer Ausstellung: hellgrüne Grasflächen, dunkelgrüne Bergkiefern, dann wieder das unvergleichliche Grün vereinzelter Bäume, das weiße Grau der Felsen, die Mauern ehemaliger Hirtenbehausungen und anderer menschengemachter Überbleibsel.

Unter diesen Umständen ist es nicht leicht, schnell voranzukommen. Im Gegensatz zu der eher nebligen Stimmung, die einen gern mitzieht, will ein solch fröhlicher Tag unbedingt geteilt werden. So wird man bei jeder Gelegenheit – beim Aufstieg, bei der Hütte, auf dem Pass, am See und anderswo – schnell in ein Gespräch verwickelt. Auch dieses will und will nicht zu Ende gehen. Nach all den Unterhaltungen mit völlig fremden Leuten lacht man deshalb am Ende immer über sich selbst; schon komisch, aber natürlich schön, wie wir Menschen ohne einander nicht können, nicht wahr?

Doch irgendwie muss man ja vorankommen, und daher ist es gut, dass man buchstäblich hören kann, wie neben den Sommerschaltern auch die Urlaubsschalter auf die Aus-Position umgelegt werden. Es ist September und ein Wochentag, selbst auf den meistbesuchten Wegen zwischen den meistbesuchten Hütten sind merklich weniger Menschen unterwegs. Mehrheitlich ausländische Touristen, ein paar Einheimische, ein oder zwei Bergsteiger auf einer kurzen Tour. Auf der gesamten Strecke vom Bogatin bis zum Dorf Petrovo Brdo hat man eigentlich nur auf zwei wenige Stunden dauernden Abschnitten Gesellschaft: vom Bogatin bis zum See Krnsko jezero und dann von der Razor-Alm bis zum Aussichtsberg Rodica. Sonst ist man nur ein paar Tage nach Ende der Hauptsaison völlig allein. Nicht nur auf den Wegen, auch in den Hütten, wo es genauso einsam zugeht wie auf der langen Strecke von den Bergen in Posavje bis zum Ende der Karawanken. Kurz zuvor war es noch schwer, in den Julischen Alpen ein freies Bett zu bekommen, jetzt kann es passieren, dass dir abends im Bettenlager lediglich ein anderer Wanderer Gesellschaft leistet oder du sogar ganz allein bist.

In solch einem Zusammenspiel von Wetter und Hochgebirge macht die plötzliche Einsamkeit alles umso lebendiger. Das Wanderglück, das auf einem so langen Weg in einem wächst, würde gern jemanden fest an sich drücken. Und da das arme Ding keinen anderen Menschen in seiner Nähe hat, nach dem es seine Ranken ausstrecken kann, greift es nach dem Erstbesten, der zur Verfügung steht. Lebendiger und damit schmerzhafter und trauriger wird selbst der hier oben allgegenwärtige Tod, in Form der Überreste der Soča-Front aus dem Ersten Weltkrieg.

Vor allem auf dem weiten Krn-Massiv sind sie nicht zu übersehen. Das Fahrgestell einer Kanone. Mörsergeschosse. Stollen und Unterstände. Eine bescheidene Kapelle zu Ehren Marias, an die vor dem Einzug in die Schlacht Fürbitten gerichtet wurden. Denkmäler für die Gefallenen. Stacheldraht auf dem Gipfel des Krn, den jemand zu einer Dornenkrone geformt hat.

Lebendiger wird auch der Wegabschnitt zwischen den Bergen Rodica und Črna prst, der vielleicht ein wenig anspruchsvoller ist. Hier reiht sich eine Überschreitung an die nächste. In Wahrheit sind sie jedoch alle eher sanft, vor allem im Vergleich zu denen beim Prisank. Doch unter einem solchen Himmel prägt sich einem einsamen Menschen dieses ganze Wanderglück als eine viel größere Herausforderung ein. Besonders dann, wenn der Blick mal über die zerklüfteten Felsen hinabschweift, bis hinunter zu den Sennereien und Dörfern, die einen Kilometer oder mehr tiefer liegen. Dann malst du dir in deiner Fantasie diverse Ferngläser und Teleskope aus, die über den letzten Gebäuden dort unten aufgereiht sind, hinter ihnen die Einheimischen, die zu dir aufschauen und Wetten abschließen. Wird der dort oben es schaffen rüberzukommen oder wird er zu uns hinunterpurzeln? Und zur Verdopplung des Wetteinsatzes: in wie vielen Stücken? Vor allem den Murmeltieren, die mittlerweile durch die Transversale im Hinblick auf etwas wagemutigere Talblicke schon abgehärtet sind, wird diese Passage zweifellos als eine der spannendsten in Erinnerung bleiben.

Und vor allem kommt dir alles lebendiger vor, was ohnehin schon so schön ist. Das Krn-Massiv und der daran anschließende lange Bohinjsko-Tolminski-Kamm haben eine nicht minder aussichtsreiche Lage als die Karawanken – in der Nähe ist rein gar nichts, was die Aussicht verstellen könnte. In so einer Einsamkeit, in so einer ausgewaschenen Atmosphäre, in der keine einzige Wolke am Horizont zu sehen ist, und dann noch auf Bergen mit solch einem Panorama, wird dir bestimmt aufs Neue bewusst, dass nicht du es bist, der sich voran bewegt. Es kommt dir nur so vor. In Wirklichkeit flattern die Banner unserer Berge wieder beschwingt wie von selbst an dir vorbei, lassen kurz zu, dass du auf irgendeine Alm hinabgleitest, nehmen dich dann aber gleich wieder auf ihre Schultern, mal auf die linke, mal auf die rechte, nicken mit ihren grauen Köpfen direkt an deinem grau werdenden vorbei. Doch damit nicht genug. Viele dieser Banner, die bereits an dir vorbeimarschiert sind, nähern sich dir nun ein weiteres Mal. Auf dem Weg vom Krn beginnt sich das mächtige Massiv des Triglav erneut zu dir emporzuheben, um schließlich, wenn nur noch der Bohinjsko jezero (Wocheiner See) und die Berge über ihm dazwischen liegen, abermals knapp vor dir zu stehen. Und da ist noch mehr. Etwas weiter nordöstlich befinden sich eben jene Karawanken-Fahnen, die bereits vor dem Triglav an dir vorbeigeflattert sind. Eben jene Karawanken-Fahnen, die nach Osten abdrehen, jene, von denen du damals genau diese, die dir nun auf dem Bohinjsko-Tolminski-Kamm entgegenkommen, beobachtet hast.

Eine wahrlich brillante Wegführung, nickst du dann der alten Hälfte der Transversale anerkennend zu. Hier nähern sich dir noch einmal die zahlreichen Berge, die dir noch nicht lang zurück bei diesem wunderbaren Abenteuer Gesellschaft geleistet haben, so dass ihr euch ein letztes Mal wirklich von Angesicht zu Angesicht betrachten und persönlich voneinander verabschieden könnt. Aber solchen Gedanken wohnt auch etwas Melancholisches inne. Je näher dir die Karawanken und die noch weiter entfernten Berge dahinter kommen, die du zuvor schon überquert hast, desto schneller verschwinden auch die höchsten Banner der Julischen Alpen, eines nach dem anderen. Schlussendlich gibt es keinen Zweifel mehr. Auch der Triglav, der stets wuchs und wuchs, wird nun immer kleiner.

Nur gut, sagst du dir, dass ich so schöne Erinnerungen von diesem Weg mitnehme. Wie dieses dunkelrote Glühen, die Erinnerung an jenen Abend auf dem Krn.

*

Die Hütte, eingegraben in den Gipfelhang des Krn, wurde dieses Jahr von einem Ehepaar bewirtet. Als ich ankam, standen sie beide davor, eng nebeneinander, und starrten in den fernen Süden.

»Das Wetter war dies Jahr echt zum Verzweifeln«, berichtete der Hüttenwirt, nachdem wir ein paar Worte gewechselt hatten. »Immer wieder nur Wolken und Nebel, mehrmals hatten wir auch solche Unwetter, dass mir nicht klar ist, wie die Hütte überhaupt noch stehen kann. Der heutige Abend wird ganz anders«, fügte er hinzu. »Der schönste dieses Sommers, keine Frage.«

»Den haben wir uns schon verdient«, erwiderte ich lächelnd und stieg zum Gipfel weiter.

Der Krn gehört ohnehin schon zu den schönsten Aussichtsbergen, aber an diesem Abend, vor einem so gründlich blankgeputzten Himmel, blieb die Fernsicht mehr als hundert Kilometer weit scharf. Wenngleich sie fast im Gegenlicht der untergehenden Sonne lagen, konnte man im Westen etliche herausstechende Gipfel der italienischen Dolomiten und im Nordwesten, in den Hohen Tauern, die Spitzen der dortigen Bergkämme aufzählen. Vor allem der Golf von Triest und die Lagune von Grado im Süden waren zum Greifen nah. Obgleich es vom Krn bis zur Adriaküste immerhin siebzig Kilometer Luftlinie sind, war jeder Tanker, der auf seine Entladung wartete, deutlich zu erkennen, und auf dem offenen Meer zeichneten sich die glitzernden Wellenkämme scharf ab.

Auch ein beträchtlicher Teil des zurückgelegten Wegs war zu sehen. Vor allem in Richtung Südosten hatte man eine wirklich ausgezeichnete Aussicht auf die ersten markanten Gipfel: auf die Berge des Golaki-Massivs, den Nanos und den Slavnik, man konnte sogar einmal quer über unser ganzes Land schauen, bis hin zu der charakteristischen Silhouette des Snežnik, ungeachtet der hundert Kilometer Entfernung. Im Osten reichte der Blick mindestens siebzig Kilometer weit, bis zu den Kamniker Alpen, und auch die vielen Gipfel der etwas näher gelegenen Karawanken im Nordosten ließen sich ganz klar auseinanderhalten. Die Berge, die ich vor kurzem bis zum Krn überquert hatte, schienen mir an diesem Abend so nah, als säßen sie neben mir.

Nach Norden gewandt hatte ich die weit ausladende Pyramide des Triglav vor mir, deren Weißgrau bereits begonnen hatte, den rosa Farbton der untergehenden Sonne anzunehmen. Rechterhand des mächtigen Bergs, in gebührender Entfernung, befand sich die karstige Hochebene Kriški podi, die erst dieser Anblick in die richtige Perspektive rückte: Mit dem sie umgebenden Gipfelkranz besetzte sie eine Fläche, die kaum größer war als die, die das Massiv des Patriarchen der Julischen einnahm, und die Spitzen, die aus dem Ring um die Kriški podi hervorstachen, waren um einiges kleiner als der Triglav. Darauf folgte der Prisank, der, schon ganz rot vom Sonnenuntergangslicht, wie der Schneidezahn einer blutrünstigen Bestie vom Grund des Trenta-Tals emporragte; fast senkrecht, fast viereckig, nur ganz oben abgerundet und, wie ein solcher Zahn, Riefen aufweisend.

Noch weiter links, am Ende des Mojstrovka-Grats, lugte hinter dem Bavški Grintavec schüchtern der Gipfel des Jalovec hervor, dessen Tiefrot sich bereits zu verdunkeln begann. Auf der anderen Seite von Trenta, zwischen Kriški und Triglav, jedoch noch näher, krümmte sich das Tal der Sieben Seen mit der Špičje-Kette. Und direkt vor mir lagen die Almen, die langsam von den Abendschatten verhüllt wurden, direkt unter mir das samtig-schwarze Auge des abendlichen Krn-Sees.

Ich wandte mich wieder nach Süden und blickte auch dort hinab: knapp zwei Kilometer senkrecht in den Abgrund, bis zur Soča, die die erste und größte ihrer Kehren gerade um den Krn herum macht. In ihrem tiefen Tal hatte die Dämmerung bereits eingesetzt, nach und nach begannen kleine Lichter aufzuleuchten, mal in Bündeln, mal vereinzelt, so dass die gesamte Bergkette langsam von einem locker zusammenhängenden, flackernden Lichtstreifen umgeben wurde. Das Himmelszelt flammte noch einige Zeit weiter, besonders im Westen. Dann begannen all diese Orange- und Rottöne dunkler und die Farben immer stumpfer zu werden. Schließlich war über mir nur noch ein schwarzes Firmament voller Sterne. Darunter die tiefschwarzen Silhouetten der Berge, und weit unten, zu ihren Füßen, der flackernde Lichtstreifen.

Es ist echt genauso, als wäre dieses Gedicht zum Leben erweckt worden, sagte ich mir. *Höhe, Höhe in der Nacht, ein Gürtel aus Licht zu deinen Füßen, der Adler der Nacht über deinem Haupte ... Höhe, Höhe in der Nacht.* Und bevor ich schließlich zur Hütte abstieg, fügte ich noch hinzu: »*Erhebe dich in unserer Brust. Lass uns so sein wie du.*«

Schönheit allenthalben

»Das gibt's doch nicht!«, schmunzelte ich, als ich morgens aus dem Fenster des Bettenlagers der Hütte auf dem Črna prst schaute. Nach nicht einmal zwei Tagen Sonne war wieder alles in Nebel gehüllt. »Unmöglich!«, entfuhr es mir kurz darauf mit theatralischem Unglauben, nachdem ich bei einem kräftigen Frühstück erfahren hatte, dass für die kommenden Tage nichts als Regen vorausgesagt war. Ich griff zum Telefon und rief meine »Wandermama« an, um zu fragen, ob sie mich auf dem Pass bei der Siedlung Petrovo Brdo abholen würde, zu dem die Transversale vom Črna prst hinabführt; ich hatte nicht die geringste Absicht, meine lange Wanderung in so einem Wetter zu beenden. Als ich nach einem erneuten Zwischenstopp daheim wieder auf den Weg zurückkehrte und von Petrovo Brdo zum Porezen hinaufstieg, grinste ich schon bald wie ein Honigkuchenpferd.

Die Tatsache, dass ich nun das alpine Hochgebirge hinter mir hatte, trug wesentlich zur Sanftmut des gesamten Abschnitts ab Petrovo Brdo bei. Vor mir lagen etwa drei Tage Fußmarsch durch das Bergland, das sich zwischen Cerkno, Škofja Loka und Polhov Gradec aufspannt, und der sonnige Himmel über dieser Mittelgebirgsregion wies nicht jene unheilvolle düstere Tiefe auf wie zuvor über den Felsspitzen. Besonders an jenem Tag hatte er etwas von einem von Horizont zu Horizont ganz in Blau gekleideten Jungen, und als die Sonne sich Richtung Zenit bewegte, wurde er ein wenig verträumter und rief das Bild von einem Mädchen hervor, das im Gras liegt und mit einem Halm im Mund in den Himmel zu starren scheint, während es in Wahrheit in sich selbst hineinschaut. Verstärkt wurde die Anmut des Himmels durch hier und da schwebende schneeweiße, flauschige Wölkchen, in denen kleine Mädchen und Buben alle möglichen Formen erkennen. Und unter diesem so jugendhaften Himmelsgewölbe gab es zahlreiche springlebendige Ausblicke. Von den Gipfeln und den vorbildlich gemähten oder abgerupften Almen reicht der Blick bis zu den Weiten des Küstenhinterlandes, zu den Mittelgebirgen der Region Gorenjska, ja sogar bis zu denen von Notranjska: zerklüftet, von tiefen Schluchten und hohen Felsen durchzogen. Und auch unterhalb der Grenze des hier dominierenden Waldes bieten sich wunderbare Aussichten, die trotz der Baumstämme und des auf und ab wogenden Geländes recht weit reichen. Vielen dieser luftigen Wälder ist ihre jahrhundertelange umsichtige Bewirtschaftung anzumerken, aber gleichzeitig auch die Verbundenheit der Menschen mit dem Wald, und beides wird offenbar nach wie vor an die jüngeren Generationen weitergegeben. Bereits weit in Gorenjska traf ich auf eine Gruppe ausgelassener Jungen und Mädchen im Teenageralter, die mit einer Vielzahl von forstwirtschaftlichen Geräten ausgestattet waren und offensichtlich Bäume fällen wollten.

»Wird das ein Maibaum?«, fragte ich.

»Das wird eine Schranke, eine Schranke für den Bräutigam!«, antwortete einer der Jungs und schaute mich dabei fast schon angriffslustig an. Als er an meiner ihnen wohlgesonnenen Reaktion erkannte, dass ich nicht beabsichtigte, sie bei irgendjemandem anzuzeigen, erklärte er freundlich: »Meine Schwester heiratet und wir werden sie verbarrikadieren, damit der Bräutigam teuer bezahlen muss!«

»Richtig so, und wer spendiert das Holz dafür?«, entgegnete ich lachend und mit dem Kopf in Richtung des Waldes hinter ihnen deutend.

»Der Bräutigam, er weiß es nur noch nicht«, grinste der Lümmel. »Das ist sein Wald, aber Sie sehen ja, wie vernachlässigt er ist, eins wächst über das andere. Wir werden für ihn ein bisschen Ordnung schaffen, und auch dafür wird er bezahlen! Damit er sich daran gewöhnt, dass wir es in unserer Verwandtschaft gern aufgeräumt haben!«

Nach dieser kurzen Begegnung schmunzelte ich noch eine ganze Weile darüber, wie anscheinend zumindest an einigen Orten in Gorenjska der spezifische Geist dieser Region, wie ich ihn aus meiner Jugendzeit in Erinnerung habe, bewahrt wird. Tatsächlich, dachte ich, lernt man hier schon von klein auf, in allem eine Gelegenheit zum Geldverdienen zu wittern, sogar in der Hochzeit seiner Schwester. Kein Wunder, dass die Bewohner von Gorenjska im Alter, wenn der Teufel hinter ihnen her ist, sogar noch ihn ausnehmen. Ganz zu schweigen davon, wie dann in der Hölle alles herausgeputzt ist, wie die Effizienz durch verschiedene fantasievolle Verbesserungen gesteigert, ja geradezu höllisch wird, was mich laut lachen ließ.

Aber natürlich ist auf diesem letzten Abschnitt nicht alles ideal. Zecken sind zwar in ganz Slowenien eine ziemliche Plage, in letzter Zeit auch aufgrund der steigenden Temperaturen; früher pirschten sie sich vor allem in den tiefer gelegenen Wäldern an einen heran, mittlerweile sind sie jedoch fast schon bis zur Waldgrenze vorangekrochen. Außerdem gibt es überall Zecken, die Borreliose übertragen, mit schwerwiegenden Folgen, wenn sie nicht schnellstmöglich behandelt wird. Angeblich kann man sich aber gerade im Bergland um Škofja Loka viel leichter mit der ebenfalls von ihnen übertragenen Meningoenzephalitis anstecken als anderswo. Für diese Krankheit gibt es keine Heilung und ihre Folgen können wirklich extrem sein: Neben unerträglichen chronischen Kopfschmerzen gehören dazu auch schwere Sprach- und Gleichgewichtsstörungen sowie Lähmungen verschiedener Muskelgruppen, zum Beispiel der Atemmuskulatur, so dass Erkrankte für den Rest ihres Lebens auf ein Beatmungsgerät angewiesen sein können. Vor allem als Transversalist sollte man sich also unbedingt gegen diese Krankheit impfen lassen, doch man muss rechtzeitig im Vorhinein daran denken. Und zur obligatorischen Ausrüstung eines jeden Besuchers der hiesigen Mittelgebirge gehören ein Insektenschutzmittel, mit dem man sich bei Bedarf mehrmals täglich einsprüht, und eine präzise Pinzette. Zecken, die sich festgebissen haben, müssen umgehend entfernt werden. Du packst sie in der Nähe des Kopfes und ziehst sie langsam aus der Haut, ohne sie vorher zu ersticken oder auf andere Weise zu verstümmeln! Vor Angst spucken sie dann angeblich alle möglichen Körperflüssigkeiten in dich hinein, und wenn sie dich nicht schon vorher infiziert haben, werden sie das bei unnötiger Grobheit sicher tun.

Auch die Wegführung über den Porezen und durch die anschließende Mittelgebirgslandschaft ist an einigen Stellen nicht ideal. Zumindest während meiner Wanderung fanden, ungeachtet des regendurchnässten Geländes, fast auf der gesamten Strecke von Pedrovo Brdo bis zum Porezen umfangreiche Forstarbeiten statt und die Maschinen haben vielerorts sehr heftige Spuren hinterlassen. Ab dem Porezen weicht der Weg, wie schon erwähnt, von der alten Hälfte der Transversale ab und wenn man den Kamm des Škofja Loka-Mittelgebirges überschreitet, befindet man sich im Prinzip wieder auf dem E7, was einen zwar nicht so zum Verzweifeln bringt wie in der Region Dolenjska, aber es gibt definitiv zu viele Straßen. Vor allem zwischen der Siedlung Zapreval und dem Berg Lubnik wird sich jemand mit Verbesserungen des E7 viel Mühe geben müssen, doch die eine oder andere naheliegende bot sich auch hier wieder wie von selbst an. Einige davon sind gut markiert, andere, wie die an Zapreval vorbeiführende Abkürzung, haben gar keine Wegzeichen. So kann der Transversalist auch auf einigen dieser kurzen Abschnitte seine Beherrschung einer der prinzipiellen Fähigkeiten des Bergwanderns unter Beweis stellen, die Grundlagen der Orientierung.

Eine dieser Verbesserungen hat mein Vorankommen sogar beschleunigt, denn da ich das dortige Terrain recht gut kenne, machte ich ordentlich Strecke und Höhenmeter. So erreiche ich schon am Nachmittag diesen bekannten Aussichtspunkt mitten im Bergland von Škofja Loka und saß auf dieser bekannten, kunstvoll knorrigen Bank, mit einem Tisch für die Vorbeigehenden davor. Eigentlich hatte ich an diesem Tag vorgehabt, unter dem Gipfel des Blegoš zu nächtigen, im günstigsten Fall bei Zapreval, doch die erste Option lag schon lang hinter mir und die zweite direkt um die Ecke. Und so grübelte ich darüber nach, wie weit ich an diesem Tag eigentlich noch laufen sollte. Doch ich konnte einfach keinen klaren Gedanken fassen, weil mich dieses Lied aus dem slowenischen Spielfilm *Cvetje v jeseni* (*Blumen im Herbst*) in Beschlag genommen hatte. Es schwirrte schon geraume Zeit in meinem Kopf herum, so dass ich mich seit dem Porezen mehrmals dabei ertappt habe, wie ich es pfiff. Mittlerweile murmelte ich es wieder und wieder vor mich hin und konnte gar nicht mehr damit aufhören.

Nun, so eigenartig ist das auch wieder nicht, redete ich mir dort auf der Bank ein. Wie schon der berühmte Schriftsteller Ivan Tavčar in seiner gleichnamigen Erzählung, auf die der Film zurückgeht, den Geist dieser Gegend eingefangen hatte, so tremolierte die Zithermusik aus dem

Film geradezu davon; welcher Slowene würde also in diesen Bergen nicht beginnen, dieses Lied zu trällern. Aber da war noch etwas anderes an der lieblichen Zurückhaltung der Saiten. Nur was, fragte ich mich, was außer dem Geist dieser Gegend liegt auf diesen Zitherklängen, die jetzt so in mir nachhallen? Was sind das für Finger, die wie Häkchen an meinen empfindsamstem Saiten ziehen, so dass kein etwas sanftmutigeres Herz es ertragen könnte … So wanderten meine Gedanken zu der armen Meta aus der Geschichte von Tavčar, zu ihren letzten Worten. *Mann und Frau*, murmelte ich gedankenversunken, *Mann und Frau* … Und richtete mich auf. Und griff nach meinem Handy.

»Hast du was dagegen, wenn ich etwas eher nachhause komme?«, fragte ich Mateja, sobald sie rangegangen war.

Am anderen Ende war es zunächst eine Weile ganz still, dann brach sie in Lachen aus.

»Wusste ich es doch! Schon heute Morgen habe ich zu Lučka gesagt, dass du keine Pause mehr machst, wirklich! Aber klar doch, komm mein Schatz, komm!«

*

Ich hatte keine Ahnung, wie weit es von Petrovo Brdo bis Ljubljana war und wieviel Wegstrecke ich noch vor mir hatte. Doch nach einem schnellen Blick auf die Trasse war mir sofort klar, dass ich gewiss noch vor Einbruch der Dunkelheit beim Berg Lubnik sein würde, wonach für Verbesserungen keine Notwendigkeit mehr bestünde, da der Rest des Wegs echt super ist. Ich hätte also keine Arbeit mehr damit und verlaufen könnte ich mich auch nicht mehr. Nicht nur, weil ich mich dort auskenne. Eine der Wander-Apps hatte angekündigt, dass nach neun Uhr der fast volle Mond aufgehen würde; ideal für eine Nachtwanderung!

Nur wegen Škofja Loka tat es mir ein wenig leid. Ohnehin habe ich schon von einigen der Städte, durch die die Transversale geht, keinen richtigen Eindruck bekommen, aber jetzt verpasse ich auch noch eine der schönsten? Die obendrein noch ein so wunderbares Gymnasium hat, eines von denen, die ihre Schüler auf lange Wanderungen in der ganzen Welt führen. Und was wird nun aus dem verabredeten Treffen mit meinem Freund Marko, der morgen über den Zustiegsweg aus Kranj zu mir stoßen wollte, so wie er es sich ausgedacht hatte, erst durch die Sava-Tiefebene und dann über die Hügel nach Škofja Loka?

In einem kurzen Telefongespräch mit ihm stellte sich heraus, dass er es nicht hatte abwarten können und die Zustiegsvariante aus Kranj schon ausprobiert hatte. Mit Vergnügen, fügte er hinzu, träfe er sich mit mir schon heute, obwohl er wahrscheinlich nicht vor zehn in Škofja Loka sein könne. Für Marko war das alles kein Problem. Er ist halt ein Mensch, der es neben Familienleben und Geschäft noch schafft, einer der großen Geister des slowenischen Amateurlaufsports zu sein. Ein echt prima und super Kerl.

Nicht nur, dass er dort in Škofja Loka eine ganze Stunde lang bei mir saß, weil ich meinen Akku und den meines Telefons aufladen musste. Ohne ihm etwas gesagt zu haben, wusste er auch genau, was ich brauchte. Als er die Gaben vor mir ausbreitete, fühlte ich mich wie ein Kind, das ein paar Monate zu früh Besuch vom Weihnachtsmann bekommen hat. Er hatte mir sogar meinen Lieblingskaffee mitgebracht, diesen absolut künstlichen, mit dreimal zu viel Koffein und Zucker, und Unmengen an Eiweiß!

Als ich mich gut ausgeruht in den letzten längeren steilen Anstieg auf dem Weg verbiss, war dies der perfekte Moment, um über all die Menschen zu meditieren, die mir, meinen Kindern und Freunden geholfen haben, die Transversale zu begehen. Eine ganze Reihe von ihnen waren professionelle Bergsteiger, Förster und Jäger oder Experten auf einem anderen für diesen langen Weg relevanten Gebiet: Historiker, Klimatologen, Statistiker, Geographen, Bibliothekare, Ärzte, so viele hatten sich Zeit für mich genommen. Für meine Fragen, für meine Nörgelei und dafür, mir alle möglichen Informationen zu beschaffen oder mir zu zeigen, wie ich an sie herankommen kann.

Nachdem ich bis zur allerletzten dieser Personen heruntergezählt hatte, dachte ich an verschiedene Praktiker, darunter auch an diejenigen, die ich, zumindest indirekt, so oft gescholten hatte. Nehmt es mir nicht übel, rief ich ihnen in Gedanken zu, denn ich habe euch allen ja gesagt, dass das auf diesem Fleckchen Erde so üblich ist. Wenn bei uns etwas gemacht wird, was nicht gerade perfekt ist, motzt man herum und macht sogar ein paar spitzzüngige Bemerkungen, bis die Sache so ist, wie sie sein sollte. Und natürlich sind mir unter den Praktikern diejenigen umso besser in Erinnerung geblieben, über die es nichts zu meckern gibt, weil sie mit so viel Herzblut bei der Sache sind, dass alles schon jetzt so ist, wie es sein sollte. So wie die vielen schön angelegten und gepflegten Wege, so wie die am besten geführten Hütten.

Die Aufzählung all dieser Praktiker und ihrer Tugenden hatte so lang gedauert, dass der gesamte Hang bis zum Osolnik bereits hinter mir lag, so viele dieser Praktiker und ihrer Tugenden gab es. Aber wenn ich jemanden als Positivbeispiel herausgreifen müsste, sagte ich mir, würde ich am liebsten Anton Prelesnik aus dem Kreis der Förster nehmen. Von klein auf in die Gegend Kočevski Rog verliebt, musste er diesen Karstkessel entlang des Roška-Rundwegs erst lange Zeit verschiedenen Professoren zeigen, bevor sie seinen großen Wert erkannten; heute ist er nach Prelesnik benannt. Ohne ihn, so berichtete man mir, gäbe es sicher keinen Roška-Rundweg, dessen südliche Hälfte den Transversalisten so beglückt. Wie könnte es auch anders sein, ist er doch eine Oase fantastischer Streckenführung und vorbildlicher Markierung inmitten all der Herausforderungen der Wege im Küstenhinterland, sowie in den Regionen Notranjska und Dolenjska. Ohne den Roška gäbe es vielleicht noch immer keine Transversale. Aber was wahrscheinlich am meisten über diesen Mann zum Ausdruck bringt, ist seine eigene Aussage aus einem kürzlich mit ihm geführten Interview: »Ich weiß, wo mein Vater liegt … Was nach dem Krieg geschah, war nicht schön, aber so war es.«

Dort, irgendwo auf halber Strecke zwischen den Bergen Osolnik und Tošč, bin ich dann zu diesen »ganz gewöhnlichen« Menschen gekommen, die so häufig und so viel geholfen haben. Auf einem anderen Weg würde man sie die *Engel des Wegs* nennen, und freilich war jede ihrer auf Zuneigung oder Freundlichkeit zurückgehenden Taten auch ein echter *Zauber des Wegs*. Diese Engel und ihre Zaubertaten habe ich dann noch eine ganze Weile aufgezählt: die kleinen und großen Beiträge, die meine Kinder und ich während der Vorbereitungen zusammengetragen haben; diejenigen, die uns unterwegs bei sich schlafen ließen und uns damit so viele Erinnerungen an perfekte Abende schenkten; diejenigen, die uns mit Speis und Trank versorgten; die die Kinder so sehr gelobt hatten, dass sie danach lange nicht mehr laufen mussten, weil sie einfach über dem Boden schwebten; die uns ihre Weisheiten anvertrauten, die sie nach vielen Jahren der Bergmeditation aus Himmel, Boden, Wasser und Feuer herausgelesen hatten; die mir zuhörten, als sich so viel in mir angestaut hatte, dass ich es mit jemandem teilen musste.

Bis zu diesem kurzen Anstieg unterhalb vom Tošč war ich dann auch mit ihnen fertig. Gut so, sagte ich mir, nach so einem langen Weg, der hier wieder ein bisschen bergauf geht, wäre es schön, sich auch mal dir selbst zu widmen. Etwa um zu überprüfen, ob ich noch Lebenszeichen zeige. Aber natürlich war mit mir alles in bester Ordnung. Wenn du auf einem derart langen Weg gelernt hast, wirklich aus dir herauszutreten, aus deinem Körper und seiner Automatik, erst dann weißt du damit umzugehen. Jetzt schlief im Grunde alles in mir und auch alle wesentlichen automatischen Prozesse in mir waren zur Ruhe gekommen. Daher die etwas flachere Atmung, daher der etwas schwächere Herzschlag. Aber stark genug, damit die Muskeln ohne jeglichen Mangel Beine und Arme ganz entspannt antreiben können. Und bis zum Ende der Steigung war es nicht mehr weit.

Als der Weg flacher wurde, gönnte ich mir eine Pause. Immerhin lag der letzte nennenswerte Anstieg hinter mir. Es war kurz nach drei Uhr nachts, demzufolge bereits der 11. September 2019. Und vor mir war lag die Abzweigung, wo es links auf den Zustiegsweg aus Ljubljana, und rechts weiter auf der Transversale geht. Also hatte ich eine weitere Ausrede, um eine Weile sitzenzubleiben: Ich hatte ihn begangen. Den ganzen Kreis.

Ich prostete mir mit dem köstlichen künstlichen Kaffee zu, den Marko mir mitgebracht hatte, und während ich ihn im Lichte des Vollmonds schlürfte, schloss ich die Augen und visualisierte die Fortsetzung der Transversale. Würdest du noch eine Runde drehen? Ehrlich gesagt, fand ich die Idee verlockend. Jeder Weg hat eben auch eine zeitliche

Dimension, und wer weiß, wie dieselbe Transversale beim zweiten Mal wäre. Oder beim dritten. Aber ich war umso mehr versucht, eine neue Runde zu machen, weil dieser Weg, wie jede echte Transversale, ein so anschauliches Spiegelbild seines Landes und seiner Menschen ist.

Dem Abbild meines Stammes überdrüssig geworden / bin ich ausgezogen, dieser Auszug aus dem Gedicht *Mrk* (*Finsternis*) von Tomaž Šalamun ist wirklich ein guter Witz. Natürlich kann man, selbst wenn man sich entscheidet, viele Dinge für sich zu behalten, trotz allem etwas Unerfreuliches über die eigenen Leute sagen. Aber *dem Abbild seines Stammes überdrüssig werden*? Schon im Hinblick auf das stereotypischste wäre das schwierig, so hinterlistig verwoben ist es. Und erst recht nicht, was das wirkliche Abbild betrifft, das sich dahinter verbirgt. Wenn du unsere Bergwelt erstmalig umrundest und dir so manches im Zusammenhang mit diesen beiden Abbildern bestätigt wird, manches sich dir zum ersten Mal ein wenig offenbart und du dich an manches Vergessenes erinnerst, hast du eher das Gefühl, gerade erst etwas Staub von ihnen weggepustet zu haben. Obschon dir bis zum Ende der ersten Runde so viele ihrer Seiten gewahr geworden sind und du so viele Perspektiven auf diese beiden Abbilder gesammelt hast, stellen sich dir, wie gewöhnlich bei so wunderbar komplexen Dingen, nur noch mehr diesbezügliche Fragen.

*

Aber natürlich habe ich keine zweite Runde mehr gedreht, denn wesentlich stärker rief ein anderes Abbild nach mir. Als ich vor dem Prešeren-Denkmal im Herzen von Ljubljana anhielt, war es kurz vor acht Uhr morgens, seit meinem Aufbruch in Petrovo Brdo waren also fast 24 Stunden vergangen. Fast ein Tag. Übertrieben müde war ich nicht. Eigentlich genau richtig. Ich fühlte mich so, als ob ich genug hätte. Ich hing noch ein wenig meinen Gedanken nach, dann griff ich zum Handy und rief Mateja an. Sie ging fast sofort ran. Sie wartete auf mich.

Während ich auf sie wartete und darauf, dass sie mich abholte, spielte ich zum Zeitvertreib noch ein bisschen mit den Zahlen. Der Navigation entnahm ich, dass ich von Petrovo Brdo in weniger als einem Tag 73 Kilometer gelaufen war, wobei sich 3970 Höhenmeter angesammelt hatten. Nach den Maßstäben deutscher Wanderer hätte ich dafür 40 Stunden, nach den strengeren schweizerischen 34 Stunden brauchen sollen. Zusätzlich Pausenzeiten. Ich dagegen hatte diesen Abschnitt in weniger als 24 Stunden durchwandert, einschließlich Pausen. Mit zehn Kilogramm auf dem Rücken.

Angesichts derart schmeichelhafter Berechnungen konnte ich nicht anders, als vor Freude ein wenig zu schreien. Eigentlich nicht ein wenig, denn ich stieß aus vollem Halse einen recht langen Freudenschrei aus. Und das inmitten der Leute, die zu ihren morgendlichen Pflichten hetzten, so dass Schritte zum Stehen kamen und Köpfe sich drehten.

»*Da ist die Stimme meines Geliebten!*«, rezitierte auf einmal, wie um diesen Köpfen eine Erklärung zu liefern, eine vertraute Stimme das *Hohelied* aus der Bibel. »*Siehe, er kommt! Er springt über die Berge, er hüpft über die Hügel!*« Ich drehte mich um, sie stand direkt vor mir. Mir schoss durch den Kopf, dass dies die einzigen Augen auf dieser Welt sind, die fast sehnsüchtig blicken können, aber gleichzeitig in der Lage sind, auf eine so neckische, herausfordernde Weise zu funkeln.

»Wie glücklich ich bin, dich zu sehen, wenn du eine Weile weg bist«, fügte sie noch hinzu und nahm mich in den Arm.

Und da sage noch wer, zuhause sei es nicht am schönsten.

Zitierte Werke:

Blažej, Anton: *O transverzalni poti in še nekaj,* Planinski vestnik, 1954/2 (*Über den Transversalweg und anderes*, in: Planinski vestnik (Bergzeitschrift), 1954/2)

Grum, Slavko: *Dogodek v mestu Gogi* (*Das Ereignis in der Stadt Goga*; Zitat übersetzt von Lars Felgner)

Hauptmann, Josip: ›*Planinskih piparjev‹ izlet na Triglav, dne 8. in 9. septembra 1894,* Planinski vestnik, 1895/4 (*Ausflug der »Berg-Pfeifenraucher« auf den Triglav am 8. und 9. September 1894*, in Planinski vestnik (Bergzeitschrift), 1895/4)

Hohelied; in: Bibel nach Schlachter (2000), Genfer Bibelgesellschaft

Kosovel, Srečko (von Jakob J. Kenda abgewandelt): *Rdeča raketa* (*Rote Rakete*)

Kovič, Kajetan: *Jedilnik, Maček Muri in Muca Maca* (*Speisekarte, Kater Muri und Mieze Maca*)

Möderndorfer, Vinko: *Narodne pripovedke iz Mežiške doline* (*Volkssagen aus dem Mežica-Tal*; Zitat übersetzt von Lars Felgner)

Nietzsche, Friedrich: *Also sprach Zarathustra.* [Bd. 1]. Chemnitz (1883)

Pascual, Carlos: *Debeli zidovi, majhna okna* (*Dicke Mauern, kleine Fenster*)

Prešeren, France: *Sonetni venec* (*Sonettenkranz*; Zitat übersetzt von Lars Felgner)

Prešeren, France: *Zdravljica* (*Trinkspruch*; in der deutschen Übersetzung von Luiza Pesjak)

Prosenc, Živojin: *Slovenska planinska transverzala dokončno izpeljana in označena*, Planinski vestnik 1955/10 (*Slowenische Bergtransversale endgültig fertiggestellt und mar-*

kiert, in: Planinski vestnik (Bergzeitschrift), 1955/10)

Prosenc, Živojin: *Pripombe k primorskemu delu planinske transverzale*, Planinski vestnik 1955/11 (*Bemerkungen zum Primorska-Teil der Bergtransversale*, in: Planinski vestnik (Bergzeitschrift), 1955/11)

Razgovor s prof. Ivanom Šumljakom, Planinski vestnik 1957/7 (*Gespräch mit Prof. Ivan Šumljak*, in: Planinski vestnik (Bergzeitschrift), 1957/7)

Ribič, Ivan (Drehbuchautor): *Kekčeve ukane* (*Die Tricks von Kekec*; Zitat aus dem Film übersetzt von Lars Felgner)

Slomšek, Anton Martin: *Veseli hribček* (*Fröhliches Hügelchen*; Volksweise; Zitat frei übersetzt von Lars Felgner)

Strniša, Gregor: *Barbarova molitev* (*Gebet des Barbaren*; Zitat frei übersetzt von Lars Felgner)

Šalamun, Tomaž: *Mrk* (*Finsternis*; Zitat übersetzt von Lars Felgner)

Štefan, Anja: *Iščemo hišico* (*Wir suchen ein Häuschen*)

Šumljak, Ivan: *Od kod misel in povod za transverzalo*, Planinski vestnik 1960/9 (*Woher kamen Gedanke und Anlass für die Transversale*, in: Planinski vestnik (Bergzeitschrift) 1960/9)

Zaplotnik, Nejc: *Pot* (*Der Weg*; in der deutschen Übersetzung von Lars Felgner)

www.drava.at